사회복지사 1급
사회복지실천 2교시

2021년 사회복지사 1급 시험대비

사회복지사 1급

사회복지실천
2교시

| 김한덕 편저 |

사회복지실천론

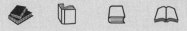

사회복지실천기술론

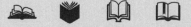

지역사회복지론

에듀파인더
[edufinder.kr]

2021년도 사회복지사 1급시험 대비

사회복지사1급 사회복지실천 2교시

초판 인쇄   2020년 10월 15일
초판 발행   2020년 10월 20일

편저자   김한덕
발행인   권윤삼
발행처   (주) 연암사

등록번호   제16-1283호
주소   서울특별시 마포구 양화로 156, 1609호
전화   (02)3142-7594
FAX   (02)3142-9784

값은 뒤표지에 있습니다. 잘못된 책은 바꾸어 드립니다.

ISBN 979-11-5558-082-0   14330
ISBN 979-11-5558-080-6   (전3권)

연암사의 책은 독자가 만듭니다.
독자 여러분들의 소중한 의견을 기다립니다.
트위터 @yeonamsa
이메일 yeonamsa@gmail.com

이 도서의 국립중앙도서관 출판시도서목록(CIP)은 서지정보유통지원시스템 홈페이지(http://seoji.nl.go.kr)와
국가자료공동목록시스템(http://www.nl.go.kr/kolisnet)에서 이용하실 수 있습니다.
(CIP제어번호: CIP2020033477)

머리말

급속한 산업화·정보화·저출산과 인구의 고령화 등 시대적 변화로 인해 우리나라도 다양하고 복잡한 사회문제들이 발생하고 있다. 특히, 1997년 말 IMF 외환위기 이후 기업의 구조조정 과정에서 발생한 대량실업, 고용불안, 가족해체, 고착화되고 있는 저출산과 세계에서 가장 빠른 속도로 진행되고 있는 인구의 고령화 등에 따른 사회변화는 우리에게 새로운 복지 패러다임을 요구하고 있다.

최근 주목받고 있는 아동·노인·장애인·여성·한부모가족·다문화가족의 문제 해결, 독거노인·빈곤층 대책과 복지사각지대의 근절과 보다 질 높은 복지서비스를 제공하려는 국가 정책은 책임감 있고 능력 있는 사회복지사를 필요로 한다. 이에 본서는 지난 11년간 사회복지사 1급 기출문제들을 분석하여 단기간에 효과적인 학습을 할 수 있도록 사회복지사 시험 합격 솔루션을 제시하였다. 하지만 합격 여부는 오직 수험생들의 마음자세와 효율적인 시험전략 여하에 달려 있다는 점을 강조하고 싶다.

선발시험과 달리 자격시험은 단기간의 선택과 집중이 특히 중요하다. 어려운 1~2과목은 과락이 되지 않도록 기출문제 중심으로 정리하고, 자신 있는 2~3개 과목은 고득점(80점)할 수 있도록 집중하면 합격(60점)은 무난히 할 수 있다.

「나만은 반드시 합격할 수 있다」는 강한 신념으로 얼마 남지 않은 기간 최선을 다하기 바란다.

〈본 교재의 구성과 특징〉

• 수험생들이 전체적인 맥락에서 정리할 수 있도록 간결하게 정리하였으며, 핵심정리하기 및 참고하기 등을 통해 요점을 정리하였다.

• 2020년 8월 현재 제정 및 개정된 법령을 반영하였으며, 최근 출제경향을 파악할 수 있도록

18회(2020) 및 17회(2019) 위주로 단원마다 기출문제를 수록하여 최신의 정보를 적극 반영하였다.

• 합격을 위해 그동안 출제되었던 주요 문장들을 다시 한번 총정리할 수 있도록 단원마다 「기출 등 주요 Key Word」를 실었다.

• 혼자 학습하거나 공부시간이 절대로 부족한 수험생들이 효율적·효과적으로 과목별 시험 대비를 할 수 있도록 분량을 최소화하여 각 교시별 핵심요약서 1권(전체 3권)으로 구성하였다.

[사회복지사 1급 자격제도 안내]

◆ 사회복지사

• 사회복지사 1급은 사회복지학 전공자, 일정한 교육과정 이수자, 사회복지사업 경력자로서 국가시험에 합격하여 보건복지부장관의 면허를 받은 자를 말한다.

• 「사회보장급여의 이용·제공 및 수급권자 발굴에 관한 법률」제43조는 사회복지사업에 관한 업무를 담당하게 하기 위하여 시·도, 시·군·구 및 읍·면·동 등에 사회복지사 자격증을 가진 사회복지전담공무원을 두도록 규정하고 있다.

• 사회복지사는 사회복지 프로그램을 개발·운영하고 시설거주자의 생활지도를 하며, 청소년·노인·여성·장애인 등 복지대상자에 대한 보호·상담·후원업무 등을 담당한다.

◆ 사회복지사 자격의 특징

사회복지사의 자격증은 현재 1, 2급으로 나누어지며, 1급의 경우 일정한 학력과 경력을 요구하고 또한 국가시험을 합격하여야 자격증이 발급되며, 2급의 경우 일정 학점의 수업이수와 현장실습 등의 요건만 충족되면 무시험으로 자격증을 취득할 수 있다.

◆ 1급 시험 응시자격

〈대학원 졸업자〉

① 고등교육법에 따른 대학원에서 사회복지학 또는 사회사업학을 전공하고 석사학위 또는 박사학위를 취득한 자.

② 다만, 대학에서 사회복지학 또는 사회사업학을 전공하지 아니하고 동 석사학위를 취득한 자는 보건복지부령이 정하는 사회복지학 전공교과목과 사회복지관련 교과목 중 사회복지

현장실습을 포함한 필수과목 6과목 이상(대학에서 이수한 교과목을 포함하되, 대학원에서 4과목 이상을 이수하여야 한다), 선택과목 2과목 이상을 각각 이수하여야 한다.

〈대학 졸업자〉
① 고등교육법에 따른 대학에서 보건복지부령이 정하는 사회복지학 전공교과목과 사회복지관련 교과목을 이수하고 학사학위를 취득한 자
② 법령에서 고등교육법에 따른 대학을 졸업한 자와 동등 이상의 학력이 있다고 인정하는 자로서 보건복지부령으로 정하는 사회복지학 전공교과목과 사회복지관련 교과목을 이수한 자

〈외국대학(원) 졸업자〉
외국의 대학 또는 대학원(단, 보건복지부장관이 인정한 대학 또는 대학원)에서 사회복지학 또는 사회사업학을 전공하고 학사학위 이상을 취득한 자로서 대학원 졸업자와 대학졸업자의 자격과 동등하다고 보건복지부장관이 인정하는 자

〈전문대학 졸업자〉
① 고등교육법에 의한 전문대학에서 보건복지부령이 정하는 사회복지학 전공교과목과 사회복지관련 교과목을 이수하고 졸업한 자로서 시험일 기준 1년 이상 사회복지사업의 실무경험이 있는 자
② 법령에서 고등교육법에 따른 전문대학을 졸업한 자와 동등 이상의 학력이 있다고 인정하는 자로서 보건복지부령이 정하는 사회복지학 전공교과목과 사회복지관련 교과목을 이수한 자로서 시험일 기준 1년 이상 사회복지사업의 실무경험이 있는 자

〈사회복지사 양성교육과정 수료자〉
① 고등교육법에 따른 대학을 졸업하거나 이와 동등 이상의 학력이 있는 자로서, 보건복지부장관이 지정하는 교육훈련기관에서 12주 이상의 사회복지사업에 관한 교육훈련을 이수한 자로서 시험일 기준 1년 이상 사회복지사업의 실무경험이 있는 자
② 사회복지사 3급 자격증 소지자로서 시험일을 기준으로 3년 이상 사회복지사업의 실무경험이 있는 자

◆ 응시 결격사유

금치산자 또는 한정치산자, 금고 이상의 형을 선고받고 그 집행이 끝나지 아니하였거나 그 집행을 받지 아니하기로 확정되지 아니한 사람, 법원의 판결에 따라 자격이 상실되거나 정지된 사람, 마약·대마 또는 향정신성의약품의 중독자는 응시할 수 없다.

◆ 시험방법

시험과목 수	문제 수	배점	총점	문제형식
3과목(8영역)	200문항	1점/1문제	200점	객관식 5지 선택형

◆ 시험과목

구분	시험과목	시험영역	시험시간
1교시	사회복지기초(50문항)	• 인간행동과 사회 환경(25문항) • 사회복지조사론(25문항)	50분
2교시	사회복지실천(75문항)	• 사회복지실천론(25문항) • 사회복지실천기술론(25문항) • 지역사회복지론(25문항)	75분
3교시	사회복지정책과 제도(75문항)	• 사회복지정책론(25문항) • 사회복지행정론(25문항) • 사회복지법제론(25문항)	75분

◆ 합격 기준

① 매 과목 40점 이상, 전 과목 총점의 60% 이상을 득점한 자를 합격 예정자로 결정하며, 합격 예정자에 대해서는 한국사회복지사협회에서 응시자격 서류심사를 실시하며, 심사결과 부적격자이거나 응시자격서류를 정해진 기한 내에 제출하지 않은 경우에는 합격예정을 취소한다.

② 필기시험에 합격하고 응시자격 서류심사에 통과한 자를 최종합격자로 발표한다.

◆ 사회복지사 자격 활용정보

• 사회복지사 1급 자격증 소지자는 시·도, 시·군·구, 읍·면·동 또는 사회복지전담기구에 사회복지전담공무원으로 일할 수 있다. 또한 지역복지, 아동복지, 노인복지, 장애인복지, 모자복지 등의 민간 사회복지기관에 취업할 수 있다. 이외에도 종합병원, 학교, 법무부 산하 교정시설, 군대, 기업체 등에서 사회복지사로 활동할 수 있으며 자원봉사활동관리 전

문가로 활동할 수도 있다.

• 사회복지사 1급 자격증 소지자는 의료기관, 학교 또는 정신보건 분야에서 일정한 경력을 갖춘 후 수련 등을 통해 의료사회복지사, 학교사회복지사 또는 정신보건사회복지사 자격을 취득하여 해당분야의 전문사회복지사로 활동할 수 있다.

◆ **사회복지사 1급 자격증 관계도**

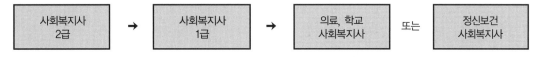

시험시행 관련 문의
• 한국산업인력공단 HRD 고객센터: 1644-8000
• 한국사회복지사협회: 02) 786-0845

차 례

제3편　지역사회복지론

제1편
사회복지실천론

제1장 사회복지실천 개념 이해

제1절 사회복지실천의 개요

1. 사회복지실천의 개념

(1) 사회복지와 사회복지실천
- 지식적 기반이 되는 학문(사회학, 심리학, 정신의학, 정치학, 문화인류학)과 다학제적 성격을 가짐
- 사전적 의미-국민의 생활안정, 복리향상 등을 위한 광범위한 사회적 시책의 총체
- 잔여적 제도와 제도적 복지(윌렌스키 & 르보)
① 잔여적 복지-가족, 시장 같은 정상적 공급구조가 제 기능을 하지 못할 때 보충적, 보완적, 일시적, 선택적으로 제공하는 것을 의미
  - 개인의 욕구를 충족하는 기능은 가족과 시장경제에 의함
② 제도적 복지-포괄적, 지속적, 보편적 기능, 모든 사람에게 복지서비스를 제공, 광의의 복지를 의미
  - 개인과 사회의 복지는 국가가 책임짐

2. 사회복지실천 방법의 분류

(1) 규모에 따른 분류(클라이언트 체계 크기에 따라)
- 미시수준(micro)
  - 개인, 부부, 가족을 포함하는 다양한 클라이언트 체계를 대상으로 실천
  - 1:1로 접촉하면서 직접 서비스를 전달하지만 1:1 접촉에만 제한하지 않음
- 중범위 혹은 중간수준(mezzo): 지역사회조직, 지역사회복지실천은 중간수준 중시적 실천이라 함
  - 클라이언트에게 직접적인 영향을 미치는 가족, 또래집단, 학급과 같은 체계를 변화시키

는 것(자조집단, 치료집단)

- 지역사회조직, 지역사회복지실천은 중간수준 중시적 실천이라고 함
- 거시수준(macro): 간접서비스 실천, 정책개발, 분석, 지역사회복지실천 활동
  - 국가나 사회의 정책개발, 정책대안을 발굴하여 제시하는 활동, 제안된 법안에 대하여 분석 및 증언 등의 활동, 기관이나 조직의 행정체계 및 프로그램과 관련된 대안을 제시하고 지역사회 자원개발 등의 활동
  - 클라이언트의 삶에 영향을 미치는 지역사회나 전체사회, 국가의 복지체계를 대상으로 하는 활동
  - 모금활동, 프로포절 작성, 사회적 약자에 대한 인식개선, 정책개발, 취약집단 권익옹호, 활동 등의 간접서비스를 실천하는 활동

(2) 클라이언트의 접촉유무에 따른 분류

- 직접실천(direct practice)
  - 개인, 집단, 가족을 대상으로 클라이언트와 직접 대면하여 개입하는 미시적 실천, 지역사회의 집단, 단체들에 제공하는 거시적 방법들의 측면들을 포함(상담, 정보제공, 가족치료, 집단프로그램운영 등)
- 간접실천(indirect practice)
  - 환경체계에 개입, 사회적 지지체계나 자원들을 발굴 및 연계
  - 홍보활동, 자원봉사자 모집, 옹호, 모금활동
  - 서비스나 자원연결, 공청회 개최, 프로그램 개발, 모금활동, 예산확보 운동, 캠페인, 의뢰 등

제2절 사회복지 실천의 정의, 목적과 기능

1. 사회복지실천의 정의

(1) 학자 등의 정의

- 메리 리치몬드(1922)의 정의
  개개인 그리고 개인과 사회환경 사이에서 의식적인 조정을 통해 개개인의 인격발달을 이

루어 가는 과정이며 개인의 욕구충족과 인격개발을 목적으로 하는 미시적이고 치료적인 활동 과정

- 핀커스와 미나한의 정의
  사람과 사회환경에 존재하는 체계들 사이의 연결과 상호관계이며 생활상 필요한 제반 서비스를 받기 위해 체계에 의존하고 있는 개인을 돕는 일
- 미국사회복지사협회(NASW), 1958년
  인간과 사회환경의 부조화로 인해 나타나는 개인이나 집단의 문제를 해결하거나 최소화하며, 이러한 문제를 미리 예방하여 개인, 집단, 지역사회의 잠재력을 최대화하는 것을 목적으로 두며 사회복지실천에 관한 공식적인 최초의 정의임
- 전미사회복지사협회(NASW), 1977년
  모든 사람의 삶의 질과 사회적 기능향상, 대인관계 기술습득, 자신감을 갖도록 도와주는 것
- 재스트로(zastrow) 정의
  문제해결능력, 대처능력, 발달적 능력 신장, 자원과 서비스 및 기회 제공, 체계와 연결, 사회정책 개발 및 개선, 사회적 경제적 정의 증진, 전문적 지식과 기술개발을 검증하는 것 등

(2) 사회복지와 사회복지실천(프리드렌더와 앱트)

- 인간의 행복한 삶을 구현하기 위한 구체적인 사회제도나 이념이 사회복지
- 사회제도를 활용해서 사회복지가 추구하는 이념을 클라이언트의 생활 속에 구체화하기 위한 전문적 실천개입이 사회복지실천

2. 사회복지실천의 목적과 기능

(1) 사회복지실천의 목적

- 궁극적인 목적 – 인간의 삶의 질 향상이며, 이는 시대나 사회가 변해도 달라지지 않음
- 세부적인 목적 – 사회나 문화, 시대적 분위기와 기대 등을 반영하기 때문에 달라질 수 있다고 봄
  - 개인의 문제해결 능력과 대처능력 향상 및 개인과 환경 간의 불균형 문제를 감소시키고 개인과 환경 간 상호작용에 초점을 두어 정책 개발을 통한 개인과 환경 간 유익한 관계

를 증진시킴

- 사회복지실천의 목적은 사회구성원 다수가 동의하는 내용으로 구성되어야 함

(2) 사회복지실천의 기능

- NASW 기능
  - 자신감 고양, 문제해결과 대처능력을 향상하는 기능
  - 조직(환경)이 사람에게 반응토록 함
- 사회적 기능 증진(부적응 → 적응): 사회변화를 위한 기능
- 사회정의 향상(불평등 → 평등): 사회통제적 기능
- 종합: 인간의 존엄성 보장, 인간의 건전한 성장과 보장, 정상화, 통합화

제3절 사회복지실천의 이념과 철학

1. 이념과 철학적 배경

(1) 의의

- 상부상조/상호부조의 정신: 빈곤문제에 대처하는 가장 원초적인 제도(영국에서 길드 (Guild)조직에 의한 구호활동, 우리나라는 품앗이 두레 등)
- 자선, 사랑 등의 종교적 윤리: 기독교에서는 빈민과 무능력자를 돌보아야 한다는 생각.
- 인도주의와 박애사상: 자선조직협회(COS) 우애방문원 활동의 기본철학과 이념이 됨
- 사회진화론(COS)
  - 생태계의 적자생존과 양육강식 논리의 자연법칙이 사회환경에도 적용
  - 사회복지실천에서 사회통제적 측면
- 민주주의: 모든 인간은 평등하므로 클라이언트도 대우받을 권리가 있고 CT의 자기결정권 에 영향을 주었으며 인보관 운동의 이념과 철학이 됨
- 개인주의: 개인권리의 존중과 함께 수혜자격 축소, 개인의 권리와 의무를 강조하는 이론, 빈곤문제의 개인책임 개별화의 기반
- 다양화: 인종, 계층, 성별, 문화, 이념 등 여러 가지 상대적인 관점에서 바라보고 인정하며 다양한 계층, 다양한 문제에 대한 접근방식을 수용함

제4절 사회복지실천의 특성

1. 분야별 특성

(1) 과학적 특성
효과적인 개입을 위해서는 사회현상이나 사회적 조건과 문제, 정책과 프로그램, 사회복지 전문직으로서 다양한 이론과 관련된 지식을 바탕으로 이것을 적용, 활용하는 것 이론적, 객관적 관찰, 경험적 사실을 수량화

(2) 예술적 특성
정서적 측면에 개입하는 심리적 특성이나 능력을 활용하는 것, 클라이언트와 전문적 관계 형성(감정 이입된 의사소통, 창의적 사고, 적합한 가치, 직관적 능력, 건전한 판단)

(3) 사회복지전문직의 특징
• 배경: 1915년 미국에서 열린 전미자선 및 교정 컨퍼런스에서 플렉스너는 '사회복지는 전문직인가?'라는 논문 발표 → 사회복지사는 전문직이 아닌 중개인
• 플랙스너의 영향으로 사회복지계는 전문직이 갖춰야 할 요소를 마련
  - 교육 및 훈련 제도 마련: 1917년 17개의 사회복지대학 설치
  - 보수체계 정립, 유급 사회복지사 등장: 1905년 키보트가 의료사회복지사 채용
  - 이론 정립: 1917년 메리리치몬드의 사회진단 출간
  - 전문직 협회 설립: 1921년 미국 사회복지사협회 설립
  - 정신의학 중심의 실천과 치료사로서 역할 강조(전문직으로 역할 위해 실천 영역 축소)
• 그린우드가 제시한 전문직의 특성
  - 체계화된 지식기반과 기술(체계적 이론)을 갖춰야 함
  - 전문적 권위를 가져야 함
  - 사회적인가를 받아야 함
  - 공유된 전문직 가치와 규범(전문직 문화)이 있어야 함
  - 윤리 강령이 있어야 함

上·**中**·下

01) 사회복지실천의 이념적 배경으로 옳지 않은 것은? (11회 기출)

① 인도주의는 빈곤이나 장애를 클라이언트의 책임으로 돌렸다.

② 이타주의는 타인을 위하여 봉사하는 정신으로 실천되었다.

③ 개인주의는 수혜자격의 축소를 가져왔다.

④ 민주주의는 클라이언트의 자기결정권의 강조를 가져왔다.

⑤ 사회진화론은 사회통제의 기능을 갖는다.

해설

빈곤이나 장애를 클라이언트의 책임으로 돌리는 것은 개인주의의 영향을 받은 것이다. 개인주의는 권리와 책임을 강조했기 때문에 빈곤이나 장애의 책임이 개인에게 있다고 보았다. 〈 정답 ① 〉

上·**中**·下

02) 사회복지 전문직에 관한 설명으로 옳은 것을 모두 고른 것은? (17회 기출)

> ㄱ. 전문적인 이론체계를 갖고 있음
>
> ㄴ. 개인의 변화와 사회적 변화에 관심을 둠
>
> ㄷ. 미시 및 거시적 개입방법을 모두 이해해야함
>
> ㄹ. 타 분야 전문가와 협업을 위해 고유한 정체성의 발전을 불필요함

① ㄱ, ㄴ   ② ㄱ, ㄷ   ③ ㄴ, ㄷ   ④ ㄱ, ㄴ, ㄷ   ⑤ ㄱ, ㄷ, ㄹ

해설

그린우드(greenwood)가 제시한 전문직 속성은 체계적인 이론, 전문적 권위, 사회적 인가, 전문직 문화, 윤리 강령 등이 있다.

ㄹ: 사회복지사는 타분야와 전문적 협업을 많이 해야 한다. 그러나 고유한 정체성 발전이 불필요한 것이 아니라 사회복지 전문직의 정체성을 확립하고 발전시켜서 타 전문직과 효과적인 협업이 필요하다.

〈 정답 ④ 〉

사회복지실천의 목적과 기능
다음 문장에서 틀린 것을 모두 고르시오.

◆ **사회복지실천의 목적과 기능**

① 사회복지실천의 목적은 개인의 문제해결능력과 대처능력을 향상시키는 것이다.

② 사회복지실천의 목적은 개인과 환경 간 불균형 발생 시 문제를 감소하도록 돕는 것이다.

③ 사회복지실천의 목적은 개인과 환경 간의 상호작용에 초점을 두고 사회정책을 개발하는 것이다.

④ 사회복지실천의 목적은 개인과 환경 간의 상호 유익한 관계를 증진시키는 것이다.

⑤ 사회복지실천의 기능은 사람들의 역량을 확대하고 문제해결과 대처능력을 향상시키도록 돕는 것이다.

⑥ 사회복지실천의 기능은 사람들이 자원을 획득하도록 돕는 것이다.

⑦ 사회복지실천의 기능은 개인과 환경 내의 다른 사람, 다른 조직과의 상호관계를 촉직하는 것이다.

⑧ 사회복지실천의 기능은 조직과 제도 간의 상호 관계에 영향력을 행사하는 것이다.

⑨ 사회복지실천의 목적은 개인의 욕구 충족을 위해 전적인 책임을 갖고 지속적으로 지원하는 것이다.

⑩ 사회복지실천의 기능은 사람이 조직에게 반응하도록 하는 것이다.

◆ **사회복지실천에 영향을 미친 이념**

① 이타주의는 타인을 위하여 봉사하는 정신으로 실천되었다.

② 개인주의는 수혜자격의 축소를 가져왔다.

③ 민주주의는 클라이언트의 자기결정권을 강조를 가져왔다.

④ 사회진화론은 사회통제의 기능을 갖는다.

⑤ 사회진화론에 근거한 사회복지실천은 자선조직협회의 활동에서 찾아볼 수 있다.

⑥ 다양화 경향은 다양한 계층과 문제를 인정하는 계기가 되었다.

⑦ 우애방문자들은 취약계층에게 인도주의적 서비스를 제공하고자 했다.

⑧ 시민의식의 확산으로 주는 자 중심에서 받는 자 중심의 서비스로 전환되었다.

⑨ 개인주의는 엄격한 자격 요건하에서 최소한의 서비스만 제공하는 경향을 낳기도 했다.

⑩ 인도주의는 빈곤이나 장애를 클라이언트의 책임으로 돌렸다.

◆ 사회복지실천의 특성

① 장애아동 양육을 위한 부모 상담은 직접 실천이다.

② 창의적 사고는 사회복지실천의 예술적 속성에 해당한다.

③ 경험적 사실의 수집은 사회복지실천의 과학적 속성에 해당한다.

④ 아동학대 예방을 위한 홍보활동은 직접 실천이다.

⑤ 학교폭력 예방을 위한 자원봉사자 모집은 직접 실천이다.

⑥ 희귀질환 아동을 위한 모금활동은 직접 실천이다.

⑦ 직관적 능력은 사회복지실천의 과학적 속성에 해당된다.

◆ 사회복지 전문직의 특징

① 전문적인 이론체계를 갖고 있다.

② 개인의 변화와 사회적 변혁에 관심을 둔다.

③ 미시 및 거시적 개입방법을 모두 이해해야 한다.

④ 타 분야 전문가와의 협업을 위해 고유한 정체성의 발전은 불필요하다.

〈 정답 〉
• 사회복지실천의 목적과 기능 – ⑨ ⑩
• 사회복지실천에 영향을 미친 이념 – ⑩
• 사회복지실천의 특성 – ④ ⑤ ⑥ ⑦
• 사회복지 전문직의 특징 – ④

제2장 사회복지실천의 가치와 윤리

제1절 가치와 윤리의 이해

1. 가치와 윤리의 개념(믿음, 신념)

(1) 가치
좋고 바람직한 것에 대한 믿음, 보편적, 관념적 체계로써 신념과 같은 것
- 가치는 지식, 기술과 더불어 사회복지실천의 3대축의 하나로 사회복지실천이 추구하는 인간행동의 방향성 제시
- 믿음, 신념, 주관적 선호, 좋다, 싫다, 바람직하다, 선호하는 것에 대한 암묵적 견해
- 기본가치(friedlander)-인간의 존엄성, 인간의 자율성, 기회의 균등성, 사회적 책임성 등

(2) 윤리
옳고 그름을 판단하는 기준으로 행동화된 가치, 윤리는 가치에서 파생
- 나쁘고, 옳고 그른 것에 대한 것으로 도덕적 지침

2. 가치의 분류

(1) 사회복지실천의 기본가치
- 궁극적 가치: 절대적, 일반적
  - 가장 추상적, 다수에 의해 가장 쉽게 동의를 얻을 수 있는 내용
  - 인간의 존엄성, 사회정의, 개인의 자유, 평등한 대우, 차별금지 등
- 수단적(도구적)가치: 목적을 위해 활용되는 수단을 명확하게 하는 가치
  - 자기결정, 비밀보장, 기회균등, 수용 등
- 개인적 가치: 개인을 위한 권리나 선을 인식하는 가치
  - 자아실현, 비밀보장, 자기 존중, 자존감, 개성 등

- 종교적 가치: 종교적 신념에 의한 정신적 가치
- 사회적 가치: 사회적으로 인정된 방법으로 인간을 위한 선과 권리를 생각하는 가치
  - 상호부조, 이타주의, 사회복지, 책임과 사랑 등
- 전문적 가치: CT의 관심을 우선시하는 전문직업인의 가치
- 심미적 가치: 현실적 이용과 비도덕적 가치가 함께 하는 가치

(2) 사회복지차원의 가치
- 개인적 가치: 개인을 위한 권리, 개인의 환경에 따라 다를 수 있는 가치(개성, 자아실현)
- 사회적 가치: 사회의 일반화된 정서적 공감대를 반영하는 가치(상부상조)
- 기관의 가치: 복지기관이 갖는 역할과 기능, 책임의 가치
- 전문적 가치: 전문직업인들이 갖는 가치

(3) 사회복지 전문직의 가치
- 개인존중: 인간존엄성과 독특성 존중
- 자발성 존중: 자기결정 존중
- 기회균등: 모든 기회와 자원 배분의 원리
- 사회연대성: 복지에 대한 사회와 개인의 공동 책임성

(4) 레비의 사회복지전문직의 가치
- 사람우선 가치
  - 인간 존중, 개별성에 대한 인정, 소속의 욕구 상호 책임 등
  - 인간의 가치와 존엄성 존중, 개별성에 대한 인정
- 결과우선 가치
  - 사람에 대해 서비스를 제공, 초래되는 결과에 대한 가치
  - 사회참여 기회를 동등하게 제공, 사회적 책임을 대한 믿음
  - 인간의 기본욕구 충족, 부적절한 교육이나 주택문제 등 사회문제 제거
- 수단우선가치
  - 인간을 대하는 바람직한 방법
  - 존경과 존엄
  - 자기결정권 존중

- 비심판적 태도
- 서비스 수행방법과 수단, 도구에 대한 가치, 개인역량 강화

(5) 사회복지실천가치의 발달단계(Reamer)
- 사회제도를 활용해서 사회복지가 추구하는 이념을 클라이언트의 생활 속에 구체화하기 위한 전문적 실천개입이 사회복지실천임
- 1단계: 19세기말
  - 전문적 사회복지실천의 태동기로 자선조직협회 등이 활동하던 시기
  - 전문가의 윤리보다는 클라이언트의 도덕성에 관심을 가졌으며, 클라이언트를 교화의 대상으로 봄, 즉 인간의 기본적 권리가치를 고려되지 않음
- 2단계: 20세기 초
  - 인보관 운동의 시작 및 진보의 시기로 시각적 변화가 일어난 시기
  - 진보주의와 함께 빈곤자의 도덕성 결여보다 빈곤발생의 사회적 문제에 초점
- 3단계: 1940~50년대 초
  - 적절한 실천을 향상시키기 위해 전문가 윤리지침 개발
  - 클라이언트의 도덕성보다는 전문실천가들의 도덕성 및 윤리문제에 더 큰 관심을 가짐
- 4단계: 1960년대 이후
  - 1960년 NASW는 첫 윤리강령을 공식 채택, 사회복지가치와 윤리에 대한 관심 증폭

제2절 사회복지전문직의 가치와 윤리

1. 가치와 윤리

(1) 가치와 윤리의 관계
- 가치는 방향을 제시해 주고, 윤리는 행동의 원칙, 지침을 제시
- 윤리는 가치에서 나오기 때문에 가치와 조화를 이루어야 함

(2) 사회복지실천윤리와 윤리강령
- 사회복지사는 전문가로서 사람을 돕는 일을 펼쳐나감에 있어 윤리적 결정을 내려야 하는

데 다양한 문제와 상황에 직면
- 사회복지사들이 현장에서 윤리적 쟁점에 대해 올바른 판단을 내릴 수 있도록 도와주는 준거틀
- 전문직을 보호하고 CT를 보호하며 서로 다른 가치관의 관계를 정립하는 기준제시

2. 사회복지사의 기본적 윤리기준

(1) 전문가로서의 자세
- 전문가의 품위와 자질 유지
- 클라이언트의 차별대우 금지
- 성실, 공정, 부당한 압력에 타협하지 않아야 함
- 사회정의 실천, 클라이언트의 복지증진에 헌신
- 기간내외의 부당한 간섭이나 압력을 받지 않을 것
- 자신의 이익을 위해 전문직의 가치와 권위 훼손 금지
- 사회복지사의 권익 옹호

(2) 전문성 개발을 위한 노력
- 지식과 기술개발에 최선을 다해야 함
- 클라이언트의 자발적이고 고지된 동의를 확보해야 함
- 비밀보장이 이루어져야 함
- 전문성 개발노력과 동시에 최상의 서비스를 제공해야 함
- 교육에 적극적으로 참여해야 함

(3) 경제적 이득에 대한 태도
- 클라이언트의 경제적 능력에 따른 차별 금지
- 공정하고 합리적인 서비스 이용료 책정
- 정당하지 않는 경제적 이득 금지

3. 사회복지사의 클라이언트에 대한 윤리기준

(1) 클라이언트와의 관계

- 클라이언트의 권익옹호를 최우선으로 해야 함
- 인간의 존엄성 존중, 전문적 기술과 능력을 최대한 발휘해야 함
- 클라이언트의 자기결정권을 최대한 발휘할 수 있도록 도와 그들 이익을 최대한 대변해야 함
- 클라이언트의 사생활존중과 비밀유지를 해줘야 함
- 클라이언트의 알 권리를 존중해줘야 함
- 클라이언트의 정보 공개시 동의를 획득해야 함
- 개인적 이익을 위해 전문적 관계를 이용하는 걸 금지해야 함
- 클라이언트와 부적절한 성관계를 금지해야 함
- 클라이언트를 동반자로 인정하고 협력해야 함

(2) 동료의 클라이언트와의 관계

- 적법한 절차 없이 동료의 클라이언트, 다른 기관의 클라이언트와 전문적 관계를 금지함
- 동료의 클라이언트를 맡게 된 경우 자신의 의뢰인처럼 관심을 갖고 서비스를 제공해야 함

(3) 동료와의 관계

- 존중과 신뢰, 동료와 협력하여 사회복지 전문직의 권익을 증진해야 함
- 동료의 윤리적 전문적 행위를 촉진해야 함
- 사회복지사가 야기한 문제에 대하여 클라이언트의 이익을 보호해야 함
- 동료 및 타전문가의 가치를 인정해야 함

(4) 슈퍼바이저의 윤리기준

- 개인적 이익을 위해 자신의 지위를 이용할 수 없음
- 사회복지사, 수련생, 실습생의 평가를 그들과 공유해야 함
- 슈퍼바이저와 사회복지사의 상호간 업무협조 및 존중 해주어야 함
- 사회복지사, 수련생, 실습생에게 인격적, 성적인 수치심을 금지해야 함

(5) 사회에 대한 윤리기준

- 인권존중, 인간평등을 위해 헌신, 약자의 옹호 및 대변을 함
- 사회서비스 개발을 위한 사회정책의 수립 등에 적극 참여 및 지원함
- 사회정의 증진을 위해 사회정책의 수립 등을 요구 및 옹호해야 함
- 지역사회의 문제 이해 및 해결 노력해야 함

(6) 사회복지사의 기관에 대한 윤리기준

- 기관정책, 사업목표달성, 서비스 효율성, 효과성 증진에 기여
- 부당한 기관의 정책 및 요구는 사회복지윤리위원회에 보고
- 소속기관의 활동에 적극적으로 참여, 기관의 성장, 발전을 위한 노력해야 함

(7) 사회복지윤리위원회 구성과 운영: 한국사회복지사협회가 구성

- 사회복지윤리실천의 질적 향상을 도모
- 윤리강령을 위배, 침해하는 행위에 대처
- 한국사회복지사협회의 윤리적 권고 결정 존중

제3절 사회복지실천의 윤리적 갈등

1. 윤리적 갈등원인

(1) 가치상충

두 개 또는 그 이상의 가치가 상충할 때 윤리적 갈등 야기

(2) 의무상충

사회복지사가 기관에 대한 의무와 클라이언트에 대한 의무 사이에 갈등하게 되는 경우, 사회복지사는 자신이 속한 기관의 정책을 준수해야 하지만, 그 행동이 클라이언트의 이익에 위배될 경우 윤리적 갈등을 겪을 수 있음

(3) 클라이언트체계의 다중성
클라이언트가 여러 명일 경우 누가 클라이언트이고 누구의 이익을 최우선적으로 개입해야 하는지를 판단하기 어려운 경우

(4) 결과의 모호성
사회복지사가 내릴 결정의 결과가 불투명할 때 어떤 결정을 내려야 할지 갈등

(5) 힘 또는 권력의 불균형
사회복지사와 클라이언트의 관계가 권력적으로 평등하지 않기 때문에 생기는 갈등

2. 사회복지실천의 윤리적 갈등의 쟁점들

(1) 클라이언트의 자기결정권
- 클라이언트에게 자기결정권을 부여함은 기본적 인권 존중의 원칙
- 클라이언트가 스스로 결정할 능력이 없거나 다른 사람 또는 기관에 불이익을 줄 우려가 크다고 판단될 때

(2) 클라이언트의 비밀보장
- 대다수의 경우 클라이언트와 나눈 정보는 비밀보장이 지켜져야 함
- 슈퍼비전이나 전문가 회의 등에서 전문적인 이유로 클라이언트의 정보를 공개할 수 있는데, 이때에는 클라이언트 개인의 권리를 최대한 존중하면서 사전에 동의를 받아야 함

(3) 진실을 말할 의무

(4) 기타 윤리적 갈등 및 쟁점
제한된 자원의 공정한 분배, 상충되는 의무와 기대, 클라이언트의 이익과 사회복지사의 이익, 전문적 동료관계, 규칙과 정책 준수, 개인적 가치와 전문적 가치, 전문적 관계 유지, 기관의 관료주의, 온정주의, 사회복지사의 가치관에 대한 자기 인식

3. 윤리적 결정의 철학적 근거

(1) 윤리적 절대주의

보편적으로 타당한 절대적 윤리법칙이 존재한다는 관점, 선과 악이나 옳고 그름을 행위의 결과와는 별개로 판단함. 즉 이미 정해진 고정불변의 도덕률을 강조하는 것

(2) 윤리적 상대주의

보편적으로 타당한 어떤 윤리법칙도 존재하지 않는다고 보는 관점, 어떤 행위가 옳고 그른지에 대한 판단은 사회에 따라 도덕적으로 다양하다고 봄

제4절 윤리적 갈등의 조정

1. 윤리원칙 준거들(로웬버그와 돌고프)

윤리원칙1	생명보호의 원칙	인간의 생명보호가 모든 다른 것에 우선한다.
윤리원칙2	평등과 불평등의 원칙	능력이나 권력이 같은 사람들은 똑같이 취급받을 권리가 있고 능력이나 권력이 다른 사람들을 다르게 취급받을 권리가 있다.
윤리원칙3	자율과 자유의 원칙	클라이언트의 자율성과 독립성 그리고 자유는 중시되나 무제한적인 것은 아니라는 것으로서 자신이나 타인의 생명을 위협하거나 학대할 권리 등은 없다.
윤리원칙4	최소 해악의 원칙	선택 가능한 대안이 다 유해할 때 가장 최소한으로 유해한 것을 선택해야 한다.
윤리원칙5	삶의 질 향상의 원칙	지역사회는 물론이고 개인과 모든 사람의 삶의 질을 좀 더 증진시킬 수 있는 것을 선택해야 한다.
윤리원칙6	사생활 보호와 비밀보장의 원칙	사회복지사가 클라이언트에 대해서 알게 된 사실을 다른 사람에게 공개해서는 안 된다.
윤리원칙7	성실의 원칙 (혹은 진실성과 정보개방의 원칙)	클라이언트와 여타의 관련된 당사자에게 오직 진실만을 이야기하며 모든 관련 정보를 완전히 공개해야 한다.

2. 윤리적 지침(리머 Reamer, 1989)

• 건강 및 복지 생필품에 대한 권리가 부와 교육, 여가 같은 추가적 재화에 대한 기회나 비밀에 대한 권리에 우선함
• 기본적인 권리(복지권)가 다른 사람의 사생활과 자유, 자기결정권에 우선함

- 클라이언트의 자기결정권은 복지기본권보다 우선함
- 복지에 대한 권리는 법률, 정책, 기관 합의 사항보다 우선함
- 자발적인 동의의 법률, 규칙 규정을 준수할 의무는 그것과 상충되는 방식으로 행동할 수 있는 권리보다 우선함.
- 빈곤과 기아와 같은 기본적 해약을 방지하고 주거, 교육, 공공부조와 같은 공공재화를 제공하는 의무는 개인의 재산권에 우선함

上·中·下

01) 레비(c. Levy)가 제시한 사회복지 전문직의 가치 중 수단에 관한 가치에 해당하는 것은?

(15회 기출)

① 소속의 욕구

② 전설적 변화에 대한 능력과 열망

③ 자기결정권 존중

④ 상호책임성

⑤ 인간의 공통된 욕구

해설

레비가 제시한 사회복지 전문직의 가치 중 수단에 관한 가치(=수단 우선 가치)는 서비스를 수행하는 방법과 수단, 도구에 대한 가치로서 사람 우선 가치를 실현하는 방법에 해당하는 것은 자기결정권 존중이다.

〈 정답 ③ 〉

上·中·下

02) 다음은 '한국사회복지사 윤리강령' 중 어느 영역에 해당하는가? (18회 기출)

> • 사회복지사는 인권존중과 인간평등을 위해 헌신해야 하며, 사회적 약자를 옹호하고 대변하는 일을 주도해야 한다.
> • 사회복지사는 자신이 일하는 지역사회의 문제를 이해하고, 그것을 해결하는 일에 적극적으로 참여해야 한다.

① 사회복지사의 기본적 윤리

② 사회복지사의 동료에 대한 윤리기준

③ 사회복지사의 사회에 대한 윤리

④ 사회복지사의 클라이언트에 대한 윤리기준

⑤ 사회복지사의 기관에 대한 윤리기준

사회복지사의 사회에 대한 윤리기준

1. 인권존중, 인간평등을 위해 헌신, 약자의 옹호 및 대변 하는 일을 주도해야 한다.
2. 필요한 사회서비스 개발을 위한 사회정책의 수립 등에 적극 참여 및 지원을 한다.
3. 사회 환경 개선과 사회정의 증진을 위해 사회정책의 수립 발전 입법, 집행 등을 요구 및 옹호해야 한다.
4. 자신이 일하는 지역사회의 문제를 이해 및 그 해결하는 노력을 적극적으로 참여해야 한다.

〈 정답 ③ 〉

사회복지실천의 가치와 윤리
다음 문장에서 틀린 것을 모두 고르시오.

◆ 사회복지실천의 가치와 윤리
① 윤리는 가치와 조화를 이루어야 한다.

② 윤리는 전문적 실천활동의 지침을 제공한다.

③ 사회복지 분야에서는 취약계층의 권리 보호를 위해 사회복지실천 윤리가 특히 강조된다.

④ 사회복지실천 윤리는 서로 다른 가치관들 사이의 관계 정립을 위해 필요하다.

⑤ 가치는 좋고 바람직한 것에 대한 믿음이다.

⑥ 윤리는 옳고 그름을 판단하는 도덕적 지침이다.

⑦ 가치는 신념과 관련이 있고, 윤리는 행동과 관련이 있다.

⑧ 사회복지사 윤리강령은 법적 구속력을 가지지 않는 특징이 있다.

⑨ 윤리는 사회복지사의 올바른 판단과 결정을 위한 믿음체계이다.

⑩ 가치와 윤리는 불변의 특징을 지닌다.

⑪ 레비(C, Levy)가 구분한 사회복지 전문직 가치는 수단 우선 가치, 결과 우선 가치, 해결 우선 가치이다.

◆ 사회복지사 윤리강령 기능
① 사회복지사 윤리강령은 사회복지사들의 윤리적 민감성을 고양시켜 윤리적 실천을 제고한다.

② 사회복지사 윤리강령은 실천 현장에서 윤리적 갈등이 생겼을 때 지침을 제공한다.

③ 사회복지사 윤리강령은 사회복지사 스스로 자기규제를 함으로써 전문성을 확보한다.

④ 사회복지사 윤리강령은 사회복지사의 비윤리적 실천으로부터 클라이언트를 보호한다.

⑤ 사회복지사 윤리강령은 전문직의 행동기준과 원칙을 제시하여 법적 제재의 힘을 갖는다.

⑥ 사회복지사는 국가자격이므로 사회복지사 윤리강령은 국가가 채택한다.

◆ 우리나라 사회복지사 윤리강령의 역사 및 내용

① "사회복지사는 클라이언트의 지불능력에 상관없이 서비스를 제공해야 하며, 이를 이유로 차별 대우해서는 안 된다"는 기본적 윤리기준에 해당한다.

② 사회복지사는 적법하고도 적절한 논의 없이 동료나 다른 기관의 클라이언트와 전문적 관계를 맺어서는 안 된다.

③ 사회복지사는 기관의 부당한 정책이나 요구에 대하여 전문직의 가치와 지식을 근거로 이에 대응하고 즉시 사회복지윤리위원회에 보고해야 한다.

④ "사회복지사는 클라이언트의 종교 · 인성 · 성 · 연령 · 국적 · 결혼상태 · 성 취향 · 정신, 신체적 장애 · 기타 개인적 선호 · 특징 · 조건 · 지위 등을 이유로 차별 대우를 하지 않는다"는 클라이언트에 대한 윤리기준에 해당한다.

⑤ 우리나라 사회복지사 윤리강령은 1990년대에 제정되었다.

⑥ 우리나라 사회복지사 윤리강령에서는 클라이언트와 사회복지사 간 이중관계를 지향하고 있다.

〈 정답 〉
• 사회복지실천의 가치와 윤리 – ⑨ ⑩ ⑪
• 사회복지사 윤리강령 기능 – ⑤ ⑥
• 우리나라 사회복지사 윤리강령의 역사 및 내용 – ④ ⑤ ⑥

제3장 사회복지실천의 발달과정

제1절 서구의 사회복지실천 발달과정

1. 사회복지실천 태동기(19세기 중반~20세기 초)

(1) 시대적 상황
- 18세기 중엽 영국은 산업혁명으로 인한 도시화, 공업화로 도시빈민이 대량발생
- 사회문제, 빈곤문제가 발생, 빈민을 원조, 전문적인 조직이 등장
- 다양한 자선단체가 등장, 중산계급의 기독교인이 주축

(2) 자선조직협회(chaity organization society, COS)
- 1869년 영국 런던에서 일어난 자선조직협회의 운동과 그 사업에 기반을 두고 있음
- 순수민간단체(신흥 자본가의 민간단체)
- 중산계층의 자원봉사자(우애방문원)가 가난한 가정을 방문하여 빈민 상태에서 벗어나도록 원조
- 미국에서는 1877년 뉴욕 버팔로에서 처음으로 조직
- '가치 있는 빈민'과 '가치 없는 빈민'을 구분 원조, 기독교적 도덕성을 강조
- 사회진화론의 영향(빈곤의 원인이 개인의 도덕적 문제, 개인의 나태, 빈민을 교화)
- 중산층에 속했던 우애방문자들이 개인을 방문 면접, 기록, 그 사례를 연구하는 등 이후 개별사회사업과 지역사회사업을 실천
  - 개인주의적 빈곤관을 가지며, 빈곤 발생의 사회적 기반을 경시했다는 한계
- 구제 신청자에 대한 체계적인 조사를 통해 서비스의 중복과 누락 방지
- 빈곤 발생의 사회 환경적 원인을 경시
- 목적
  - 자선활동을 조정, 환경을 조사, 적절한 원조를 제공
  - 시대 상황을 극복, 구제서비스를 좀 더 효과적으로 제공, 서비스의 중첩과 누락 방지
  - 구제기능 간에 연락, 조정, 빈민층 교화

- 우애방문원
  - 자원봉사자, 주로 중산층의 부인들로 구성
  - 빈곤 가족을 방문 가정생활, 아동에 대한 교육, 가계 경제에 대한 조언
  - 무급으로 일하는 자원봉사활동의 형태
  - 빈민층 교화를 위한 활동, 욕구조사, 문제 원인의 규명, 문제해결 방법을 알려주는 일
  - 중산층의 도덕 우월을 유지한 채 빈곤층에게 친절 제공
  - 개별사회복지실천으로 대체되어 점차 전문화

(3) 인보관운동(Settlement house movement, SEM)

- 등장배경
  - 1884년: 영국에서 바네트 목사가 세계 최초의 인보관인 '토인비홀' 설립
  - 1886년: 미국에서 코네트 최초의 인보관 근린조합이 설립
  - 1889년: 미국 시카고 빈민가 아담스와 스타가 헐하우스 설립
  - 빈곤은 사회문제, 사회가 주체, 빈민지역의 개량이 우선, 빈곤의 해결은 사회적 환경의 변화가 필요
- 특징
  - 19세기 후반, 산업화, 도시화, 이민 등의 사회문제에 대처
  - 자선조직협회는 빈곤의 원인을 개인에게 돌렸으나, 인보관 운동에서는 사회구조적 원인에 초점, 기존의 사회질서를 바꿔야 한다는 사회 개혁운동
  - 주축은 성직자와 대학생과 지식인층, 주택개선, 공중보건향상, 빈민 노동 착취방지를 위한 활동
  - 사회적 환경의 변화를 위해서는 빈민의 상황과 사회개혁의 필요성을 빈민에게 알려주어야 하고, 빈곤지역으로 들어가서 빈민들과 함께 거주하며 그들의 요구가 무엇인지 이해하는 것이 필요
  - 역량 강화 및 집단사회복지실천과 지역사회복지의 활동에 영향, 3R, 즉 거주 · 연구조사 · 개혁 강조

2. 서구 사회복지실천 전문직 확립기(1900년대 전후~1920년대 전후)

(1) 전문직으로 전환하기 위한 움직임

• <u>보수체계 정립</u>
  - 주로 우애방문자를 고용한 것은 1890년대 말 자선조직협회로, 도제제도 중심의 훈련에서 벗어나 정규교육 과정, 보수를 제공하여 책임감, 지속성을 높인 것
  - 1900년 의사인 카보트는 1905년에 메사추세츠 병원에서 유급의료 사회복지사를 고용

• <u>교육훈련제도 도입</u>
  - 도제제도 중심의 훈련에서 벗어나 정규교육과정을 통해 우애방문원을 교육시킬 필요성을 느끼고 정규 교육프로그램을 함
  - 1900년에 필라델피아 자선조직협회의 총 책임자 돈 메리 리치몬드는 자신 및 동료들의 사회복지실천 내용 및 활동과정을 종합한 '사회진단'(1917)이라는 책 출판
  - '사회진단'은 사회복지실천에 관한 이론과 방법을 체계화 시킨 최초의 책인데 이 책에는 빈민의 처한 상황을 체계적으로 진단하는 기술 소개

• 전문직 확립기의 결정적 근거로 보는 이유(플렉스너 영향)
  - 플렉스너가 1915년 미국에서 열린 자선 및 교정회의에서 '사회복지는 전문직인가?'라는 논문 발표
  - 플렉스너의 효과로서 전문직의 갖추어야 할 요소를 갖추므로 전문직으로 성장
  - 이론정립(<u>리치몬드의 사회진단 출간 1917</u>)
  - 프로이트의 정신분석 이론에 바탕을 둔 전문적인 사회복지실천이론이 확립(교육 및 훈련제도 마련)
  - 우애방문원을 통해 사회복지조직, 단체에 유급직원을 배치(보수체계 정립과 유급 직원 등장)
  - 전문적인 복지사업을 시작(의료사회사업, 정신의료사회사업, 아동복지사업 등)
  - 전문직 협회 설립(미국사회복지사협회 1921)

3. 전문직 분화기(1920년 전후~1950년 전후): 진단주의, 기능주의 대두

(1) 3대 실천방법론

• 개별사회복지실천(case work): 사회복지실천의 3대 방법론으로 분화(1:1실천)
• 집단사회복지실천(group work): 체계화된 전문적, 이론적 기술이 필요

- 1946년 집단사회복지사업을 공식적으로 사회복지실천기술로 인정
- 지역사회조직(community organization): 1920부터 주 단위로 공공복지기관이 설치
  - 1929년 대공황으로 미국의 민간사회사업의 한계를 드러냈고, 국가가 사회사업기관을 설립

(2) 진단주의와 기능주의 대립

- 진단주의 학파(diagnostic school): 1920년대 전후 프로이트 정신분석학 이론 영향
  - 인간은 무의식의 힘에 좌우됨, 과거의 힘 강조
  - 인간을 기계적, 결정론적인 인간관, 진단이 강조된 정신분석 지향적인 접근에 기초
  - 사회 환경에 대한 성격의 적응력을 강화, '질병의 심리학' 홀리스의 심리 사회모델
  - 홀리스, 고든, 해밀튼, 메리 리치몬드 등 심리사회모델로 발전
- 기능주의(functional school): 진단주의 학파에 반기를 들고 1930년대 후반에 등장한 이론
  - 펜실베이니아 대학 사회사업대학원에서 발전, 오토뱅크, 로빈스, 태프트, 스멀리 등
  - 클라이언트 스스로 자아를 전개하도록 원조, 정신분석 이론에 반대, '의지(will)' 강조
  - 성장할 수 있는 클라이언트 내부의 힘에 대한 믿음, 과거에 얽매이지 않은 개인의 성장 가능성, 인간에 대한 낙관적 견해, 원조과정, 기관 기능 중심
  - 클라이언트의 현재 문제에 초점, 치료라는 말을 거부, 원조 과정이라는 표현 사용, 성장의 심리학
  - 클라이언트 중심 모델로 발전

4. 서구 사회복지실천 통합기(1950년 전후~1960년 전후): 부분 통합기

(1) 통합배경

기존의 전통적 3대 방법론의 한계가 대두, 복잡하고 다양한 사회변동과 사회문제에 대해 효과적 대치 한계, 공통된 하나의 원리나 개념제공, 통합화 시도, 1929년 밀포드회의 시작, 1950년 후반부터 60년대 본격화
예) 펄만의 문제해결모델, 핀커스와 미나한의 4체계모델, 콤튼과 갤러웨이의 6체계 모델, 골드스테인의 단일화모델, 생활모델이 등장

(2) 통합단계

- 초기단계는 전통적인 방법을 상황에 맞게 절충해서 통합하는 방법
- 이후 공통기반과 준거틀을 명확하게 하면서 공통기반을 완성함
- 완성된 공통기반을 기초로 통합적인 사회복지 실천이론을 형성할 수 있게 됨

(3) 기타변화

- 1960년대에 이르러 개별사회복지사가 가족에게 개입
- 가족에 대한 개입을 집단형태로 보기 시작
- 개별사회복지실천과 집단사회복지실천이 하나로 통합

5. 발전기, 확장기(1960년대~1980년대): 확대 통합기, 다양화기

(1) 특징

- 1970년대에 들어서면서 빈곤뿐만 아니라 <u>비행, 장애, 보건, 정신건강 등 다양한 문제</u>가 등장
- 사회복지실천모델에 대한 연구가 활발하게 이루어졌고, 다양한 실천모델들이 출현
- 정신분석이론이나 자아심리학에 추가해서 일반체계이론, 생태체계이론 관점에서 입각한 새로운 접근
- 클라이언트의 관점에 관심을 두고 <u>병리보다는 개인의 강점에 초점</u>
- 새로운 모델 등장 – 과제중심모델, 강점관점, 역량 강화, 체계이론 도입

(2) 관련 모델 및 실천 내용

- <u>4체계 모델(1973)</u>: 핀커스와 미나한(Pincus & Minahan)
- 단일화 모델: 골드스타인(Gold Stein)−사회체계모델, 사회학습모델, 과정모델들의 결합
- <u>문제해결 과정 모델(1983)</u>: 콤튼과 갤러웨이의 6체계 모델
  - 펄만의 문제해결모델(4P)에 체계이론을 접목한 통합모델
  - 문제해결 자체보다, 과정이나 단계에서의 활동에 중점을 둠
- <u>생활모델(1980)</u>: 저메인과 키터맨
  - 개인과 환경의 상호 작용, 인간과 환경의 동시에 초점

- 문제(스트레스), 개인적 장애뿐 아니라 생활과 맥락 속에서 파악하는 통합적 관점으로
  바라봄
- 집단사회사업: 사회적 목표모델, 상호작용모델, 치료모델, 인본주의모델, 사회학습모델,
  목표형성모델 등이 1960년부터 1970년대까지 성장
- 지역사회조직: 사회문제해결을 위한 사회행동이 1960년대부터 강조

6. 통합 확장기(1980년 이후~현재)

- 통합 확장기(1980년 이후~현재)
  - 클라이언트관점에 관심, 병리적 관점보다 강점 관점
  - 다중적 관점의 필요성 대두(다중성 개입 전략)됨
  - 다양한 관점들 수용하고 사회복지실천에 적용함
  - 임파워먼트 모델(역량강화), 생태학적 관심, 지역사회복지실천 등

제2절 한국 사회복지실천의 역사

1. 국가주도 구제정책: 고조선 - 조선시대
  - 고조선의 부조 활동에서부터 조선시대에 이르기까지 흉년이나 가난 등으로 인해 백성
    들이 어려움에 처했을 때 국고의 비축양식을 풀어 백성들을 구제하는 등 국가주도 구제
    정책이 존재
  - 근대적 사회복지 실천: 개화기~한국전쟁 이후(19세기후반~20세기 중반)

2. 근대적 사회복지 실천: 개화기~한국전쟁 이후(19세기 후반~20세기 중반)
※ 방면위원(1927): 일제에 의해 인보사업과 사회사업서비스 명목
- 근대적 개념의 사회복지실천은 개화기에 시작되어 한국전쟁 이후에 본격화
- 한국전쟁을 계기로 서구의 선교단체와 해외 원조단체들이 대거 진출하여 비조직적인 자선
  적이며 종교 우선적인 서구의 근대적 사회사업 개념 도입
- 한국전쟁 이후 외원단체들의 지원은 시설 중심의 사회복지를 발전
- 1950년 한국전쟁 후로 설립된 기독교 아동복지재단, 홀트아동복지회, 선명회 등 외국의

민간 원조단체를 중심으로 개별사회사업 시작

- 외국 민간원조기관 한국연합회(KAVA)가 1952년 3월에 결성
- 미국 선교사들이 설립한 병원, 상담소에서 사회복지사를 고용(심리치료)

3. 사회복지실천의 영역별

(1) 교육 영역
- 1947년 이화여자대학교에서 정식교육기관으로 사회사업학과가 최초로 설립
- 한국사회사업교육연합회(현, 한국사회복지교육협의회)가 1965년에 태동
- 1953년 강남사회복지학교가 최초 훈련기관으로 설립
- 1953년 한국사회사업교육연합회 설립(현, 한국사회복지교육협의회)

(2) 지역사회복지 영역
- YMCA, YWCA를 중심으로 야학과 공장 폐지운동, 금주단연운동, 농촌 문제 강연 및 강좌, 한글강습 등 민간차원의 사회교화사업 실시
- 태화여자관(현 태화기독교사회복지관)이 1921년에 설립된 것을 계기로 지역사회복지사업 시작
  - 2010년에 지역사회복지협의체가 사회보장협의회로 변경됨
- 의료사회복지 영역: 미군 병원과 미국기독교 선교사들이 설립한 병원(한국에 의료사회복지가 시작)
  - 1958년 한노병원: 최초의 의료사회 사업
  - 1959년 국립의료원 기독병원: 의료사회사업시작
  - 1973년 종합병원 의료사회복지사 채용 의무화
- 학교사회복지 영역: 1977년 '학교사회사업 시범 연구사업'을 시작
  - 1997년 한국 학교 사회복지학회 설립
  - 2000년 한국 학교사회사업 실천가협회 창립
  - 제1회 학교사회복지사 자격시험이 2005년 실시, 국가자격은 아님
- 공공영역
  - 1987년부터 사회복지전문요원이 공공영역에 배치(사회복지전담공무원)

- 사회복지전문요원: 1999년 10월 행정자치부에서 사회복지전문요원의 일반직 전환 및 신규 채용 지침을 승인
- 별정직 사회복지전문요원을 일반직(사회복지직) 사회복지전담공무원으로 전환, 2000년 1월
- 2004년 7월부터 전국 9개 시·군·구에서 사회복지사무소를 시범운영하면서 공공영역의 사회복지전문성 강화 시도
- 정신보건 영역
  - 1997년 정신보건전문요원으로서 정신보건사회복지사 자격을 제정하였음(한국정신보건사회복지사협회창립)
  - 2002년 제1회 정신보건사회복지사 1급 승급시험실시
- 전문가협회
  - 한국개별사회사업가협회 1959년 창설
  - 한국사회사업교육 연합회 1965년 설립
  - 한국사회사업가협회가 1967년 탄생하여, 1985년에 한국사회복지사 협회로 개창
  - 대한의료사회사업가협회가 1973년에 창립되어 2000년 대한의료사회복지사협회로 명칭 변경
- 가족복지 영역
  - 가족복지정책의 주요 전달체계로서 다양한 가족지원 정책을 제안 및 실행하기 위해 건강가정지원센터가 설립, 건강가정기본법이 2004년 제정, 2005년 1월 1일부터 시행
  - 건강가정기본법은 2005년 1월 1일 시행, 중앙건강가정지원센터 개소(2005년 1월 24일)
  - 건강가정지원센터 주무부로서는 여성가족부, 보건복지가족부로 시대 정책에 따라 변경되다가 2010년 여성가족부에서 운영됨

4. 사회복지사 자격제도

(1) 사회복지사
- 1997년 사회복지사업법 개정, 2003년부터 국가자격시험 실시
- 1급 사회복지사는 국가가 관련법에 의거하여 공식적으로 인정한 법정 국가자격
- 사회복지사업법 제11조

- 사회복지에 관한 소정의 전문지식과 기술을 가진 자에게 사회복지사 자격 부여
- 사회복지사 자격종류
  - 사회복지사업법에 사회복지사 1급, 2급으로 자격 규정(2018년 4월부터 3급 제도 폐지)
- 학교사회복지사(국가자격은 아님)
  - 1997년: 한국학교사회복지학회 개설, 학교사회복지사 배치
  - 2000년: 한국학교사회사업실천가협회 창립
  - 학교사회복지사 자격시험은 2005년부터 실시됨
- 정신보건사회복지사(법정국가자격)
  - 정신보건법 제7조: 정신보건전문요원은 정신보건임상심리사, 정신보건간호사, 정신보건사회복지사
  - 사회복지사 1급 자격소지자로서 보건복지부장관이 지정한 전문요원 수련기관에서 1년 이상 수련하고 필기시험과 구술시험을 합격하면 2급 정신보건사회복지사자격증을 취득
  - 2급 정신보건 사회복지사 자격 취득 후 정신보건시설, 보건소에서 5년 이상 정신보건 분야의 임상실무경험이 있는 사람은 승급시험을 통해 1급 취득
  - 1998년부터 2급 자격 시작, 2003년에 1급 시험 시행
  - 정신보건사회복지사는 법정국가자격

5. 한국 사회복지와 외원단체

(1) 한국전쟁 이후의 외원단체
- 외원기관
  - 국내에서 보건사업이나 교육사업, 생활보호, 재해구호 또는 지역사회개발 등을 하는 비영리기관
- 기독교아동복지회(Christian Children's Fund)
  - 현 어린이재단: 1948년 내한, 전쟁고아 후원, 1986년 위임 후 철수
- 선명회: 현 월드비전(world vision), 1953년 부산에 한국지부 설치, 국제민간원조 단체
- 양친회(Foster Parents' Plan): 현 양친사회복지회
- 동양선교회(Oriental Mission): 1952년 내한 아동후원사업 전개

- 홀트아동복지회(Holt Adoption program, HAP): 1995년 12명 혼혈아동 입양으로 시작

(2) 한국외원단체협의회(카바, KAVA: Korea Association of Voluntary Agencies)

1952년 7개 기관이 모여 개별적으로 운영되어 오던 사업형태를 통일, 좀 더 효과적인 원조를 실시하기 위하여 1952년 7개 기관이 모여 카바 결성

(3) 외원단체 활동의 계승

1970년대 들어서면서 외원단체들은 사업을 종결하고 한국을 떠나가 시작하였는데, 이는 한국의 경제사정이 좋아지면서 외원단체에 대한 의존도가 감소하였고, 전쟁 이후 응급구호적인 활동의 의미도 퇴색되었기 때문임

6. 우리나라 사회복지실천의 역사(요약정리)

- 1921년 태화여자관 설립(우리나라 최초의 복지관)
- 1947년 이화여자대학교에서 대학 정규 과정으로 사회복지 교육 시작
- 1965년 한국사회사업교육연합회 창설, 개별사회사업가협회 창립총회
- 1967년 개별사회교육연합회 창설, 개별사회사업가협회 창립총회
- 1970년 한국사회복지사업법 제정
- 1983년 사회복지사업법 개정, 사회복지관의 설립 및 운영을 지원하는 근거 마련
- 1985년 시도 단위로 종합사회복지관 설립
- 1987년 사회복지전문요원제도 신설
- 1989년 사회복지관 설치 운영에 관한 규정 마련되어 표준화된 사회복지관 운영 시도, 1989년 영구 임대아파트 단지 내 사회복지관 설치 의무화
- 1997년 정신보건사회복지사제도 시행
- 2000년 법 개정으로 9월 7일 사회복지의 날 제정
- 2003년 1회 사회복지사 1급 자격시험 실시
- 2004년 사회복지사무소 시범사업 실시
- 2005년 1회 학교사회복지사 자격시험, 지역사회복지협의체 시행(2003년 사회복지사업법 개정, 지역사회복지협의체 법제화)

上·**中**·下

01) 사회복지실천의 전문화 과정에서 기능주의와 진단주의에 관한 설명으로 옳은 것은?

(16회 기출)

① 기능주의에 대표적인 학자는 메리 리치몬드(M. Richmond)이다.

② 기능주의는 과거의 심리사회적 문제가 현재의 기능에 영향을 미친다는 관점을 갖는다.

③ 기능주의는 인간의 성장 가능성과 자유의지를 강조한다.

④ 진단주의는 시간 제한적이고 과제중심적인 단기개입을 선호한다.

⑤ 진단주의는 기관의 기능과 서비스를 최대한 활용하여 문제를 해결하는 것을 선호한다.

해설

기능주의 학파는 1930년대 대공황 이후 등장했다. '성장의 심리학'으로 인간의 성장 가능성을 중시. CT 의 내부의 힘을 강조하였다. 이 힘은 건전한 성장을 위한 의지를 형성한다고 하였다. 따라서 인간의 성장 가능성과 자유의지를 강조한다.

〈 정답 ③ 〉

上·**中**·下

02) 자선조직협회(COS)에 관한 설명으로 옳은 것은?　　　　　　　(18회 기출)

① 빈민 지원 시 중복과 누락을 방지하고자 시작되었다.

② 빈곤의 원인을 개인의 도덕 문제가 아니라 산업화의 결과로 보았다.

③ 연구 및 조사를 통하여 사회제도를 개혁하고자 설립되었다.

④ 빈민 지역의 주민들을 이웃으로 생각하여 함께 생활하였다.

⑤ 집단 및 지역사회복지의 태동에 영향을 주었다.

해설

COS는 1869년 영국 런던에서 순수민간단체로 출발

자선조직협회(COS)활동은

① 자선단체 간 협력을 통해 빈민 지원 시 중복과 누락방지

② 적절한 조사를 통해 알맞은 원조 제공

③ 구걸 행위를 방지하고 빈민의 생활 개선 및
  – '가치 있는 빈민'과 '가치 없는 빈민'을 구분, 기독교적 도덕성을 강조
  – 사회진화론의 영향(빈곤의 원인이 개인의 도덕적 문제, 개인의 나태, 빈민을 교화)
  – 중산층에 속했던 우호방문자들이 개인을 방문 면접, 기록, 그 사례를 연구하는 등 이후 개별사회사
    업과 지역사회사업을 실천, 개인주의적 빈곤관
  – 구제 신청자에 대한 체계적인 조사를 통해 서비스의 중복과 누락

〈 정답 ① 〉

───────────── 〈 기출 등 주요 Key Word 〉 ─────────────

사회복지실천의 역사적 발달 과정

다음 문장에서 틀린 것을 모두 고르시오.

◆ **서구 사회복지실천의 역사**

① 자선조직협회는 수혜자격을 심사했다.

② 자선조직협회는 과학적 자선을 시작했다.

③ 인보관운동은 환경개선 교육을 강조했다.

④ 기능주의는 실천가와 클라이언트가 함께 노력할 일치점을 알아본다.

⑤ 기능주의 입장에서 사회복지 기관은 실천가의 활동을 위한 초점, 방향, 내용을 제공한다.

⑥ 기능주의 학파는 인간의 성장 가능성을 중시했다.

⑦ 기능주의는 인간의 성장가능성과 자유의지를 강조한다.

⑧ 서구에서 전문직 교육과정이 시작된 것은 19세기 후반이다.

⑨ 한국 사회복지사의 자격 및 처우에 관한 사항은 사회복지사업법에 근거한다.

⑩ 밀포드(Milford)회의에서 사회복지실천의 공통요소를 제시하였다.

⑪ 인보관운동은 사회통제적 성격을 지녔다.

⑫ 인보관운동은 우애방문자(friendly visitor)가 활동했다.

⑬ 진단주의는 인간은 스스로 창조하고 재창조할 수 있는 힘을 갖고 있다고 본다.

⑭ 진단주의 학파는 미국의 대공황 이후 등장했다.

⑮ 기능주의의 대표적인 학자는 메리 리치몬드(M.Richmord)이다.

⑯ 기능주의는 과거의 심리사회적 문제가 현재의 기능에 영향을 미친다는 관점을 갖는다.

⑰ 진단주의는 시간 제한적이고 과제중심적인 단기개입을 선호한다.

⑱ 진단주의는 기관의 기능과 서비스를 최대한 활용하여 문제를 해결하는 것을 선호한다.

⑲ 플렉스너(A.Flexner)는 체계적 이론과 전문적 권위, 윤리강령 등을 전문직의 속성으로 꼽았다.

◆ 우리나라 사회복지실천의 역사

① 1980년대 초반에 개정된 사회복지사업법에서 사회복지관의 설립·운영을 지원하는 근거가 마련되었다.

② 사회복지전문요원제도가 신설된 해는 1987년이다.

③ 한국사회사업교육연합회가 창립된 해는 1965년이다.

④ 태화여자관이 설립된 해는 1921년이다.

⑤ 1987년부터 사회복지전문요원이 공공영역에 배치되었다.

⑥ 한국전쟁 이후 외원단체들의 지원은 재가 중심의 사회복지를 발전시켰다.

⑦ 1997년 사회복지사업법의 개정으로 2001년부터 사회복지사 1급 국가시험이 실시되었다.

⑧ 1980년대 후반부터 사회복지전담공무원이 배치되었고, 1990년대 후반에 사회복지전문요원으로 명칭이 변경되었다.

⑨ 정신보건사회복지사와 학교사회복지사는 1990년대 후반부터 법정 국가자격이 되었다.

⑩ 정신보건사회복지사제도가 시행된 해는 1995년이다.

⑪ 2000년에 사회복지사 1급 제1회 국가시험이 시행되었다.

⑫ 2002년부터 노인장기요양보험제도가 실시되었다.

⑬ 1975년 한국외원단체협의회(KAVA)가 탄생하였다.

⑭ 1931년 태화여자관이 설립되었다.

〈 정답 〉
• 서구 사회복지실천의 역사 − ⑪ ⑫ ⑬ ⑭ ⑮ ⑯ ⑰ ⑱ ⑲
• 우리나라 사회복지실천의 역사 − ⑥ ⑦ ⑧ ⑨ ⑩ ⑪ ⑫ ⑬ ⑭

제4장 사회복지실천현장에 대한 이해

제1절 사회복지실천의 현장

1. 사회복지실천현장의 개념

(1) 좁은 의미
사회복지실천현장이 이루어지는 '구체적인 장소, 또는 시회복지 서비스를 직·간접적으로 클라이언트에게 제공하는 사회복지 기관을 의미(종합사회복지관, 장애인복지관, 노인복지관 등)

(2) 넓은 의미
사회복지실천이 이루어지는 '분야(Field)' 혹은 서비스의 초점이 되는 '문제', '대상집단' 등을 모두 포함

(3) 실천현장영역
• 1920년대 밀포드회의: 5개 영역(가족복지, 아동복지, 의료사업사업, 정신의료사회사업, 학교사회사업)
• 1959년 사회복지교육협의회: 9개 영역(공공부조, 가족복지, 아동복지, 교정사회사업, 정신의료사회사업, 의료사회사업, 학교사회사업, 집단사회사업, 지역사회사업)

2. 사회복지실천현장의 분류

1) 기관의 기능 혹은 목적에 따른 분류
• 사회복지실천 1차 현장
  – 주된 기능이 사회복지서비스를 제공, 사회복지사가 중심이 되어 활동하는 실천현장
    예) 노인복지관, 사회복귀시설, 아동양육시설, 장애인 복지관, 종합사회복지관, 지역자

활센터 등
- **사회복지실천 2차 현장**
  - 기관의 1차적인 기능이 따로 있으며 필요에 의해 사회복지서비스를 부분적으로 제공하는 것

    예) 의료기관, 교정시설, 학교, 읍. 면. 동의 주민센터, 행정기관, 군대, 보건소, 어린이집, 기업체 ,보호관찰소, 노인요양병원 등
- **기관 설립주체 및 재원조달 방식**
  - 공공기관: 정부지원으로 운영되며, 사회복지사 업무도 정부의 규정이나 지침에 따라 지도감독을 받음
  - 민간기관: 사회복지 관련 사업을 목적으로 사회복지법인, 재단법인, 사단법인, 종교단체, 시민사회단체 등에서 운영하는 비영리기관을 총칭함
- **서비스 제공 방식**
  - 행정기관: 간접서비스 제공(보건복지부, 고용노동부, 지방행정조직 등)
  - 서비스 기관: 직접 서비스 제공(클라이언트에게 직접 서비스를 제공)

    예) 지역사회복지관, 노인복지관, 장애인복지관 , 지역자활센터 등
- **주거서비스 제공 여부**
  - 생활시설-장애인생활시설, 보육원, 청소년 쉼터, 치매요양센터, 그룹 홈 등
  - 이용시설-자신의 집에 거주하는 클라이언트를 대상으로 사회복지서비스를 제공하는 기관

    예) 재가복지센터, 장애인 복지관, 청소년상담센터, 치매주간보호센터, 상담소, 복지관, 자활지원센터
- **이윤추구여부 – 영리기관, 비영리기관**
- **서비스 영역(분야별)**
  - 노인, 여성, 가족, 장애인, 의료, 소득 등

3. 우리나라 사회복지실천현장과 인력

(1) 행정기관
- 공공기관: 정부의 자원에 의해 운영되는 기관, 정부 규정이나 지침에 의해 지도감독 받음

- 1987년부터 사회복지전문요원은 사회복지사 자격소지자로서 구청, 읍, 면, 동사무소에 배치되어 대인서비스 등 직접서비스를 제공
- 민간기관
  - 사회복지 관련 사업을 목적으로 하는 법인이나 재단법인, 종교단체, 시민사회단체 등이 운영하는 비영리기관
  - 한국사회복지협의회, 사회복지공동모금회, 한국사회복지협의체(한국사회복지사협회, 한국사회복지관협회)
  - 직능별 단체로는 부랑인, 아동복지시설연합회, 노인복지시설 연합회, 장애인재활협회, 장애인복지관협회, 치매협회 등이 있음

(2) 우리나라 사회복지실천현장의 발전
- 1950년대 한국전쟁 이후 외국의 민간원조단체들이 들어옴으로써 미국식 사회복지실천방법으로 시작
- 생활시설을 중심으로 한 사회복지서비스가 발달, 사회복지시설의 종류에 따라 주요 사회복지실천 분야들이 형성
- 1980년대 후반부터 지역사회복지관이 전국적으로 생겨나기 시작, 이용시설이 증가
  - 사회복지실천현장은 점점 다양화되고 세분화되고 있음

(3) 부처에 따른 실천현장
- 보건복지부
  - 지역아동센터, 중앙가정위탁지원센터, 자립지원시설
- 여성가족부
  - 청소년쉼터, 건강가정지원센터, 다문화가족지원센터, 가족통합지원센터, 청소년상담복지센터

제2절 사회복지사의 역할

1. 사회복지사의 역할(밀리와 동료 등)

(1) 미시적 차원(개인, 가족): 조력자, 중개자, 옹호자, 교사(교육자)

- 중개자(broker); 중개자는 도움을 필요로 하는 클라이언트와 자원 및 서비스를 연결하는 역할
- 옹호자(Client advocate): 필요한 자원이나 서비스를 찾거나 확보하여 클라이언트와 그의 가족을 위해 일을 진행, 대변, 정책 변화 모색
- 조력자(enabler): 클라이언트가 자기 스스로 문제를 해결할 수 있는 능력을 기르고 필요한 자원을 찾아낼 수 있는 능력을 개발하도록 지원함
- 교사/교육자(teacher): 사회적 기능이나 문제해결능력이 향상되도록 교육적인 프로그램이 정보를 제공하고 적응 기술을 가르치는 것

(2) 중범위 차원(기관, 조직): 촉진자, 중재자, 훈련가

- 집단촉진자(group faciliator)
  - 다양한 집단에 개입하여 집단과정이 활발하게 일어날 수 있도록 하는 역할 수행
- 중재자(Mediator)
  - 양자 간 논쟁에 개입하여 타협, 차이점 조정 혹은 상호 만족스러운 합의점을 도출해내는 역할을 함
  - 사회복지사는 중립을 유지하며 논쟁에서 어느 한쪽 편을 들어서는 안 됨
- 훈련가(trainer)
  - 전문가를 양성하기 위해 교육, 워크숍, 사례발표, 슈퍼비전 등의 활동에 참여하여 전문가 교육, 훈련 담당

(3) 거시적 차원(지역사회, 사회): 계획가, 행동가, 현장 개입가

- 계획가(planner)
  - 정책 또는 거시 차원에서 지역사회나 사회구조에 관심
  - 주민 욕구를 파악, 기존 서비스를 개선 필요한 정책, 서비스를 개발하고 프로그램을 계획
- 활동가/행정가(activist)
  - 인간의 욕구에 좀 더 만족할 수 있도록 환경을 변화, 지역사회의 욕구를 조사, 분석하고 그 결과를 알리며 대중의 힘을 동원하기 위해 사람들은 조직하는 것
- 현장개입가(outreach)

- 서비스를 필요로 하는 개인들을 파악, 서비스 대상자가 적절한 서비스를 찾을 수 있도록 원조하기 위해 지역사회에 들어가서 활동하는 것

(4) 전문가집단의 차원 – 동료, 촉매자, 연구자 / 학자의 역할
- 동료(colleague): 건전한 사회사업 실무나 전문직 발전을 위해 전문가로서의 윤리나 기준을 지키고 전문가조직의 참여를 통해 전문가 상호 간의 지지를 제공하는 역할
- 촉매자(cataiyst): 전문가 차원에서 보다 효과적인 서비스 전달체계의 발전을 위한 활동을 하는 것
- 연구자/학자(researcher/scholar): 지역사회욕구 조사 등의 활동을 통해 전문직 이론을 발전, 연구를 직접 수행하는 역할과 내용을 학습하고 결과를 반영하는 소비자 역할(프로그램 평가자)

(5) 사회복지사의 활동
- 관리자, 분석자, 평가자, 중개자, 촉진자, 협상가, 옹호자
- 조력자: 위기대체 자원
- 중재자: 체계간 논쟁이나 갈등해결
- 통합자, 조정자: 옹호와 조정 가능성 파악, 기술적 자원, 서비스 연계 및 수행

(6) 개입수준에 따른 역할
- 미시차원: 개인/가족, 조력자, 중개인, 교사
- 중범위차원: 조직/공식적 집단, 촉진가, 중재가, 훈련가
- 거시차원: 지역사회/사회, 계획가, 활동가, 현장개입가
- 전문가집단차원: 사복전문가집단, 동료, 촉매자, 연구자/학자

(7) 기능에 따른 사회복지사 역할
- 직접 서비스 제공: 클라이언트에게 직접 서비스 제공(상담가, 정보 제공 및 교육자)
- 체계 연결 기능: 클라이언트를 체계와 연결(중개자, 사례관리자, 조정자, 옹호자, 중재자)
- 체계 유지 및 강화기능
  - 체계유지기능: 기관, 공공기관에서 팀 일원(팀성원)
  - 체계강화기능: 서비스 연결시 기관구조나 정책기능적 관계 평가 역할(조직 분석가, 슈

퍼바이저, 조직 내 촉진자)

- 체계 개발 기능: 기관 서비스 확대 및 개선을 위해 체계 개발에 관한 역할 수행(프로그램 개발자, 기획가)

上·中·下

01) 이용시설 – 간접서비스기관 – 민간기관의 예를 순서대로 바르게 나열한 것은?

(17회 기출)

① 지역아동센터 – 사회복지협의회 – 주민센터

② 장애인복지관 – 주민센터 – 지역사회보장협의체

③ 청소년쉼터 – 사회복지관 – 사회복지공동모금회

④ 사회복지관 – 노인보호전문기관 – 성폭력피해상담소

⑤ 다문화가족지원센터 – 사회복지공동모금회 – 한국사회복지사협회

해설

① 주민센터(공공기관)

② 주민센터(공공기관) 지역사회보장 협의체(공공민간 혼합기관)

③ 청소년쉼터(생활시설) 사회복지관(직접서비스)

④ 노인보호전문기관(직접서비스기관)

⑤ 다문화가족복지원센터(이용시설) – 공동모금화(간접서비스기관) – 한국사회복지협의회(민간기관)

〈 정답 ⑤ 〉

上·中·下

02) 다음 중 1차 현장이면서 이용시설에 해당하는 것은?

(18회 기출)

① 장애인복지관, 보건소   ② 노인복지관, 지역아동센터

③ 아동양육시설, 사회복지관   ④ 노인요양시설, 장애인공동생활가정

⑤ 정신건강복지센터, 학교

해설

① 장애인복지관－1차현장－이용시설, 보건소－2차 현장－이용시설

③ 아동양육시설－1차현장－생활시설, 사회복지관－1차현장－이용시설

④ 노인요양시설－2차현장－생활시설, 장애인공동생활가정－1차현장－생활시설

⑤ 정신건강복지센터, 학교－2차현장, 이용시설

〈 정답 ② 〉

사회복지실천 현장에 대한 이해

다음 문장에서 틀린 것을 모두 고르시오.

◆ **분야별 사회복지실천 현장**

① 노인보호전문기관 – 노인학대 관련 업무를 수행하기 위해 지방자치단체가 설치한 시설

② 장애인주간보호시설은 이용시설이다.

③ 보호를 필요로 하는 아동을 입소시켜 돌보는 시설을 아동양육시설이라고 한다.

④ 지역아동센터는 민간기관이다.

⑤ 지역자활센터, 지역아동센터, 장애인복지관은 1차 현장이면서 이용시설이다.

⑥ 정신건강복지센터 – 만성 정신장애인을 위한 치료–요양시설

⑦ 지역아동센터 – 지역 내 비행아동의 교정 및 선도–보호시설

⑧ 가족위탁지원센터 – 맞벌이 부부의 아동을 낮 동안 맡아 돌보는 가정을 지원하는 시설

⑨ 공동생활가정 – 청소년의 건전한 인격 형성을 위해 일시적으로 공동생활을 체험하게 하는 시설

⑩ 건강 가정지원센터의 소관부처는 보건복지부이다.

◆ **사회복지실천 현장의 분류**

① 민간기관 – 지역아동센터

② 사회복지공동모금회 – 간접서비스기관

③ 노인복지관 – 1차현장이며 이용시설

④ 한국사회복지사협회 – 민간기관

⑤ 다문화가족지원센터 – 이용시설

⑥ 1차 현장 – 보건소

⑦ 이용시설 – 공동생활가정

⑧ 공공기관 – 사회복지협의회

⑨ 노인전문병원 – 1차현장이며 생활시설

⑩ 사회복지관 – 2차현장이며 이용시설

⑪ 정신보건센터 – 1차현장이며 생활시설

⑫ 보호관찰소 – 1차현장이며 생활시설

⑬ 자활지원센터 – 2차현장이며 이용시설

⑭ 생활시설 – 노인주간보호시설

◆ **사회복지사의 역할**

① 미등록 이주노동자의 자녀가 교육받을 수 있도록 관계법 개정을 제안하는 것은 옹호자 역할이다.

② 상담가는 직접 서비스 기능에 해당된다.

③ 사례관리자는 체계 연결 기능에 해당된다.

④ 팀 성원 역할은 체계 유지 기능에 해당한다.

⑤ 조직 내 촉진자 역할은 체계 강화 기능에 해당한다.

⑥ 조력자 – 알코올중독자가 자신의 문제를 깨닫고 금주방법을 찾도록 도와준다.

⑦ 중재자 – 갈등으로 이혼 위기에 처한 부부관계에 개입하여 상호 만족스러운 합의점을 도출한다.

⑧ 옹호자 – 장애학생의 교육권 확보를 위해 학교당국에 편의시설을 요구한다.

⑨ 중개자 – 가족이 없는 중증장애인에게 주거시설을 소개해준다.

⑩ 학교폭력 가해학생에게 분노조절 프로그램을 소개한 것은 중재자 역할이다.

⑪ 자원봉사자의 역량강화를 위해 세미나를 실시한 것은 협상가 역할이다.

⑫ 거동불편 노인에게 밑반찬 서비스를 연계한 것은 상담가 역할이다.

⑬ 돌봄 서비스를 받고 있는 노인과 직원 간 갈등을 해결하는 것은 중개자 역할이다.

〈 정답 〉

• 분야별 사회복지실천 현장 – ⑥⑦⑧⑨⑩

• 사회복지실천 현장의 분류 – ⑥⑦⑧⑨⑩⑪⑫⑬⑭

• 사회복지사의 역할 – ⑩⑪⑫⑬

제5장 사회복지실천의 관점(통합적 접근)

제1절 통합적 접근의 개념

1. 통합적 등장배경 접근 – 1960년대와 1970년대 주로 등장한 이론

○ 전통적 사회복지실천의 3대 방법론(개별사회사업, 집단사회사업, 지역사회조직)에서 벗어나 개인과 집단, 지역사회를 구분하지 않고 총괄하여 개입할 수 있는 방법론 대두

○ 개인, 집단, 지역사회에서 제기되는 사회문제에 활용할 수 있는 공통된 원리나 개념을 제공하는 방법의 통합화를 의미하며, 사회복지사 한 명이 2가지 이상의 방법을 통합적으로 사용하여 클라이언트에게 개입할 수 있도록 함

○ 전통적 방법론은 특정적인 문제에 집중하여 개입하거나, 실천현장의 다양한 욕구와 문제를 지닌 클라이언트에게 적절한 서비스를 제공하지 못할 정도로 지나치게 전문화, 세분화되어 서비스의 파편화 등의 전통적 사회복지실천방법의 한계가 대두

○ 통합적 관점을 통해 사회복지직은 전문직으로서의 정체성을 확보하게 되는 동시에 개인을 환경 속에서 바라보는 고유한 관점을 확립할 수 있게 됨

○ 전문화를 중심으로 한 교육과 훈련은 <u>사회복지사가 다른 분야로 직장을 옮기는 데 불리</u>하게 작용함

○ **전통적 방법론의 한계를 보완하기 위한 노력**
• <u>1929년 밀포트 회의</u> – 개별사회복지실천은 기본으로 8개 영역을 공통요소로 정리하여 발표
• 사회복지실천방법의 공통적인 기초
  – 바틀렛은 '사회복지실천의 공통기반'(1970) 사회복지방법의 지식과 가치가 다양한 방법을 규정하고 있음을 강조

- 통합적인 접근방법에 대한 이론 구축
  - 골드스타인, 핀커스와 미나한, 플랜저, 시표린, 콤튼과 갤러웨이, 메이어, 무릴로 등이 이론 구축
- 단일 방법론의 모델화 시도
  - 핀커스와 미나한, 콤튼과 갤러웨이 등 많은 학자들이 단일 방법론의 모델화를 시도

2. 사회복지실천과 통합적 방법론

(1) 통합적 방법론의 특징(인간중심 + 환경중심 → 상호작용)
- 인간과 환경과의 상호작용에 초점을 두기 때문에 두 체계 간의 공유영역에 개입
- 사회복지에 대한 전문적 지식은 과거 중심의 심리 내적인 면을 강조하는 정신역동적 측면에서 '상황 속 인간'을 이해하고자 하는 일반체계이론까지 확대된 개념을 사용
- 클라이언트에 대한 강점 관점, 미래지향적 관점을 취하며 CT의 존엄성 인정
- 다중체계에 개입하고 문제해결과정과 일반주의 실천을 강조
- 특정 이론에 기초하지 않고 다양한 이론과 개념을 사용하여 문제에 따라 다른 접근을 취함

(2) 통합적 방법을 지향하는 사회복지실천의 요소
- 생태체계관점, 체계와 체계의 환경 간의 관계를 중시, 사회복지실천과정은 점진적으로 문제를 해결하는 과정임
- 특정 이론적 접근에 얽매이지 않고 다양한 이론과 개입방법을 개방적으로 선택함

3. 통합적 접근의 주요 이론 및 관점

(1) '환경 속의 인간' 관점
- 인간을 이해하기 위해서는 인간의 심리 내적인 특성만을 고려한다는 것이 아니라 환경과 상황까지도 모두 고려해야 한다는 관점
- 사회복지실천과 환경 속의 인간(Person in environment, PIE)
  - 리치몬드(1922)의 책 '개별사회복지실천이란 무엇인가?(what is social case work?)'

- '환경 속의 인간(Person in environmnet)'은 리치몬드의 책에서 시작
- PIE(Person in environment) 분류체계
  - 환경 속의 인간' 관점에서 문제를 분류, 사회복지분야에서 개인과 환경체계 모두에 초점을 두고 활동하는 사회복지실천에 부합되는 문제분류체계를 개발
  - PIE체계의 클라이언트를 묘사하기 위한 네 가지 요소
    요소 1: 사회적 기능 수행상 문제
    요소 2: 환경상의 문제
    요소 3: 정신건강문제
    요소 4: 신체건강문제

제2절 일반체계 이론(general system)

1. 개념과 관점
- 생물학자인 버틀란피(Brtalanffy)가 1940년대에 처음 제시한 후 1960년대부터 주목
- 체계를 구성하는 요소들의 속성과 이들 간의 상호작용의 속성을 이해하고, 복잡한 체계의 관계 속성 또는 체계 내부에서 이루어진 상호작용의 특성을 파악하기 위해서 개발된 이론
- 개인과 환경을 원인과 결과라는 인과적 관점에서 보는 것이 아니라 두 체계를 상호보완적인 전체로 파악하여 인간과 환경 간의 상호작용, 개인과 체계가 효율적으로 기능할 수 있게 하는 데 관심

2. 체계의 개념과 기본적 속성

(1) 체계의 개념
체계란 상호 의존적이고 상호작용하는 부분으로 구성된 전체

(2) 체계의 기본적 속성
- 조직화(organization): 체계를 구성하는 부분과 요소들은 서로 연결되어 관계 형성
- 상호인과성(mutual causality): 체계의 한 부분에서 발생한 것은 직, 간접적으로 다른 부분

에 영향을 미침
- 항구성(constancy): 체계는 지속적인 속성을 지니고 있음
- 공간성(spatiality): 체계는 물리적인 공간을 차지하고 있으며, 관찰 가능함

3. 주요 개념

- 경계
  - 체계 내부와 외부, 한 체계와 다른 체계를 구분할 수 있는 테두리
  - 건전한 체계는 반투과성 경계를 잘 유지
- 개방체계
  - 어느 정도 투과성이 높은 경계를 갖고 있는 경계
  - 사회체계이론은 중심개념은 체계를 개방적인 것으로 본다는 것임
- 폐쇄체계
  - 체계의 경계를 넘나드는 에너지 교환이 결핍된 체계
  - 시간이 지남에 따라 에너지 유입이 없어지면서 체계들이 분화가 적어지고 조직과 기능
    이 상실되거나 해체되는 경향이 있으며, 이를 엔트로피라고 함
- 위계: 체계의 부분은 여러 방식으로 서로 연결
- 홀론(holon)
  - 특정 체계는 그 체계를 구성하는 작은 체계보다는 큰 상위체계이고, 그 체계를 둘러싼
    더 큰 체계의 하위체계가 된다는 현상을 말함
- 항상성(general system)
  - 체계는 끊임없이 변화와 운동의 과정 속에 있고, 체계의 이러한 운동은 목표 지향적임
  - 비교적 안정된 구조를 유지하려는 체계의 속성
- 안정상태(steady state)
  - 부분들의 관계를 유지시키고 체계가 붕괴하지 않게 하려고 에너지가 계속 사용되는 상태
  - 사회복지실천은 역엔트로피 유지 또는 증가시킴으로써 바람직한 안정상태를 얻도록 원조함
  - 단, 균형은 에너지 유입 없이 현상을 유지하는 고정된 상태임
- 역동적 평형상태(dynamic equilibrium)
  - 질서와 구조가 안정되어 있는 상태에서 체계는 내부적으로 끊임없이 변화하고 움직여

가는데 이러한 상태

- 체계의 구조를 변화시키지 않은 채 환경과의 상호작용 속에서 체계의 균형을 회복하려는 내부 성향이라는 점에서 체계의 항상성이라 할 수 있음
- 투입 · 전환 · 산출
  - 투입: 체계가 환경으로부터 받아들이는 에너지, 사물, 정보
  - 전환: 투입체계는 체계 내부로 입수되고 나면 영향을 받고 변형되며 규제받고 체계의 기능 수행을 위해 활용되는 데 이렇게 투입체계가 활용도는 단계
  - 산출: 전환의 단계를 거치는 이러한 처리과정이 시작되면 체계는 적극적으로 환경에 반응하는데 이를 산출이라 부르며, 이 같은 반응은 환경에 직접적으로 영향을 미침
- 환류(feedback): 행동을 취한 체계에게 행동의 결과를 알려주는 것
  - 긍정적 피드백: 체계가 목적에 따라 바르게 행동하고 있으며 같은 행동이 좀 더 요청되는 것을 의미
  - 부정적 피드백: 체계가 목적의 달성을 어렵게 하는 정도를 전달하는 것으로 체계의 행동이 변화되고 수정이 일어나는 상태를 의미
- 동귀결성(=동일 결과성, 동등종결, equifinality)
  - 다양한 출발에서 시작해서 동일한 결과에 이른다', 동일한 목적을 달성하는 방법이 다양한 것
- 다중귀결성(=다중종결, multifinlity)
  - '똑같은 출발에서 다양한 결과에 이른다' 출발은 똑같지만 다양한 결과에 이름
- 대상체계: 분석대상이 되는 체계
- 상위체계: 대상체계 외부에 있고 그 체계에 기능적으로 영향을 미치는 체계
- 하위체계: 이차적이고 종속적인 체계로 큰 체계 속에 있는 더 작은 체계

4. 일반체계이론에 대한 평가

(1) 일반체계이론이 사회복지실천에 공헌한 내용
- 인간행동을 이해하는 데 단선적, 인과관계 관점의 의료적 모델에서 다원론적 관점으로 전환시킨 점에서 기여하였음
- 인간이 상호작용하는 많은 체계를 고려하게 하여 사회복지실천의 사정과 개입영역을 확대

(2) 일반체계이론을 사회복지 분야에 통합하는데 있어서의 어려움 및 한계

- 다양한 관점과 해석 때문에 체계에 대한 설명이 혼란스러움
- 사용된 언어의 의미가 너무 다양하여 혼란을 초래할 수 있음
- 변화에 대한 저항을 역기능적이나 병리의 근원으로 보았음

제3절 사회체계이론(social system theory)

1. 사회체계의 개념

모든 조직수준과 인간결사체 등 사회체계에 체계론적 관점을 적용한 이론

2. 사회체계이론 발달의 배경

사회복지 분야에는 기존 사회복지이론들이 '환경 속의 인간'이라는 개념을 충분히 설명하지 못했기 때문에 '환경 속의 인간'이란 개념을 더 명확히 설명해 줄 수 있는 이론에 대한 관심이 증가

3. 사회복지실천과 사회체계이론

(1) 핀커스와 미나한의 4체계모델

클라이언트체계, 변화매개체계, 표적체계, 행동체계로 분류

(2) 콤튼과 갤리웨이(compton & Galaway, 1983)의 6체계모델

기존의 4체계에 전문가체계와 의뢰-응답체계를 추가하여 6체계모델을 제시

- 클라이언트체계, 변화매개체계, 표적체계, 행동체계, 전문가체계, 의뢰-응답체계로 분류

제4절 생태체계관점

1. 생태체계관점의 구성: 생태학 + 일반체계이론

(1) 생태체계적 관점

체계이론과 생태학 이론에서 나온 개념을 적용, 생태학은 유기체와 환경 사이의 관계를 연구하는 생물학이고 일반체계이론은 유기체와 환경 사이의 체계적인 상호관련성에 대해서 설명하고 분석하는 이론

(2) 4체계 모델 + 전문가 체계(5체계) + 의뢰, 응답체계(6체계)

- 변화매개체계: 사회복지사와 그를 고용하고 있는 기관 또는 조직
- 클라이언트체계: 서비스를 혜택을 기대하는 개인, 가족, 집단, 조직, 지역사회
- 표적체계: 목표를 성취하기 위해 영향을 주거나 변화가 필요한 사람들
- 행동체계: 변화노력을 달성하기 위해 상호작용하는 사람, 이웃, 가족, 전문가
- 전문가체계: 교육체계, 전문가단체, 협회나, 복지기관, 전문적 가치
- 의뢰-응답체계: CT를 의뢰한 법원, 경찰 등

2. 생태학적 이론

(1) 브론펜 브레너와 생태학적 이론

인간이 환경과 어떻게 관계되어 있는지를 이해하는 방법으로 인간발달의 생태학을 개념화하였는데, 그의 이론을 생태학적 이론 혹은 생태학적 모델

(2) 생태학적 이론과 생태적 체계

인간발달은 유전적 요소, 가족의 역사, 사회경제적 수준, 가족생활의 질, 문화적인 배경 같은 요인들과 관련되기 때문에 인간을 이해하기 위해서는 생태학의 관점에서 이해

3. 생태적 체계의 구성

(1) 미시체계(micro system)

- 개인 혹은 인간이 속한 가장 직접적인 사회적, 물리적 환경들을 의미함
- 미세체계는 인간과 직접적이고 대면적인 상호작용을 함으로써 인간에게 영향력을 미치며,

미시체계 내에서 아동과 부모, 또래, 교사와 같은 요인들 간에는 직접적인 상호작용(부모, 친구, 학교 등)

(2) 중간체계(mezzo system)
- 두 가지 이상의 미시체계들 간의 관계 혹은 특정한 시점에서 미시체계들 간의 상호작용
- 아동의 입장에서 학교(교사)와 가장(부모) 간의 관계, 형제간의 관계, 가정과 또래 집단과의 관계 등

(3) 거시체계(macro system)
개인의 생활에 직접적으로 개입하지는 않지만 간접적으로도 강한 영향력을 발휘하며, 하위체계에 대한 지지기반과 가치준거를 제공

(4) 외부체계(exo system)
- 개인과 직접 상호작용하지는 않으나 미시체계에 영향을 주는 사회적 환경
- 부모의 직장, 대중매체, 정부기관, 교통통신시설, 문화시설 등

(5) 시간체계
- 개인의 전 생애에 걸쳐 일어나는 변화와 역사적인 환경을 포함
- 가족제도의 변화, 결혼관의 변화, 직업관의 변화 등

4. 생태체계관점의 특징
- 유기체가 환경 속에서 역학적인 평형 상태를 유지하고 성장해 가는지에 관심을 두는데 인간과 환경의 상호작용 방법에 대한 실천가의 관점을 중시
- 개인과 환경은 특정 상황 속에서 지속적으로 영향을 주고받는 관계의 측면에서 이해되어야 함을 강조하기 때문에, 개인의 가족에서부터 더 넓은 사회적 환경에 이르기까지, 환경의 다양한 측면들이 어떻게 인간의 발달에 영향을 미치는지 설명

5. 생태체계관점의 기본가정

- 환경과 상호작용하고 다른 사람과 관계를 맺는 인간의 능력은 타고난 것
- 유전적 및 생물학적 요인 등 다른 환경과 상호작용한 결과로 다양한 방식으로 표출
- 개인과 환경은 서로 영향을 미치는 단일한 체계, 즉 <u>호혜적 관계를 형성함</u>
- 사람은 목적 지향적이며 유능해지려고 노력함

6. 생태체계관점의 주요 개념

(1) 생활환경/거주환경
- 생물체가 살고 있는 장소를 가리키는데, 인간의 경우 특정한 문화적 배경 내의 물리적, 사회적 상황을 의미함

(2) 상호작용/상호교류(transaction)
- 인간이 다른 환경의 사람과 의사소통하고 관계 맺는 것을 말함

(3) 적응적합성/적합성
- 개인의 적응 욕구와 환경 또는 사회적 요구 사이의 조화와 균형 정도 혹은 인간이 환경과의 적응적인 조화를 이루고자 하는 활동적인 노력을 의미함

(4) 스트레스
- 개인과 환경 간 상호교류에서 불균형 야기현상
- 사회적, 발달적 변화, 충격적 사건 등 다양한 생활문제에서 발생하는 욕구가 자신이 활용할 수 있는 인적, 환경적 자원을 초과하는 상황에서 야기

(5) 대처
- 생활 스트레스 때문에 생기는 욕구를 해결해 나가기 위해 고안된 새롭고 특별한 행동

————————— 〈 TEST 〉 —————————

上·中·下

01) 체계이론의 주요 개념에 관한 설명으로 옳은 것은? (13회 기출)

① 외부의 투입이 없으면 부적 엔트로피 또는 네겐트로피 상태가 된다.

② 항상성으로 인해 체계는 행동방식의 규칙성을 갖게 된다.

③ 산출은 체계의 변화방향을 설정하고 조정하는 핵심과정이다.

④ 다중종결은 동일한 목적을 달성하는 방법이 다양함을 의미한다.

⑤ 폐쇄체계는 체계의 정체성이 불분명하고 상호작용을 예측하기 어렵다.

해설

항상성은 체계가 안정된 상태로 되돌아가려고 하는 경향을 의미한다. 항상성으로 인해 체계는 행동방식의 규칙성을 갖게 된다. 〈 정답 ② 〉

上·中·下

02) 핀커스와 미나한(A. Pincus & A. Minahan)의 4체계모델에 관한 설명으로 옳은 것은?

(18회 기출)

① 이웃이나 가족 등은 변화매개체계에 해당한다.

② 문제해결을 위해 사회복지사와 상호작용하는 사람들은 행동체계에 해당한다.

③ 비자발적인 클라이언트는 의뢰-응답체계에 해당한다.

④ 목표달성을 위해 변화가 필요한 사람들은 변화매개체계에 해당한다.

⑤ 전문가 육성 교육체계도 전문체계에 해당한다.

해설

〈4체계 모델〉

① 변화매개체계 – 사회복지사와 그를 고용한 기관 및 조직

　 클라이언트 체계 – 서비스 혜택을 기대하는 도움을 요청하여 서비스를 받는 사람

④ 표적체계 – 변화매개인(사회복지사)이 목표달성을 위해 변화시킬 필요가 있다고 느끼는 사람

② 행동체계 – 변화 매개인이 변화노력을 달성하기 위해 상호작용하는 이웃, 가족, 전문가

〈6체계 모델〉

③ 의뢰 – 응답체계 – CT를 의뢰한 법원, 경찰, 전문가 등

⑤ 전문가 체계 – 교육체계, 전문가단체, 사회복지사협회, 사회복지기관, 실천가치, 윤리강령 〈 정답 ② 〉

통합적 접근
다음 문장에서 틀린 것을 모두 고르시오.

◆ **통합적 접근의 특성**

① 체계론적 관점에 기반하여 개입한다.

② 일반주의 실천을 지향한다.

③ 다중체계에 개입한다.

④ 순환적 원인론을 적용한다.

⑤ 환경 속의 인간 개념을 활용한다.

⑥ 공통의 문제해결 과정을 도출한다.

⑦ 서비스 분화 및 파편화 문제를 해결하기 위해 등장했다.

⑧ 단선적 사고를 한다.

◆ **생태체계관점의 특징**

① 개인과 환경 간의 지속적이고 순환적인 교류 과정을 이해한다.

② 개인적 욕구와 환경적 욕구 사이의 조화와 균형 정도를 파악한다.

③ 생태도를 활용하여 미시,중간, 거시 체계들 사이의 자원과 에너지의 흐름을 파악한다.

④ 문제에 대한 다중 원인 가능성, 문제 형상의 설명에 대한 불확실성을 전제한다.

⑤ 맥락적 사고를 한다.

⑥ 다체계적 접근을 한다.

⑦ 인간과 환경 간의 균형을 강조한다.

⑧ 문제에 대한 포괄적인 이해의 틀을 제공한다.

⑨ 클라이언트의 문제를 체계 내의 개인적 부적응 또는 역기능으로 파악한다.

⑩ 사회구조 개선을 위한 개입방법을 제시한다.

◆ 체계이론의 주요 개념

① 항상성으로 인해 체계는 행동방식의 규칙성을 갖게 된다.

② 동등종결은 동일한 목적을 달성하는 방법이 다양함을 의미한다.

③ 엔트로피는 외부로부터 에너지 유입 없이 소멸되어가는 상태이다.

④ 홀론은 작은 체계들 속에서 그들을 둘러싼 큰 체계의 특성이 발견되기도 하고 작은 체계들이 큰 체계에 동화되기도 하는 현상이다.

⑤ 외부의 투입이 없으면 부적 엔트로피 또는 네겐트로피 상태가 된다.

⑥ 산출은 체계의 변화방향을 설정하고 조정하는 핵심과정이다.

⑦ 폐쇄체계는 체계의 정체성이 불분명하고 상호작용을 예측하기 어렵다.

〈 정답 〉
• 통합적 접근의 특성 – ⑧
• 생태체계관점의 특징 – ⑨⑩
• 체계이론의 주요 개념 – ⑤⑥⑦

제6장 사회복지실천의 관계형성

제1절 관계형성의 중요성

1. 사회복지실천 관계의 개념

(1) 펄만
공통의 이해관계를 지닌 두 사람 간의 정기적 또는 일시적으로 감정의 상호작용, 상호 간의 정서적 교환 및 태도, 역동적 상호작용, 두 사람의 연결매체, 전문적 만남, 상호 간의 과정 등을 의미

(2) 비스텍
사회복지사와 CT간 감정과 태도 면에서의 역동적인 상호 작용. CT가 '환경 속 인간' 개념에서 잘 적응토록 돕는데 목적

(3) 핀커스와 미나한
사회복지사와 그가 관계하는 체계들과 정서적 유대, 협력, 협상, 갈등도 포함

2. 사회복지실천에서 관계의 특징: 전문적 관계
- 클라이언트와 사회복지사가 서로 합의한 목적이 있는데, 클라이언트의 좀 더 나은 적응 및 문제해결을 위한 원조로 의도적인 목적성을 지녀야 함(목적지향성)
- 클라이언트와 구체적으로 한정된 기간을 갖고 관계를 맺기 때문에 시간 제한적(시간 제한적)
- 사회복지사는 자신의 이익보다 클라이언트의 이익을 위해 자신을 헌신(CT에 대한 헌신)
- 사회복지사는 특화된 지식 및 기술 그리고 전문직 윤리강령에서 비롯되는 권위성(권위성)
- 객관성을 유지하고 자기 자신의 감정, 반응, 충동을 자각하고 그 책임을 진다는 의미에서 통제적 관계임(통제적 관계)

제2절 관계형성의 구성요소

1. 전문적 관계형성의 요소
- 전문적 관계는 CT의 문제해결 및 적응에 대한 분명한 목적을 달성하기 위한 제한된 시간 내에 이루어지는 특수한 관계
- 클라이언트의 입장에서 출발하며 사회복지사는 관계 전반 과정에 대한 전문적인 책임을 지게 됨
- 자기를 관찰하는 능력: 자신의 목표에 대하여 깊이 숙고, 자기 자신을 믿고 존중하면서도 자신을 복잡한 개입활동의 한 부분으로 관찰할 수 있는 능력
- 타인에 대한 관심: 클라이언트에게 일어난 일에 대해 진심 어린 관심과 감정에 대해 교류할 수 있는 능력
- 도우려는 열망: 원조관계의 사회복지사에게 필수적인 자질
- 진실성과 일치성: 실제적이고 순수해질 수 있는 능력과 일관성과 정직한 개방성 유지
- 구체성: 클라이언트로 하여금 행동, 사고 감정 등을 그 자신의 독자적 방법으로 표현할 수 있게 도우는 능력
- 이해: 상대방의 마음을 읽고 상대방의 눈을 통해 세상을 볼 수 있는 능력
- 직접성
  - 현재 일어나고 있는 상호 작용 속에서 현실을 정확히 묘사, 직접 수정할 수 있는 능력
- 자기노출: 자신의 경험을 클라이언트와 함께 나눌 수 있는 능력
- 권위와 권한
  - 권위는 클라이언트와 기관에 의해 사회복지사에게 위임된 권한으로 제도적 권한과 심리적 권한이 있음
- 감정이입
  - 클라이언트입장에서 보고 느낄 수 있는 능력, 적극적 경청과 주의를 기울임으로써 도달 가능
  - 공감단계: 주의 깊은 경청, 적절한 말 찾기, 마음 전하기
  - 공감적 이해: 감수성 차원, 의사소통차원
- 기타요소들: 수용과 기대, 헌신과 의무, 대응, 직면, 존경심과 보살핌, 따뜻함 등이 있음

2. 관계형성의 원칙

- 관계의 7대 원칙: 비스텍(Biestek)은 CT들은 7가지 기본적 욕구를 갖고 있는데 사회복지
  사와 CT간의 관계가 매우 중요하며 7가지 관계 원칙을 제시

클라이언트의 욕구와 관계의 원칙

클라이언트의 욕구	관계 요소	관계의 기본 원칙
개별적인 개인으로 취급 되기를 바라는 욕구	개별화	각 클라이언트가 개별적인 독특한 특성을 가지고 있다는 것을 인정하고 이 해하여 개별 클라이언트를 원조하는 내용과 방법·실천과정에서 개별적으로 다루어져야 한다는 원칙
자신의 감정을 자유롭게 표현하고자 하는 욕구	의도적인 감정표현	CT가 자신의 감정을 표현하고 싶은 욕구를 인식하여 클라이언트가 자신의 감정을 자유롭게 표현하도록 도와주는 것
문제에 대한 공감적 반응을 얻으려는 욕구	통제된 정서 관여	CT의 감정에 민감성을 가지며, 그것의 의미에 대해 이해하고 CT의 감정에 대한 의도적이고 적절한 반응을 하는 것
가치 있는 인간으로서 인정받고자 하는 욕구	수용	클라이언트를 있는 그대로 받아들이는 것
판단 받고 싶지 않는 욕구	비심판적 태도	문제의 원인이 클라이언트의 잘못 때문인지 아닌지, 어느 정도 클라이언트에게 책임이 있는지 등을 심판하지 않으며, 클라이언트의 특성 및 가치관을 비난하지 않는 것
자기 스스로 선택하고 결정하고자 하는 욕구	클라이언트의 자기 결정	클라이언트가 모든 의사결정 과정에 참여하여 스스로 선택하고 결정하는 자유를 누리게 하는 것 *허용과 동의는 아님
자기에 관한 사적인 정보나 비밀을 지켜나가고자 하는 욕구	비밀보장	클라이언트와의 적 관계에서 노출한 정보를 사회복지사가 전문적 치료 목적 외에 제 3자에게 알려서는 안 된다는 원칙

- 기타원칙: 자기결정의 제한-자기 결정권은 CT의 적극적, 건설적 결정을 내리는 것을 말하며 법적, 도덕적, 사회복지기관의 기능에 따라 제한을 받음
- 비밀보장의 한계
  - 비밀보장이 CT를 보호하거나 제대로 돕는 것이 아닌 경우
  - 제 3자의 보호 및 안전이 위협 받을 경우
  - 전문가 모임에서 CT의 문제를 위해 정보 공유 시

제3절 관계형성의 장애요인

1. 사회복지사에 대한 클라이언트의 불신

- 불신의 원인: 사회복지사를 클라이언트가 불신하는 것은 대부분 과거에 경험한 다른 관계에서 비롯되는 경우
- 사회복지사의 대처: 사회복지사를 신뢰하지 않는 클라이언트를 만나며 사회복지사는 인내하고 참아야 함

2. 전이

- 클라이언트가 다른 사람(대개 부모를 대신하는 사람, 형제자매)과의 과거의 경험에서 비롯된 소망, 두려움, 그리고 다른 감정을 사회복지사에게 옮기는 것, 이전 경험을 토대로 현재 일어나고 있는 사실을 왜곡된 인식으로 받아들임
- 전이반응 다루기
  클라이언트의 전이 반응을 자연스럽게 받아들이며 친밀감을 형성할 수 있는 계기로 활용, 비현실적임을 지적, 사회복지사에 대한 현실적인 관점으로 상황을 분석, 스스로 조절토록 도움

3. 역전이

- 개념: 사회복지사가 클라이언트를 자신의 어떤 인물로 느껴 무의식적으로 클라이언트를 싫어하거나 좋은 경우, 소망과 치료를 방해하는 감정반응과 행동을 만들어 내면서 관계를 악화시킴
- 역전이 다루기: 역전이로 인해 관계를 지속할 수 없을 경우에는 자기 성찰을 통해 상황을 객관적으로 인식하고 클라이언트에게 사회복지사 자신의 문제로 인해 관계를 지속할 수 없음을 알리고 다른 사회복지사에게 의뢰

4. 저항

- 개념: 사회복지사와 클라이언트의 관계에서 변화를 방해하는 힘, 주저하거나 중지하는 것
- 저항의 유형
  - 침묵
  - 주제와 관련 없는 애기하기
  - 비관적이고 무력한 태도

- 문제 축소 또는 마술적 해법 기대
- 저항행동(지각, 딴짓, 산만한 행동)
- 양가감정−유지하고 싶은 마음과 변화에 대한 두려움
- 오해와 선입견
- 사회복지사에 대한 부정적 감정
- 기타 저항에 대한 대응
  - 미숙하거나 부적절한 사회복지사의 태도
  - 변화에 대한 반대 다루기
  - 긍정적인 해석
  - 성장의 기회로 문제 재규명
  - 직면하기
  - 사회복지실천 활동 점검하기
  - 지금 − 여기반응

01) 비스텍(F. Biesteck)의 관계의 원칙에 관한 설명으로 옳은 것은? (16회 기출)

① 의도적 감정표현이란 클라이언트와의 라포 형성을 위해 사회복지사의 감정을 주의깊게 표현하는 것이다.

② 수용이란 클라이언트의 행동변화를 위해 바람직한 가치를 받아들이도록 격려하는 것을 의미한다.

③ 개별화란 클라이언트가 속한 집단적 특성을 탐색하는 과정을 포함한다.

④ 비심판적 태도란 클라이언트의 자기결정능력이 부족한 경우에 판단을 유보하는 것이다.

⑤ 통제된 정서적 관여란 클라이언트가 자기이해를 통해 부정적 감정에 직면하도록 강화할 때 필요하다.

해설

개별화 원칙을 적용하기 위해 사회복지사는 특정 클라이언트 집단에 대한 편견과 선입견에서 벗어나야 한다. 클라이언트를 집단에 속한 사람으로 일반화하거나 범주화하지 않는다는 것인데, 클라이언트가 속한 집단적 특성을 탐색하여 정확하게 집단의 특성을 알아야 한다. 편견과 선입견으로 인해 클라이언트의 문제, 경험, 사고, 행동들에 대한 속단하게 되고 그들의 존엄성을 존중하지 않게 되어 객관적 시각을 잃게 된다.

〈 정답 ③ 〉

02) 클라이언트를 개별화하기 위해 사회복지사에게 필요한 역량이 아닌 것은? (18회 기출)

① 언어적 표현에 대한 경청 능력　　② 비언어적 표현에 대한 관찰 능력
③ 질환에 대해 진단할 수 있는 능력　④ 편견과 선입관에 대한 자기인식 능력
⑤ 감정을 민감하게 포착할 수 있는 능력

해설

개별화
• 질환이나 장애들의 진단문제는 의료분야 업무로 사회복지사의 역량이 아니다.

〈 정답 ③ 〉

사회복지 실천에 전문적 관계

다음 문장에서 틀린 것을 모두 고르시오.

◆ **사회복지실천과 전문적 관계 형성**

① 사회복지사는 관계의 전반적 과정에 대하여 전문적 책임을 진다.

② 사회복지사는 목적의식을 가지고 관계를 유지한다.

③ 초기 관계는 다음 단계로의 진행에 영향을 준다.

④ 관계는 시간적 제한을 가진다.

⑤ 자신의 신념, 태도, 행동습관을 알고 있어야 한다.

⑥ 관계형성을 주도하는 것은 클라이언트이다.

◆ **관계형성의 원칙과 기법**

① 개별화 – 편견이나 고정관념 없이 클라이언트 개인의 경험을 존중하는 것이다.

② 클라이언트에게 개입하기 위한 전문가 사례회의 시 비밀보장의 원칙은 적용되지 않는다.

③ 비심판적 태도 – 문제의 원인과 상황을 객관적으로 판단하지 않는 것이다.

④ 자기결정 – 클라이언트의 상황에 관계없이 모든 클라이언트의 선택권을 보장하는 것이다.

⑤ 의도적 감정표현 – 사회복지사 자신의 감정을 적극적으로 드러내는 것이다.

⑥ 통제된 정서적 관여 – 내적 성찰을 위해 클라이언트 자신의 감정표현을 억제하도록 돕는 것이다.

⑦ 비밀보장은 원칙은 절대적으로 지켜져야 한다.

⑧ 클라이언트의 약물중독 행동은 허용해야한다.

◆ **비자발적 클라이언트에 대한 동기화 및 관계형성 방법**

① 희망을 갖게 하고 용기를 준다.

② 저항의 실체를 있는 그대로 이해한다.

③ 지금까지 견뎌온 것을 격려한다.

④ 부정적인 감정을 표출하도록 유도한다.

⑤ (애정 어린 표정으로) "상담 받으러 오는 것이 쉽지 않았을 텐데…, 혹시 내가 조금이나마 도움이 되면 좋겠구나…."

⑥ (놀란 표정을 지으며) "오기 싫다더니 어떻게 왔니?"

⑦ (따뜻하지만 단호하게) "상담받고 싶지 않은 것처럼 느껴지는구나…. 그래도 하고 싶은대로만 할 수는 없지…."

⑧ (미소를 지으며) "상담받고 싶지 않다너니… 그래도 지금처럼 지내면 안 된다고 생각했지?"

⑨ (불쾌한 표정으로) "이 상황에서 상담이 무슨 소용이 있겠니?"

⑩ 클라이언트의 양가감정을 수용하면 저항감이 강화된다.

제7장 사회복지실천의 면접

제1절 면접의 개념

1. 면접의 의의
- 최소한 두 사람 이상의 특정한 목적을 가지고 상호 간 대화, 정보 교환,의지나 감정을 상호 간 전달하여 문제를 해결하는 것
- 면접초기에 라포 형성이 중요, 라포는 사회복지사와 CT간 상호 이해와 전문적 관계 수립을 위한 조화, 공감 화합의 상태를 말함

2. 사회복지면접의 특성
- 면접을 위한 세팅과 맥락: 기관과 면접 내용이 특정 상황과 맥락에 한정
- 목적 지향적: 구체적 목표 달성을 위해 의사소통은 개입 목적에 관련된 내용
- 계약적: 계약에 의한 것으로 사회복지사와 CT가 목적달성을 위해 상호 합의한 상태에서 진행
- 특정한 역할 관계 수반: 면접자와 CT는 각각 특정한 역할 관계를 수반하여 그 역할에 따라 상호작용
- 공식적, 의도적 활동: 개인적 사적 관계가 아니다. 공식적 의도적인 활동
- 단계마다 면접 목적이 다름

3. 면접의 목적: 이해와 원조
- 클라이언트와 문제에 대해 충분히 이해, 적절한 원조를 제공하는데 있음
- 클라이언트의 개인, 가족 사회적 환경에 관해 정보를 수집하고 서비스 결정을 위해 사정, 기능향상, 환경 변화를 위한 개입 등이 목적

4. 면접의 유형

(1) 구조화 정도에 따른 면접의 종류
○ 구조화된 면접(=표준화된 면접)
• 표준화된 면접, 면접조사표나 질문을 만들어서 피면접자에게 동일한 절차와 방법으로 면접, 미리 면접계획에 따라 순서를 기계적으로 진행
• 적절한 경우: 비교가 필요할 때, 한 명 이상 면접자가 수행시, 면접 경험이 부족할 때
• 한계: 정서적 내용이 없고 면접시간 낭비 초래

○ 반구조화 면접
• 지침이 있는 면접, 미리 결정된 질문이나 단어가 있고 적절한 시기에 개방형 질문, 구조화와 비구조화의 장점 취함
• 적절한 경우: 정보를 비교하면서도 각각의 개인 경험에 대한 심층적 이해를 원할 때 적절

○ 비구조화된 면접(=비표준화 면접)
• 개방형 면접, 사람들의 견해를 이해하는 가장 좋은 방법
• 표준화된 질문들로 구성된 면접목록을 사용하지 않음
• 적절한 경우: 피면접자의 세계에 대해 심층적이며 자세한 이해와 묘사를 얻고자 할 때 적용 가능

(2) 목적에 따라 사회복지실천의 면접
○ 정보수집 면접
• 특징: 사회력 면접, 사회조사 등
• 클라이언트의 사회적 배경이나 개인의 성장 발달 배경을 이해하여 문제를 잘 인식하는데 있음

○ 사정 면접
• 사정은 자료를 해석하고 의미를 부여하여 어떤 서비스를 결정할지 실천방향과 개입 방향을 결정하는 면접으로 목적 지향적인 특성이 있음
• 클라이언트가 처한 현재 문제 상황, 문제해결의 목표, 목표를 달성하기 위해 어떤 개입방

법을 선택할까 결정함

○ **치료 면접 – 클라이언트가 변화할 수 있도록 원조하기 위한 면접**
• 클라이언트를 도와서 자신감을 부여 그 자신이 변화하거나의 CT의 기능 향상을 위한 사회적 환경을 변화시키기 위해 실시
• 가정폭력 피해여성 자존감 향상을 목적으로 심리적 지지를 제공하기 위한 면접

3) 면접구성 요소
○ **장소**
• 일반적 조건: 사무실, 상담실, 가정 등 안락하고 조용하며 방해 받지 않는 곳
• 특성에 따른 장소: 클라이언트의 선호와 사례의 특성에 따라 집, 입원환자는 병원, 긴급한 상황시는 대기실, 정류장, 공항, 청소년의 경우는 공원, 운동장
• 기타: 채광, 조명, 온도, 가구와 분위기, 개방적, 비밀보장 및 안전을 위한 독립적, 공간 등을 고려

○ **시간**
• 면접단계: 시작, 중간, 종결단계
• 시간제한계획: 신속한 진행, 45분~75분 사이, 종결시간
• 상황에 따른 시간과 횟수 – 주당 1시간적, 몇 개월 동안, 2~3일에 걸쳐 간헐적
• 면접자 태도: 옷차림과 행동, 호칭, 개인적 질문, 관심 따뜻함, 신뢰 보여주기 등을 고려해야 함

제2절 면접의 기술

1. 관찰

(1) 관찰의 개념과 특징
– 관찰이란 사회복지실천의 모든 과정 동안 사용하는 기술로서 클라이언트가 말하고 행동하는 것에 주의를 기울이는 것

– 대화 중 화제를 바꾸는 것, 반복적 언급, 진술의 불일치 ,감춰진 의미 ,침묵, 시작하는
말과 종결하는 말

2. 경청

(1) 경청의 개념과 특징
- 경청이란 클라이언트가 무엇을 표현하고, 감정과 사고는 어떤 것인지 이해하고 파악하면
서 주의깊게 듣는 것
- 적극적 경청 – 주의 기울이기, 관련 정보 요청, 요약하기, 끼어들지 않기
- 면접자의 질문에 어떻게 반응하는지를 듣는 것 포함
- <u>경청만으로 CT의 감정의 정화와 마음의 안정을 경험</u>
- 주의 깊게 듣고 반응하므로 신뢰관계형성, CT의 자기개방이 증진, 문제해결에 도움
- 의견제시나 논리를 잡는 것이 아니라 CT를 이해하기 위해 질문하거나 애기함을 명심
- 너무 많이 끼어들거나 아예 개입 않는 것도 좋지 않음

3. 질문

(1) 질문의 개념과 특징
- 클라이언트로부터 <u>필요한 정보를 얻기 위해 가장 많이 사용하는 기술</u>
- 많은 질문을 하기보다 몇 마디 질문으로 클라이언트가 많이 이야기하게 질문한다.
- 질문지법: 클라이언트의 문제 상황에 대한 정보를 수집하고 동시에 클라이언트가 문제에
관한 자신의 생각과 느낌을 표현하도록 효과적으로 이끌기 위한 방법으로 질문지법이 있
는데, 이는 현재의 문제를 보다 잘 다룰 수 있게 해줌

(2) 개방형 질문
클라이언트가 중요하다고 생각하는 것이 무엇인가 말할 수 있게 다양하게 대답할 수 있는 질
문, 자신의 생각이나 감정을 자유롭게 표현할 수 있게 하는 질문

(3) 폐쇄형 질문

'예, 아니오'의 대답 또는 아주 짧은 대답만을 추구하여 클라이언트의 초점을 제한하고 확실한 사실에 대해 묻는 방식

(4) 면접에서 피해야 할 질문

- 폭탄형 질문(중첩 질문): 여러 질문을 동시에 질문하거나 한꺼번에 많은 질문을 하면 CT는 당황하거나 피상적인 답을 하게 되는 경우
- 유도형 질문: 클라이언트에게 특정한 방향의 응답을 하도록 이끄는 질문으로 사회복지사의 감정이나 견해를 해결책의 형태로 간접적으로 나타내는 것
- "왜?"라는 질문: 이유는 따지듯이 물어서 클라이언트를 방어적으로 만들기 때문에 역효과에 유념, 적절하고 신중히 사용
- 모호한 질문: 대명사를 많이 사용하거나 상황에 맞지 않는 질문

4. 면접의 기록

- 과정기록: 대화체기록, 이야기체기록
- 요약기록: 정해진 양식활용
- 문제중심 기록: 문제해결접근방법 반영
- 녹음 및 녹화

[上・**中**・下]

01) 다음 사례에서 사회복지사가 진행한 면접의 유형은? (17회 기출)

> 학대의심 사례를 의뢰받은 노인보호전문기관의 사회복지사는 어르신을 만나 학대의 내용과 정도를 파악하고 어르신의 정서 상태와 욕구를 확인하는 면접을 진행하였다.

① 평가면접　　② 치료면접　　③ 정보수집면접　　④ 계획수립면접　　⑤ 정서지원면접

[해설]

정보수집면접이다.
정보수집을 위한 면접의 목적은 클라이언트와 그의 상황을 이해하는 데 필요한 정보를 수집하는 것이다.

〈 정답 ③ 〉

[上・**中**・下]

02) 면접을 위한 의사소통기술 중 클라이언트의 혼란스럽고 갈등이 되는 느낌을 가려내어 분명히 해주는 기술은? (18회 기출)

① 재명명　　　　② 재보증　　　　③ 세분화　　　　④ 명료화　　　　⑤ 모델링

[해설]

① 재명명: 특성 문제에 대해 클라이언트가 부여하는 의미를 수정해줌으로써 클라이언트 시각을 긍정적으로 변화하도록 돕는 기술
② 재보증: 클라이언트의 능력이나 자질에 대해 사회복지사가 신뢰를 표현하여 클라이언트에게 불안과 불확실성을 제거하고 위안을 주는 기술로써 CT가 의구심을 갖거나 자신감이 없을 때 사용하는 기술
③ 세분화: 클라이언트의 문제가 복합적으로 일어나고 있을 때 쉽게 다루기 위해 용이한 단위로 나누는 기술
⑤ 모델링: 모델을 제시하여 클라이언트가 그대로 모방하도록 하여 행동을 학습하게 하는 기술
④ 명료화: CT의 진술이 일관성이 없거나 모호한 경우 분명히 질문하여 CT의 실제 반응이나 드러난 감정이나 생각 속에 암시되어 있는 의미를 분명하게 하는 기법

〈 정답 ④ 〉

사회복지실천의 전문적 면접
다음 문장에서 틀린 것을 모두 고르시오.

◆ **면접의 특징**

① 개입 목적에 따라 의사소통 내용이 제한된다.

② 필요에 따라 여러 장소에서 수행된다.

③ 기관의 상황적 특성과 맥락에서 이뤄진다.

④ 특정한 역할관계가 있다.

⑤ 클라이언트의 침묵은 저항의 한 유형으로 볼 수 있다.

⑥ 침묵이 계속되면 면접을 중단할 수 있다.

⑦ 클라이언트가 침묵하는 이유를 알 때까지 질문한다.

⑧ 가정폭력 피해여성의 자존감 향상을 목적으로 하는 면담은 사정 면담이다.

◆ **효과적인 면접 방법**

① 물리적인 환경이 열악한 경우 이에 대해 설명한다.

② 클라이언트의 특성이나 사정에 따라 면접 장소는 유동적으로 정한다.

③ 클라이언트의 주의 집중력이나 의사소통능력에 따라 면접 시간을 조절한다.

④ 클라이언트의 긴장을 완화시키고 집중도를 높일 수 있는 편안한 의자를 제공한다.

⑤ 초기 면접에서 클라이언트가 불안해하면 안심시키는 것이 필요하다.

⑥ 클라이언트와의 거리는 가까울수록 효과적이다.

⑦ 클라이언트가 상반된 이야기를 하더라도 관계형성을 위해 그대로 진행한다.

⑧ 사회복지사는 클라이언트의 호기심 해소에 초점을 맞추어 면접을 진행한다.

⑨ 사회복지사의 관심을 끌기 위한 질문은 관계형성에 도움이 되므로 계속 응대한다.

⑩ 클라이언트가 하고 싶어 하는 이야기는 시간에 관계없이 경청한다.

◆ 면접 기술

① 표현촉진 기술은 클라이언트가 정보를 노출할 수 있도록 말을 계속하도록 하는 기술이다.

② 직면 기술은 클라이언트의 감정, 사고, 행동의 모순을 깨닫도록 하는 기술이다.

③ 경청하기는 클라이언트의 감정과 사고가 어떤 것인지 이해하며 파악하고 듣는 것이다.

④ 관찰하기는 클라이언트가 말하고 행동하는 것에 주의를 기울이는 기술이다.

⑤ 사회복지사에 곤란한 사적인 질문은 가능한 한 간결하게 답하고, 초점을 다시 클라이언트에게로 돌린다.

⑥ 클라이언트와의 신뢰관계가 충분히 형성된 후에 해석 기술을 활용한다.

⑦ 클라이언트의 표현이 모호할 때는 오해를 최소화하기 위해 구체적인 표현을 요청한다.

⑧ 재보증은 사회복지사가 신뢰를 표현함으로써 클라이언트의 자신감을 향상시키는 기법이다.

⑨ 초점제공 기술은 클라이언트의 행동 저변의 단서를 발견하고 결정적 요인을 찾도록 돕는 기술이다.

⑩ 재명명은 합리적인 생각과 결정에 대해 클라이언트가 의구심을 갖거나 자신 없어 할 때 사용한다.

⑪ 재보증은 부정적 문제에 대해 긍정적 의미를 부여하는 면접 기술이다.

⑫ 타임아웃은 남에게 말하지 못한 문제를 클라이언트가 표현할 수 있도록 도와주는 기법이다.

⑬ 환기법은 클라이언트가 자신의 문제를 보증하거나 합리화하여 변화를 거부할 때 사용하는 기법이다.

⑭ 격려 기법은 클라이언트의 사고, 감정, 행동을 현재의 사건과 연결하여 명료화하는 기법이다.

⑮ 초점화는 클라이언트가 겪는 일이 자신만이 가지고 있는 문제가 아니라는 것을 인식하게 하는 기법이다.

〈 정답 〉
• 면접의 특징 – ③⑧
• 효과적인 면접 방법 – ⑥⑦⑧⑨⑩
• 면접 기술 – ⑨⑩⑪⑫⑬⑭⑮

제8장 사회복지실천과정(접수, 자료수집, 사정)

○ 전문적 지식과 기술을 가진 사회복지사가 계획된 원조를 제공하여 CT의 문제를 해결하도록 돕는 과정임

○ 실천과정은 3단계, 4단계,5단계로 구분하는데 일반적으로 5단계 과정을 거침

○ 접수 및 자료 수집 → 사정 → 계획수립 → 개입 → 평가 및 종결

제1절 접수과정 및 자료수집

1. 접수(intake)의 개념 및 과제
○ 문제나 욕구를 가진 사람이 접수를 통해 기관에서 서비스를 제공할 수 있다고 판단되면 기관을 찾아 온 사람은 클라이언트가 되며 서비스제공여부를 판단하는 과정을 접수(intake)라고 하며 적격성 혹은 적격여부판단과정

○ 잠재적 클라이언트(=신청자)의 문제와 욕구를 확인
기관의 정책과 서비스방향이나 내용과 맞지 않거나, 더 적합한 기관이 있을 때 클라이언트에게 그 기관을 소개하여 연결시켜주는 일(의뢰) 등의 여부를 결정하는 과정

2. 접수양식과 접수내용
○ 초기 면접지(intake sheet)
사회복지사가 신청자를 접수한 내용을 기록하는 양식으로 각 기관마다 구체적인 내용이나 형식은 다르지만 일반적으로 공통된 내용이 있음

○ 초기 면접지(intake sheet)에 포함되는 내용
• 기본정보에는 이름, 성별, 나이, 결혼관계, 주소, 전화번호, 직업

- 도움을 청하게 된 문제가 무엇이며, 문제가 언제부터 어떤 과정 속에서 지속되었는지, CT가 자가 문제를 보고 느끼는 방식이 있음
- 타기관 혹은 가족으로부터의 의뢰일 경우에 의뢰한 이유가 있음
- 현재 동거 중인 가족을 중심(거족원의 이름, 나이, 직업, 교육정도, 종교, 관계 등)기본적인 가족관계가 있음

○ **접수시 과업**
- 문제확인
- 의뢰

○ **참여유도**
- 관계형성
- 동기화
- 양가감정수용
- 저항감해소

3. 자료수집개념과 내용

(1) 자료수집의 개념
- 개입에 필요한 자료를 마련하는 것으로 CT의 문제와 욕구를 명확히 하는 것(사정과 거의 동시에 이루어짐)
- 자료수집 과정은 클라이언트의 문제를 이해하고 분석 해결하는데 필요한 자료를 모으는 과정
- 개입 가능성을 판단하고 개입에 도움이 될 수 있는 자료를 마련함
- 자료수집은 접수 단계에만 국한된 것이 아니라, 개입과정 전체를 통해 이루어지는 지속적인 과정이지만, 일반적으로 <u>접수 단계에서 집중적으로 수행함</u>

(2) 자료수집의 내용
- 현재상황: 기관에 오기 전까지 상황, 원하는 것, 과거에 대처한 방법 등
- 사회력(생활력): 개인력, 가족력, 생활기능, CT자원, CT한계, 장점, 동기 등

• <u>자료수집의 정보출처</u>: 자기진술, 가족에게 얻는 자료, 태도나 반응 관찰, CT의 비언어적 행동, 고용주, 연고자, 친구 등을 통해 얻는 자료, 의사, 심리상담자, 교사, 사회복지기관, 행정기관 등

제2절 사정

1. 사정의 개념 특성과 내용

(1) 사정의 개념
사회복지 현장에서 일어나는 CT에 관한 정보수집, 분석, 종합화, 클라이언트와의 관계를 공식화하는 과정, 개입을 위한 목표를 설정하는데 핵심적인 과정이며 사정을 통해 개입방법의 선택이 이루어짐

(2) 사정의 특성
• 지속적 과정
• <u>이중초점</u>: 환경맥락에서 개인이해
• <u>상호작용</u>: 사회복지사와 CT
• 사고전개과정이 요구
• 수평, 수직탐색의 과정 중시
• 개별적 과정
• 한계가 있음
• 사정단계의 과제: 문제발견 → 자료(정보)수집 → 문제규정(문제형성)

(3) 사정의 내용
• 사정 영역
  클라이언트의 정서·심리상태, 역할수행상의문제, 생활력, 자기방어기제, CT의 강점과 대처방안, 가족 구조와 가족기능, 사회적 지지와 관계망 등
• 사정 대상
  – 문제표명 – 자발적인 CT의 경우 대부분 자신의 문제를 직접 설명

- 관련된 자와 상호작용 방법
- 클라이언트의 문제에 대한 태도

(4) 정보의 출처
- 언어적보고
- 비언어적 행동의 관찰
- 상호작용 관찰
- 클라이언트의 자기모니터링
- 정보의 이차적 출처
- 상호작용 시에 사회복지사의 주관적 경험
- 각종 기록: 초기 면접지 병원기록, 심리검사 결과 등

2. 개인대상 사정도구

(1) 개인의 사회지지체계 사정의 필요성
클라이언트는 사회적 지지가 없거나 사회적 지지가 부족한 경우가 많음

(2) 사회적 관계망 격자 내용
- 사회적 관계망을 중요한 인물, 지지를 받은 생활영역, 지지의 특정 유형
  - 클라이언트의 관계망을 전체적으로 볼 수 있게 해줌
- 사회적 상호작용에 대한 면담계획표
- 지지의 성격(상호적 또는 일방적)
- 개인적 친밀도 또는 접촉빈도 관계기관
- 지지 정도의 중요도

3. 가족대상

1) 가족사정의 사정도구

(1) 가족사정의 4차원

- 가족이 제시하는 문제
  - 가족은 문제 혹은 욕구를 무엇으로 보는가?
  - 누가 이런 욕구 혹은 문제를 인식하는가?
- 생태학적 사정
  - 가계수입, 음식, 거주지의 안전 등 가족의 기본적 욕구
- 세대 간 사정
  - 사고나 죽음, 별거 같은 주요 상실의 경험
- 가족 내부의 내 사정
  - 의사소통
  - 가족구조와 기능, 의사소통, 가치, 신념체계

(2) 가계도

○ 개념 및 특징
  - 보웬이 고안, 3대 이상 가족관계 묘사를 나타냄
  - 클라이언트 가족의 역사를 나타냄(주요한 사건, 출생과 사망, 상실, 의사소통 관계, 가족에 대한 연대적면 표시)

○ 가계도 작성법
  - 여성은 원으로, 남성은 네모로 표시
  - 네모나 동그라미의 이중 테두리는 개인 클라이언트를 표시
  - 동일 세대 수평선으로 그림
  - 결혼으로 생긴 자녀는 부모의 수평선 밑에 수직으로 연결
  - 자녀는 연장자부터 연소자 순서에 따라 왼쪽에서 오른쪽으로 나열
  - 가족구성원의 이름과 연령은 네모나 원에 표기
  - 가족구성원이 사망자는 사망 연도, 사망 연령, 사망 원인을 기록

(3) 생태도(ecomap)

○ 개념과 특징
  - 앤 하트만이 고안, 가족관계와 가족 외부환경에 대한 그림

- 환경 속의 인간에 초점을 두기 때문에 클라이언트를 생태학적 관점에서 이해하는 데 도움

○ 생태지도 작성법
 - 가족을 표현하는 원을 중앙에 그려 CT와 그 가족을 표시
 - 관련된 주변 환경체계(직장, 병원, 학교, 친구, 사회복지, 오락, 확대가족원, 보호관찰소 등)는 중심원 주변에 각각의 원으로 표시
 - 에너지의 직접적인 흐름의 방향은 화살표
 - 실선(-)은 긍정적 관계 굵기가 굵을수록 강한 관계, 선이 가늘수록 약한 관계
 - 점선(- - - - -)은 미약한 관계를, 사선(||||)은 긴장관계나 갈등관계

(4) 가족조각
- 가족성원들의 몸을 이용해 가족의 상호작용과 가족구조나 기능을 살펴보는 것
- 가족에 대한 이해를 돕는 기법으로 치료적 기법으로도 사용

(5) 생활력(도)표
- 클라이언트의 생애 동안 발생한 사건이나 문제를 시기별로 전개해 표로 나타낸 사정도구
- 문제 발생 시점과 촉발사건 등 사건 양상과 관계를 파악
- 생활력도표의 활용 – 특정 발달단계의 생활경험이해

(6) 생활주기표
- 클라이언트의 생활주기 및 각 발달단계의 과업 및 가족구성원의 발달단계와 과업을 표로 나타냄
- 생활주기표를 이용하여 가족 내 개별 성원의 현재 발달단계와 과업, 위기 등을 한눈에 볼 수 있음

4. 집단대상 사정도구

(1) 집단차원의 사정의 특징

- 집단자체와 집단 성원 그리고 집단 환경에 대한 사정
- 준비단계에서부터 집단이 종료될 때까지 사정은 지속
- 집단의 발달단계마다 사정의 초점이 조금씩 달라짐
  - 초기단계: 집단 및 성원의 기능수행에 대한 체계적 사정
  - 중기단계: 타당성 검토 후 개입 계획 수정
  - 말기단계: 기능 달성정도 사정, 추가 개입영역 주목

(2) 집단성원을 사정하는 데 활용되는 방법

- 성원의 자기관찰: 자기모니터, 도표, 기록지 또는 일지
- 사회복지사의 관찰: 자연스럽고 일상적인 상황 관찰, 역할극, 소시오드라마, 사이코드라마, 모의검증
- 외부전문가의 보고: 집단 외부의 사람들에 의한 보고서나 정보
- 표준화된 사정도구
  우울증 진단 척도, 자존감 척도 부모, 자녀관계 측정척도, 스트레스 척도 등 표준화된 척도, 소시오그램, 의의차별척도 등

(3) 소시오그램(사회도, sociogram)

- 모레노와 제닝스가 개발한 것
- 상징을 사용해서 표현한 그림으로 집단성원간의 개인적 수용과 거부, 집단 내의 대인 관계를 평가하기 위한 사정도구
- 집단성원의 성별, 성원 간의 친화력과 반감의 유형과 방향(일방적 또는 쌍방향)
- 하위집단 형성 여부, 소외된 성원 여부, 삼각관계 형성 여부 등
- 결속의 강도(친밀한 성원끼리는 가깝게, 소원한 성원은 멀게)

(4) 의의차별척도 – 의미분화척도

- 두 개의 상반된 입장 중에서 하나를 선택하도록 요청하는 척도
- 5개 혹은 7개의 응답범주 활용
- 동료성원 평가, 성원 간의 잠재력 인식, 성원의 활동력 인식 등 각 성원들이 서로 사정하는 데 활용, 가능

上 · **中** · 下

01) 문제와 욕구를 확인하여 기관의 정책과 서비스에 부합하는지 판단하는 사회복지실천의 과정은? (17회 기출)

① 접수　　　② 사정　　　③ 평가　　　④ 자료수집　　　⑤ 목표설정

해설

사회복지사가 도움을 요청한 사람의 문제와 욕구를 확인하여 그것이 기관의 정책과 서비스에 부합되는지 여부를 판단하는 과정은 접수단계이다.

〈 정답 ① 〉

上 · **中** · 下

02) 다음은 사정 결과를 요약한 것이다. 사회복지사가 이후 단계에서 가장 먼저 수행해야 할 과업은? (18회 기출)

> 경제적 도움을 요청하여 기관에 접수된 클라이언트는 성장기 학대경험과 충동적인 성격 때문에 가족 및 이웃과의 갈등문제를 심각하게 겪고 있다. 배우자와는 이혼 위기에 있고, 근로능력은 있으나 근로의지가 거의 없어서 실직한 상태이다.

① 이혼위기에 접근하기 위해 부부 상담서비스를 제공한다.
② 이웃과의 갈등 문제해결을 위하여 분쟁조정위원회에 의뢰한다.
③ 원인이 되는 성장기 학대경험에 관한 치료부터 시작한다.
④ 근로의욕을 높이기 위해 집단 프로그램에 참여하도록 한다.
⑤ 클라이언트와 함께 다루고자 하는 문제의 우선순위를 정한다.

해설

사정 후에는 CT와 함께 문제의 우선순위를 정하고 목적 및 목표를 구체화하여 계획을 세운다.

〈 정답 ⑤ 〉

> **사회복지실천 과정(접수 및 자료수집, 사정)**
> 다음 문장에서 틀린 것을 모두 고르시오.

◆ 접수 시 사회복지사의 과제

① 원조관계를 수립한다.

② 클라이언트를 동기화시킨다.

③ 클라이언트의 문제를 확인한다.

④ 클라이언트의 저항감을 해소한다.

⑤ 클라이언트에게 기관의 서비스와 원조 과정에 관한 안내를 한다.

⑥ 클라이언트가 어떤 문제를 갖고 있는지, 문제와 관련된 욕구가 무엇인지를 파악한다.

⑦ 클라이언트가 기관에서 제공하는 서비스를 받을 수 있는지에 대해 결정한다.

⑧ 자격 요건, 이용 절차, 비용 등에 대해 상세하게 설명한다.

⑨ 개입 목표를 설정한다.

⑩ 초기면접지, 정보제공 동의성, 심리검사 등의 관련 서식을 작성한다.

◆ 사정의 특성

① 개입 과정 내내 계속된다.

② 클라이언트의 문제와 욕구에 따라 개별화된다.

③ 인간과 환경에 대한 이중 초점을 갖는다.

④ 클라이언트와 사회복지사의 상호작용 과정이다.

⑤ 사정은 지속적인 과정이다.

⑥ 클라이언트의 문제와 자원을 함께 다룬다.

⑦ 사정 과정에는 클라이언트의 관계가 필요하다.

⑧ 상황 속의 인간이라는 이중적 관점을 지닌다.

⑨ 수집된 정보를 바탕으로 전체적인 상황을 이해하는 사고의 전개 과정이다.

⑩ 사정 과정에서는 사회복지사의 판단이 보류된다.

⑪ 클라이언트를 완전히 이해하는 것이 가능하다.

〈 정답 〉 • 접수 시 사회복지사의 과제 – ⑨⑩ , • 사정의 특성 – ⑩⑪

제9장 사회복지실천과정(계획, 계약, 개입)

제1절 계획

1. 계획수립과정

(1) 계획수립단계
자료수집, 클라이언트의 문제와 상황에 대한 일차적 사정이 끝난 후 실질적인 문제해결 과정이 시작되는 단계, 표적문제를 선정, 개입목표를 설정, 계약을 공식화

(2) 계획수립과정
1단계: 클라이언트와 함께 하기, CT욕구 명료화
2단계: 문제의 우선순위 정하기(=표적문제 설정)
3단계: 문제의 욕구로 전환하기
4단계: 개입수준 평가하기(전략선택)
5단계: 일차적 목적 수립
6단계: 목표의 구체화
7단계: 계약의 공식화

(3) 목적(goal)과 목표(Objctive)
• 목적은 목표보다 광범위, 추상적인 개념, 개입 노력을 통해 얻고자 하는 장기적 궁극적 결과
  – 해결책 제시 방향, 부모 자녀 관계 향상, 요구에 잘 대처하기
• 목표는 목적을 세분화한 것 단기적, 구체적 개입을 통해 얻고자 하는 바라는 것
• 무엇을 해결, 무엇이 문제, 중요한 것, 핵심적인 것 추려내기

2. 개입목표 설정과정

(1) 문제형성-표적문제 선정-개입목표 설정

- 목표설정의미; 사정단계에서 문제 형성이 결정되면 개입 목표를 설정
- 목표설정 중요성: 개입방향 명확히 , 종결 된 후 결과를 평가할 수 있는 근거 제시

(2) 표적문제 선정(표적문제의 정의)

사정과정에서 드러난 복잡한 여러 가지 문제 중에서 <u>가장 중요하고 시급히 해결해야 할 문제</u>

(3)개입목표 설정

- 문제해결을 위해 달성해야 하는 것, 바람직한 변화 방향, 달성 가능한 것
- <u>에간의 SMART의 형식</u>에 따른 개입목표 설정
  - 구체성(Specific): 구체적이고 특정하게
  - 측정가능성(Measurable): 측량 가능하게
  - 성취가능성(Achievable): 달성 가능하게, 실현 가능하게
  - 현실성(Realistic): 결과지향적
  - 시기적절성(Timely): 실천의 시간 안배

(4) 목표 설정지침

- 클라이언트가 원하는 결과와 관련되게
- 명시적 측정 가능한 용어로
- 현실적으로 달성 가능하고 기관 기능과 일치되게
- 사회복지사 지식과 기술에 상응
- 성장을 강조하는 긍정적 표현으로 기술

(5) 목표설정의 우선순위(사정 - 단기 - 동기부여)

- 클라이언트에게 <u>가장 시급한 문제</u>
- 가장 단기간에 달성하여 <u>성취감을 느낄 수 있는 것</u>
- 클라이언트에게 다른 목표에 <u>도전할 수 있는 동기부여</u>
- 기관의 기능이 적합하고 사회복지사의 능력에 맞아 무리 없이 달성 가능한 것

(6) 표적문제 선정 지침

- 중요하고 급하며, 해결가능이 확실한 것
- 주어진 시간 내 달성토록 2~3가지만 선정
- 클라이언트와 협의(중요)
- 양자 모두 문제라 여기며 해결 기대한 합의된 문제

제2절 계약

1. 계약의 개념
목표 설정과 그것을 달성하기 위한 전략, 클라이언트와 사회복지사의 역할, 시간, 장소, 비용, 개입기법, 평가방법 등에 대해 사회복지사와 클라이언트가 동의하는 것

○ 계약의 중요성
- 계약 체결은 주요 개입단계, 자연스럽게 소개하는 과정, 원조 과정의 핵심
- 계약 시 달성해야 할 목표와 수단을 명확히 하고 참여자의 역할을 설명하여 도움이 제공되는 조건을 형성
- 최초의 계약은 정해진 목표 달성을 위한 공동의 노력을 이끌 약속

2. 계약의 내용과 형식

(1) 계약에 포함될 내용
- 시간적 조건: 개입시간, 세션의 빈도와 시간, 시작일 등
- 사회복지사의 역할, 클라이언트의 역할 및 서명
- 클라이언트와 사회복지사가 합의된 목표
- 클라이언트의 기대
- 계약변경조건: 최초의 계약은 단지 예비단계일 뿐이고, 사례의 변화하는 환경에 따라 변경해야 함
- 사용되는 개입형태 및 기법, 평가기법, 약속취소와 변경의 조건, 비용

(2) 계약형식

○ <u>서면계약(가장 공식적인 형태의 계약)</u>

• 장점

– 서면계약으로 클라이언트의 의지를 더 강하게 할 수 있고, 오해의 가능성을 최소화하며, 필요한 경우 언제라도 계약 내용을 검토 기능

• 단점

– 서면계약의 준비는 많은 시간이 소요되고 법적 문제 야기 가능

○ 구두계약

– 서면계약과 근본적으로 같지만, 목표와 책임을 구두로 계약한다는 차이가 있음

– 목표의 우선순위는 사회복지사가 개인적으로 기록하는 것이 좋음

• 장점

– 서면계약과 비교할 때 신속하고 쉬움

– 서면을 거부하거나 저항감 및 불신감을 가진 클라이언트에게 유용함

• 단점

– 서면계약과 같은 결정적인 힘이 없음

– 합의한 내용의 자세한 부분을 잊을 수 있음

○ 암묵적 계약

– 실체로 서명화하거나 언어적하지 않았어도 암묵적으로 합의한 계약을 말함

– 내용이 명시되지 않았기 때문에 서로 오해의 가능성이 있으며 따라서 주의를 요함

3. 계약단계에서 사회복지사와 클라이언트의 역할

(1) 사회복지사의 역할

• 클라이언트가 문제를 충분히 이해할 수 있도록 도움

• 전문가로서 새로운 관점에서 문제를 볼 수 있도록 원조함

• 클라이언트가 미처 생각해보지 못한 해결책을 제시하고 이를 고려해 볼 수 있는 기회

(2) 클라이언트의 역할

클라이언트는 계약단계에 적극적으로 참여하여 자신의 감정이나 욕구, 원하는바 등을 분명히 표현하고 계약에 반영될 수 있게 함

제3절 개입

1. 개입단계의 개념

(1) 개입단계의 개념

구체적인 행동을 통해 의도적인 변화가 일어날 수 있도록 지원하는 단계

(2) 개입단계의 특징

개입단계에서 중요한 것은 사회복지사가 클라이언트의 변화과정을 관찰하고, 이전단계에서 설정된 목표가 제대로 달성하고 있는지 점검하는 것

(3) 개입단계의 과제

• 문제해결을 위한 구체적 변화전략을 수립함
• 교육, 동기유발, 자원연결, 행동변화 등을 통해 클라이언트의 변화를 이끌어낸다.
• 지속적인 점검을 통해 변화를 유지하고 평가함

(4) 개입단계에서의 사회복지사 역할(콤튼과 갤러웨이)

• 중개자 역할: 원조과정에서 설정한 서비스 목표 달성을 위해 직접적 개입이나 의뢰를 통해서 CT가 필요로 하는 자원과 서비스를 연결하는 역할
• 조력자 역할: 클라이언트로 하여금 스스로 문제해결 능력이나 대처능력을 키우고 자원을 찾을 수 있도록 원조하는 역할
• 교사 역할: 클라이언트에게 정보를 명확히 전달하고 이해시키기 위해 새로운 기술을 습득토록 지원하고 행동을 가르치는 것
• 중재자 역할: 미시, 중범위, 거시체계 사이의 논쟁이나 갈등을 해결하는 역할
• 옹호자 역할: 설정된 원조목표를 달성하기 위해 개인, 집단, 지역사회의 입장에서 직접적

으로 대변, 보호, 개입, 지지하는 행동

2. 직접적 개입

(1) 개인체계 개입기술
○ **정서에 개입하는 기술(의사소통기술)**
- 격려: 행동이나 태도를 인정하고 칭찬해 주는 것
- 재보증(안심): 본인의 능력과 자질을 재확인하고 보증하는 기법
  - 일반화: 사고, 감정, 행동에 대해 일반의 사람들이 공통적으로 겪는 것임을 지적함으로써 소외감이나 일탈감을 막아주는 기법
  - 환기법(정화법): 분노, 증오, 슬픔, 죄의식, 불안 등의 억압되어 있는 감정을 표출하도록 하여 감정의 약화 또는 해소시키는 기법

○ **인지에 개입하는 기술**
- 재명명(재구조화, 재규정): 문제를 다른 시각으로 이해하도록 돕는 것
- 초점화: 산만한 것을 점검해 주고 숨겨진 선입견, 가정, 혼란을 드러내어 자신의 사고 과정을 명확히 볼 수 있도록 하는 기법
- 직면: 말과 행위사이의 불일치 또는 표현한 가치와 실행사이 모순을 자신이 알 수 있도록 해 주는 기술
- 도전: 문제를 부정하거나 회피하고 합리화할 때 사용하는 기술
- 정보제공: 의사결정이나 과업을 수행할 때 필요한 정보를 제공하는 기술
- 조언: 해야 할 것을 추천하거나 제안하는 기술

○ **행동변화기술**
- 모델링: 다른 사람의 행동을 모방하면서 학습하는 기술 즉석모델링, 상징적 모델링, 다중 모델링 등이 있다.
- 타임아웃: 어떤 행동에 대하여 강화물이 많은 상태에서 적거나 없는 상태로 옮겨 놓으므로 바람직하지 않은 행동 교정하는 기술
- 토큰강화: 바람직한 행동을 했을 때 그에 상응하는 토큰(징표)를 줌으로써 체계적으로 행

동을 강화하는 기법
- 소거(강화중지): 강화의 빈도를 줄이거나 점차적으로 촉구를 철회하는 과정
- 강화와 처벌
  - 강화: 정적강화는 행동하는 사람이 좋아하는 것을 주는 것

    부적강화는 행동하는 사람이 좋아하지 않는 것을 제거하는 것
  - 체벌: 고통스럽고 불쾌한 자극을 가하는 기법
- 행동조성(행동형성): 강화의 원리 적용, 특정 행동수준까지 끌어올리기 위해 작은 단위의 행동으로 나누어 과제를 주어 점차 강화물을 주는 기준을 까다롭게 하여 좀 더 복잡하고 정교한 반응을 습득하게 하는 기술
- 행동계약: 서로 약속된 기간 동안 무엇을 할 것인가를 구체화해서 동의하는 것
- 역할교환: 다른 사람의 입장에서 바라보고 의견을 말하는 기법(개인개입기술 및 가족개입 기술로 사용함)
- 행동시연: 습득한 행동기술을 직접 실행하기 전에 사회복지사 앞에서 연습하는 것(숨겨진 시연과 명백한 시연이 있음)

○ **문제해결기술: 미래에 직면하게 될 어려움에 효과적으로 대처할 수 있게 도와주고 하나 원칙을 여러 상황에 적용 가능. 핵심은 예방기능**
  - 브레인스토밍(Brainstorming): 문제에 대한 많은 해법들을 도출하는 방법, 여러 사람들이 특정과제에 대해 자유롭게 의견을 내어 토의를 진행하는 기술

○ **사회기술훈련: 예방과 기술을 위해 다양한 기술을 가르치며, 자신의 환경 속에서 효과적으로 기능하는데 필요한 기술습득토록 연습과 실현 해 볼 수 있는 기회제공, CT에 따라 내용을 달리함**

○ **자기주장훈련 – 상대방의 권리와 감정을 존중하면서 본인의 의견과 주장 선호 등을 구체적으로 단호하게 요구하거나 표현하는 것**

○ **스트레스 관리: 삶의 문제와 관련된 긴장이나 스트레스를 CT에게 특정한 근육을 수축, 이완하는 기술이나 규칙적이고 깊은 호흡법을 가리켜 즐거운 생각이나 이미지를 떠올리는 법 등을 훈련하여 스트레스에 대처토록 돕는 기술**

(2) 집단체계 개입 기술

○ **치료집단(토스랜드와 리바스)**

• 지지집단
   - 집단 성원들이 원조하면서 지지와 정보를 제공하고 대처기술을 향상토록 동기화시킴
   - 일반적으로 유사한 문제를 경험한 사람들로 구성되기 때문에 유대감이 형성이 용이하며, 자기 개방 수준이 매우 높음
   - 지도자인 사회복지사는 집단성원들이 상호원조하면서 지지와 정보를 제공를 제공하고 대처기술을 향상할 수 있도록 동기화함

• 교육집단: 주로 전문가의 강의와 교육이 중심, 집단토론 기회제공

• 성장집단: 인식을 증진시켜 행동과 태도변화를 일으키는 것으로 치료보다 심리적 건강을 증진 시키는데 중점

• 치유집단: 행동을 변화시키거나 개인적 문제 완화, 대처집단 충격으로 인한 실의에 빠져 있는 사람들의 재활목적으로 하여 성원을 돕는 역할

• 사회화집단: 사회관계 어려움 있는 성원이 사회에서 수용 가능한 태도와 행동을 습득하도록 돕는 것

(3) 가족체계 개입 기술

○ **시작단계**

• 가족과 라포형성
• 문제표면화하기
• 문제에 대한 합의도출
• 가족성원들의 상하관련성 탐색

○ **개입기법**

• 역기능적 상호작용수정
• 역기능적 가족 동맹수정
• 탈삼각화
• 합류하기
• 실연
• 긴장고조시키기

- 과제부여
- 가족조각
- 경계만들기
- 치료면담 전의 변화에 대한 질문
- 예외질문
- 기적질문
- 척도질문
- 대처, 극복질문
- 재구조화
- 역설적 개입

3. 간접적 개입

(1) 사회지지체계개발
- 자연적 지지체계 활성화: 기존의 지지체계들이 CT의 욕구에 맞도록 의도적으로 개입하여 적절히 기능하도록 원조
- 공식적 지지체계의 활용: CT의 욕구에 환경이 반응할 수 있도록 기존의 공식적 지지체계를 활용하는 것

(2) 서비스조정 관련 활동
- 공동의 목적 달성을 위해 흩어진 서비스들을 적절한 시기에 적절한 방법으로 CT를 도울 수 있도록 조정하는 활동
- 서비스 연결
- 의뢰
- 사례관리

(3) 프로그램계획과 개발
○ 프로그램이 지역사회에 존재하지 않을 때 CT의 욕구를 만족시킬 수 있는 프로그램 및 자원을 개발

(4) 지역사회 내 기관과 협력

문제가 복잡하여 한 기관에서 해결할 수 없는 경우 지역 내 다양한 조직이나 기관 간 협조 CT의 욕구에 유연하게 대응

(5) 클라이언트집단을 위한 옹호

- 정부나 기관 정책이 자원과 서비스를 필요로 하는 CT에게 부정적 영향 끼칠 때
- 기관이나 직원이 자격 있는 CT에게 서비스나 혜택을 제공치 않을 때
- 인종, 종교, 신념 등으로 CT가 차별 받을 때
- 클라이언트가 스스로 유리하도록 행동하지 못하고 시민 혹은 법적 권리를 거부당할 때

(6) 시설환경개선

시설의 구조나 가구 물건 배치 등 물리적 환경 개선으로 CT에게 심리적 안정감과 편안함 제공

(7) 지역사회 환경조작(환경조정)

지역사회 다양한 환경을 CT의 심리적 정서적 사회적 적응력을 향상시키도록 활용

上·**中**·下

01) 문제상황에 대한 클라이언트의 관점을 변화시키기 위해 클라이언트가 부여하는 의미를 수정하는 의사소통기법은? (13회 기출)

① 환기(ventilation)　　　　　　　② 재명명(reframing)

③ 직면(confrontation)　　　　　　④ 재보증(reassurance)

⑤ 정보제공(informing)

해설

문제를 새로운 방식으로 이해하도록 돕는 것을 재명명이라 하며 재구조화, 재구성 혹은 재규정이라고도 한다.

〈 정답 ② 〉

上·**中**·下

02) 사회복지실천과정의 개입단계에서 사회복지사가 수행하는 과업으로 옳은 것을 모두 고른 것은? (18회 기출)

> ㄱ. 계획된 방법으로 서비스를 제공
>
> ㄴ. 서비스 제공 전략 및 우선순위 결정
>
> ㄷ. 계획 수정 필요 시 재사정 실시
>
> ㄹ. 제공된 서비스에 대한 과정 및 총괄평가

① ㄱ　　　　② ㄱ, ㄷ　　　　③ ㄴ, ㄹ　　　　④ ㄱ, ㄴ, ㄷ　　　　⑤ ㄴ, ㄷ, ㄹ

해설

ㄴ. 서비스 제공 전략 및 우선순위 결정은 계획단계에서의 과업임

ㄹ. 제공된 서비스에 대한 과정 및 총괄평가는 평가단계의 과업임

〈 정답 ② 〉

사회복지실천 과정(계획, 계약, 개입)

다음 문장에서 틀린 것을 모두 고르시오.

◆ **개입목표 설정**

① 목표는 클라이언트가 바라는 바와 연결되어야 한다.

② 목적은 장기적이고 긍정적인 결과의 형태로 제시되어야 한다.

③ 목표가 여러 개 일 경우에는 클라이언트에게 가장 시급한 것을 최우선 순위로 결정한다.

④ 목적은 사회복지실천을 통해 변화되기 원하는 방향의 형태로 진술되어야 한다.

⑤ 목표가 여러 가지인 경우 시급성과 달성 가능성을 따져 우선순위를 정한다.

⑥ 목표는 사회복지사의 전문적 판단으로 설정해야 한다.

⑦ 기관의 가치나 기능과 맞지 않더라도 클라이언트가 원하면 목표로 설정한다.

⑧ 목표설정 시 달성 가능성보다 동기부여를 더 중요하게 고려한다.

⑨ 클라이언트와 사회복지사의 목표가 합의되지 않으면 사회복지사의 판단으로 목표를 결정한다.

⑩ 목표설정의 SMART 지침 중 R은 합리성(reasonable)이다.

◆ **사회복지실천의 개입**

① 의뢰 시 클라이언트의 동의가 필요하다.

② 서비스 조정활동은 대표적인 간접 개입이다.

③ 옹호는 직접 개입이다.

④ 클라이언트가 참여할 수 있는 신규 프로그램을 개발하는 것은 직접 개입이다.

〈 정답 〉
• 개입목표 설정 – ⑥⑦⑧⑨⑩
• 사회복지실천의 개입 – ③④

제10장 사회복지실천과정(종결과 평가)

제1절 종결단계

1. 종결단계의 과업
○ 사회복지사와 클라이언트의 전문적인 관계가 종료되는 원조과정의 마지막 단계로 클라이언트의 욕구에 의해 클라이언트를 중심으로 이루어져야 함

○ 클라이언트가 상실과 이별에 직면하면서 다양하고 복잡한 감정과 태도를 보이기 때문에 사회복지사는 이에 민감하게 반응하고 기술적으로 접근하는 것이 필요함

(1) 적절한 종결 시기 결정하기
- 종결 시기 판단할 때 고려해야 하는 사항은 개입목표 달성정도
- 서비스 시간 내 제공완료 여부
- 클라이언트의 문제 상황의 해결 정도
- 사회복지사와 기관의 투자노력
- 더 이상의 만남이 큰 도움이 되지 않으리라는 것에 대한 합의
- 클라이언트의 의존성 및 클라이언트에 대한 새로운 서비스의 적합성 여부 판단 후 의뢰

(2) 정서적 반응다루기
- 클라이언트는 목적이 달성되지 않았을 경우 실망, 사회복지사에 대한 분노, 버림받았다는 느낌 등 다양한 감정을 느낄 수 있음
- 이전에 거부당한 경험이 있는 클라이언트는 상처받기 쉽고 자존심이 약하기 때문에 사회복지사가 떠나도 변화를 위한 노력을 계속해 나가기를 바란다는 언급을 하고 지지와 격려를 제공
- 클라이언트의 부정적, 긍정적인 모든 감정표현을 허용하고 다른 사회복지사에게 의뢰하는 것을 수용하도록 도와야 함

117

(3) 사후관리

- 종결 후 일정기간(1~6개월 사이)이 지나서 클라이언트가 잘 적응하고 있는지, 변화의 유지 정도를 확인하는 것
- 의뢰: 클라이언트에게 새로운 서비스가 더 필요하거나 해결되지 않는 문제가 있는 경우 의뢰함
- 평가: 사회복지개입의 결과나 과정을 조사기법을 활용하여 사정하는 것으로 사회복지실천에서 개입활동이 효율적이고 효과적으로 결과에 작용하였는지 평가

2. 종결 유형

○ 클라이언트의 일방적 조기종결: 계획되지 않는 종결

○ 기관의 기능과 관련된 시간의 제약에 의해 결정된 종결: 계획된 종결

실습생이 실습을 종결하는 경우 실습생이 맡았던 프로그램이나 면접은 종결됨

○ 시간제한에 따른 종결: 계획된 종결

시간제한적인 방식에도 나름대로 종결에 따른 반응은 나타나기 때문에 이러한 클라이언트의 반응에 민감하게 대처하고 적절히 다루어야 함

○ 사회복지사의 과제

- 클라이언트가 얻은 것을 분명히 함
- 지속적인 개입이 필요한 경우 또 다른 계획을 세움
- 개입기간 동안 배운 바를 클라이언트가 일상생활에 어떻게 적용할 것인지 확인함
- 사후세션을 계획함
- 사회복지사의 이직, 퇴직 등 사정으로 인한 종결 – 배신감, 거부당한 느낌 등 해소를 위한 노력

3. 종결에 따른 반응

○ 긍정적인 종결

클라이언트는 성취한 이득으로 인해 종결로 인한 상실감의 충격이 감소하게 됨

○ **부정적인 종결**

치료 및 사회복지사에게 집착, 과거문제 재발, 새로운 문제 호소, 사회복지사의 대리인 발견

○ **실패로 인한 종결: 클라이언트가 그 감정을 이겨 낼 때까지 공감적 의사소통, 수용, 따뜻 함 등의 기술과 태도가 필요함**

제2절 평가단계

1. 사회복지실천평가

○ **평가의 개념**

사회복지사의 개입 노력을 사정하는 것으로 개인이나 가족, 집단, 지역사회를 대상으로 실시 한 개입의 변화를 일으켰는지, 어느 정도의 변화가 생겼는지, 사회복지실천활동이 효과적이 었는지, 효율적이었는지를 판단

2. 평가의 유형

(1) 결과평가(=성과평가, outcome evaluation)
- 개입을 통해 원했던 변화가 일어났는가, 설정한 목표들이 얼마나 달성되었나를 평가
- 원하는 변화가 사회복지실천활동, 개입을 통해 일어났다는 것을 검증해야 함
- 개입효과 검증을 위해 사전 – 사후 비교방법, 통제집단과 실험집단 비교방법 등을 사용함

○ **단일집단 사전사후 비교방법**(사회복지실천평가에서 많이 사용)
- 개입하기 전 문제 수준을 측정하고 개입 후 다시 같은 방법으로 문제의 정도를 측정하여 개입 전후 문제의 수준의 변화하였는지 측정하여 변화를 개입의 결과를 보는 것임
- 개입 후 문제 수준의 감소하였다면 개입이 문제를 감소시키는 데 영향을 미쳤다고 판단, 즉 개입의 효과성이 증명됨

○ 통제집단과 실험집단 비교
- 개입을 한 후(=실험집단)와/과 개입을 하지 않은 집단(=통제집단)을 비교하여 그 차이를 개입의 결과로 추정하는 것
- 사전·사후 비교방법에 비해 별로 활용되지 않는데, 개입이 필요한 집단에 의도적으로 개입을 하지 않은 것은 사회복지윤리에 많지 않기 때문임

(2) 과정평가(process evaluation)
- 과정평가는 사회복지실전과정을 분석하기 위한 것으로 성과평가에서 간과하기 쉬운 프로그램의 준비, 진행, 종결과정에서 환경적인 요인과의 관련성을 프로그램의 과정에 따라 분석하는 기법
- 사회복지실천개입이 클라이언트에게 도움이 되었는지, 클라이언트가 원조과정을 어떻게 인지했는지를 평가하는 것이며, 원조과정에서 도움이 되었거나 방해되었던 기술과 사건에 대해 클라이언트의 피드백을 받으며 사회복지사는 분별력을 가지고 기술을 사용할 수 있게 됨
- 과정평가의 핵심은 긍정적인 변화를 유발할 수 있는 일반적인 요소를 잘 알아 실천에 통합하고 치료적 효과를 향상시키는 것
- 평가 내용에는 사회복지사 목표달성을 위해 사용한 방법이나 기법에 대해 피드백 하는 것도 포함

(3) 사회복지사 평가(=실무자 평가)
- 개입과정 동안 사회복지사의 행동이나 태도 등이 개입 과정에 어떤 영향을 주었는지 알아보기 위해 클라이언트로부터 피드백을 받는 것을 말함
- 클라이언트의 긍정적 피드백을 사회복지사로 하여금 강점을 더 잘 알게 하고 그것을 미래에 자주 활용하게 함
- 부정적인 피드백은 고통스럽기도 하지만 사회복지사의 주의산만, 반치료적 행위나 태도, 매너리즘을 알려준다는 점에서 역시 매우 도움이 됨

(4) 형성평가(formative valuation)
- 활동의 진행과정에서 개입을 부분적으로 수정, 개선, 보완하는 데 필요한 정보를 얻기 위하여 주기적으로 진전 상황을 평가하는 활동

- 사회복지사가 과정을 검토하도록 하고 필요한 경우에 개입 계획을 수정
- 형성평가는 실천과정의 점검이라고 할 수 있음
- 형성평가는 사회복지실천과정에 초점을 두고 주기적으로 진전 상황을 평가하는 것

(5) 총괄평가(summative valuation)
- 활동이 종결됐을 때 산출된 성과와 효율성에 대하여 종합적인 가치 판단을 하는 평가
- 개입이 종결되었을 때 그것이 효과성, 즉 목적달성 여부와 관련하여 그 요인을 분석하는 것으로, 형성평가와 대조
- 개입의 목표로 하는 바를 얼마나 잘 성취했는지를 평가하는 것으로 개입방법의 성과나 효과, 즉 효율성과 효과성을 평가

(6) 클라이언트 만족도 평가
- 클라이언트가 받은 서비스 혹은 프로그램에 대한 CT의 의견을 구하는 평가방법
- 비슷한 서비스를 받은 클라이언트 또는 특정 사회복지사의 서비스를 받은 모든 클라이언트에게 행할 수 있음
- 결과에 대한 클라이언트의 주관적 인식을 알 수 있을 뿐, 개입의 효과성을 측정하는 것은 아님
- 개입에 적극적으로 참여했거나 좋은 인상을 받은 클라이언트는 높게 점수를 주는 경향 서비스에 만족하지 못했거나 소극적으로 참여한 CT는 응하지 않았을 가능성이 크기 때문에 만족도 결과가 긍정적인 방향으로 치우칠 가능성
- 만족도 조사를 통해서 서비스에 대한 문제점이나 불충분한 영역을 파악
- 설문은 상대적으로 간단하고 비용이 저렴하나 응답자의 기분이 설문에 영향

(7) 동료검토
- 사회복지사의 사회복지실천활동에 대해 동료사회복지사의 평가
- 동료검토를 통한 평가의 목적은 사회복지사 개인의 개입과정에서 나타나는 문제점을 수정하고 개선하며 기관의 정책이나 절차에 대한 수정이 필요하면 요구하려는 것
- 동료검토는 개입의 결과보다는 개입의 과정에 초점을 두는 것으로서 사회복지사 자신들이 좋은 실천활동이란 어떤 것인지에 대한 기준과 원칙을 논의하면서 평가에 반영하기도 하고 자신들의 실천 활동의 수준을 발달시킴

3. 평가기법

(1) 단일사례설계

- 특정 문제나 표적의 변화를 관찰하기 위하여 통제된 환경에서 개입 전과 개입 후의 변화를 시계열적을 반복해서 측정하여 평가하는 것, 즉 개입의 효과성을 평가하는 기법
- 둘 이상의 실험집단을 사용하는 연구와 달리 한 사람의 개인, 하나의 집단, 하나의 가족, 하나의 기관 등 하나의 클라이언트체계를 집중적으로 평가하는 데 사용
- 설계유형으로는 AB설계, ABA설계, ABAB설계, BAB설계, 여러 가지의 개입방법을 적용했을 때에는 ABCD설계, 그리고 복수 대상자, 복수 문제, 복수 상황에서 활용하는 중다 기초설계

(2) 목표달성척도

- 목표를 설정한 후, 그 목표를 얼마나 달성했는지를 측정하는데 사용되는 평가도구
- 절차
  - 클라이언트의 목표를 결정함
  - 목표달성정도를 5점 척도화함(-2점, -1점, 0점, 1점, 2점)

(3) 과제성취척도

- 과제중심모델에서 개발된 것으로서 CT의 문제를 해결하고 개입의 목표를 달성하기 위해 과제를 설정하고 이를 수행하게 되는데 사회복지사와 클라이언트가 합의한 과제가 실제로 달성되었는지를 측정하는 기법
- 기초선을 설정하거나 단일사례설계를 이용하기 어려울 때 유용
- 과제성취척도는 보통 4점 척도로 구성되는데 1점(거의 달성되지 않음), 2점(부분적 달성), 3점(상당수 달성), 4점(완벽하게 달성)
- 과제달성정도 평가, 의도나 노력 동기를 평가하는 것은 아님
- 측정방법: 직접 관찰, 자기보고 평가척도, 표준화된 측정도구

上・中・下

01) 평가 및 종결 단계에서 사회복지사의 역할에 관한 설명으로 옳지 않은 것은?

(17회 기출)

① 변화전략 설정　　　　　　② 진전수준 검토

③ 사후관리 계획　　　　　　④ 정서적 반응 처리

⑤ 결과의 안정화

해설

변화전략 설정은 개입단계의 과제에 해당된다. 개입단계에서 사회복지사는 클라이언트가 문제를 해결하려는 노력을 지원하기 위해 다양한 변화전략을 수립한다. 동일한 목표를 달성하더라도 목표를 달성하는 방법은 여러 가지가 있을 수 있기 때문에 클라이언트의 문제를 해결하고 개입목표를 달성하기 위해 다양한 변화전략을 수립한다.

〈 정답 ① 〉

上・中・下

02) 종결단계에서 사회복지사의 과업이 아닌 것은?　　　　(18회 기출)

① 사후관리 계획 수립　　　　　　② 성과 유지 전략 확인

③ 필요시 타 기관에 의뢰　　　　　④ 종결 기준 및 목표 수립

⑤ 종결에 대한 정서다루기

해설

④ 종결 기준 및 목표 수립은 계획단계에서의 과업이다.

〈 정답: ④ 〉

〈 기출 등 주요 Key Word 〉

사회복지실천 과정(종결 및 평가)
다음 문장에서 틀린 것을 모두 고르시오.

◆ **종결과 평가**

① 종결 단계에서 사회복지사는 클라이언트와의 접촉 빈도를 줄여나간다.

② 사후 관리 시 클라이언트의 문제가 발견되면 재개입할 수 있다.

③ 사후관리를 통해 클라이언트의 적응상태를 확인할 수 있다.

④ 종결 시 클라이언트의 변화를 촉진한다.

⑤ 자아존중감 향상 집단 프로그램 시행 전·후 자아존중감 전도를 측정하여 비교하는 것은 과정평가이다.

⑥ 종결 단계에서 사회복지사는 개입의 효과를 평가하기 위해 기초선 자료를 수집한다.

⑦ 사후관리는 개입 과정 중에 수시로 실시한다.

⑧ 종결 시 클라이언트를 위해 서비스를 조정한다.

⑨ 종결 단계에서 클라이언트를 대변하여 자원을 확보한다.

〈 정답 〉
• 종결과 평가 - ④⑤⑥⑦⑧⑨

제11장 사례관리

제1절 사례관리의 개요

1. 사례관리의 개념

(1) 사례관리의 의의
- 복합적이고 만성적인 욕구가 있는 클라이언트 및 그 가족을 대상으로 그들의 사회적 기능 강화 및 삶의 질 향상을 위해 협력적인 운영체계를 기반으로 체계적인 욕구사정과 함께 지역사회 자원을 연결하여 지속적이고 효과적으로 사회복지서비스를 제공하는 통합적인 실천방법
- 서비스의 효과성과 효율성을 높이기 위해 포괄적인 서비스를 제공하고 서비스의 조정과 점검을 실시하며, 공식 · 비공식 지원체계의 다양한 서비스를 활용하고, 지역사회 자원의 개발 및 확보 · 동원 · 활용에 주안점

(2) 사례관리의 특성
제공되는 서비스에 대한 사정, 점검 및 평가를 위해 경계범주 접근방법을 활용하며, 임파워먼트 및 생태체계가족 관점에서 직 · 간접적 개입방법의 통합 또는 기존의 사회복지실천 방법들을 통합하는 통합적 접근을 시도

2. 사례관리의 등장배경

(1) 사례관리(case management) 등장 과정
○ 탈시설화의 영향, 서비스 전달의 지방분권화, 복합적인 욕구를 가진 인구의 증가, 기존 사회복지 서비스 단편성의 한계, 사회적 지원체계와 관계망의 중요성에 대한 인식 증가, 비용억제의 필요성 등의 6가지 이유로 그 등장배경을 정리해 볼 수 있음
- 탈시설화 영향: 1960년대 초 지적장애인과 정신 장애인을 수용시설에서 퇴소시켜 지역사

회로 돌려보내는 탈시설화 정책 실시
  - 정신질환자들이 지역사회에 거주하면서 서비스를 통합적으로 제공하는 서비스 관리체계 필요성 대두
- 서비스 전달의 지방분권화
  - 1970년대 이후 서구에서 본격화된 지방분권화의 움직임은 사례관리의 필요성을 더 한층 높이는 배경이 되었음
  - 지방분권화로 인해 사회복지기관 및 프로그램의 운영과 책임이 중앙정부에서 지방정부로 이양되었음
  - 지역은 클라이언트에게 제공되는 다양한 서비스를 통합하거나 조정하는 장치를 갖추지 못하였음
- 복합적인 사회복지 욕구를 지닌 인구의 증가
  - 현대사회에서 정신지체나 정신질환, 신체장애나 심각한 의료적 문제, 심리·정서적 문제 등으로 인해 복합적 욕구를 지닌 클라이언트가 증가함에 따라 이들의 지원체계가 없으면 독립적인 생활이 어렵다는 한계를 나타나게 되었음
- 전통적인 사회복지 서비스가 지나치게 단편적이라는 한계
  - 클라이언트의 다양하고 복합적인 욕구가 통합되기 위해서는 아동, 노인 정신보건, 직업재활, 공적 서비스, 사적 서비스 등과 같이 범주화되어 있는 서비스의 영역을 뛰어넘어야 가능함
- 사회적 지원체계와 관계망의 중요성에 대한 인식이 확대
  - 서구에서는 1970년대 이후 석유가격의 폭등으로 인해 지속적인 경제성장의 기반이 무너지고 복지국가 위기론 등장하였음
- 비용 억제의 필요성 대두(효과 구체화)
  - 부족한 자원 안에서 서비스의 효과를 극대화하는 것
  - 서비스의 전달에 소요되는 비용을 줄이려는 것

(2) 사례관리 개입 원칙

- 서비스의 개별화: 개별적 욕구와 상황에 맞는 맞춤형 서비스 제공
- 서비스 제공의 포괄성: 다양한 욕구가 충족될 수 있도록 서비스 제공
- 클라이언트의 자율성 극대화: 클라이언트가 자신의 서비스와 관련된 판단을 하는데 있어서 자기결정 능력을 최대화도록 함

- 보호의 연속성 혹은 <u>서비스의 지속성</u>: 클라이언트의 욕구를 점검하여 지속적으로 서비스 제공
- 서비스의 연계성: 복잡하고 분리되어 있는 서비스 전달체계를 연결
- 서비스의 접근성: 클라이언트가 차별, 배제받지 않고 서비스를 이용할 수 있도록 서비스 접근성 향상시킴
- 서비스의 체계성: 서비스와 자원을 조정하여 서비스의 체계성 증진

제2절 사례관리 과정과 사례관리자 역할

1. 사례관리 과정

(1) 아웃리치(접수)

클라이언트의 욕구와 문제를 파악하고 기관의 서비스와 경제적 지원을 받을 자격여부 결정(서비스 안내, 필요서류 작성)

(2) 사정

클라이언트의 주변 환경을 포함한 상황 이해를 위한 집중적이고 체계적 과정(욕구 및 문제해결, 자원 활용의 장애물, 비공식체계, 공식체계 등 사정)

(3) 계획: 수집한 정보를 CT에게 도움이 되는 활동으로 전환

1단계 – 상호 간의 목적 수립
2단계 – 우선순위 정하기
3단계 – 전략수립하기
4단계 – 최선의 전략 선택
5단계 – 전략실행하기

(4) 개입

내부 자원 획득을 위한 직접적 서비스제공과 외부자원 획득을 위한 간접적 서비스 제공

(5) 점검

서비스 계획이 적절하게 이루어지는지 검토

(6) 평가

사례관리자에게 의해 형성되고 조정되는 서비스 계획, 구성요소 활동 등이 시간을 투자할 가치가 있었는지 여부 측정

2. 사례관리자 역할

(1) 통합조정자 역할

한 사례를 담당하여 종결 때까지 서비스를 총괄하고 중복되지 않도록 협력하여 개입의 효과성과 책임성을 높일 수 있도록 조정하는 역할

(2) 옹호자 역할

클라이언트를 옹호하고 대변함으로써 자신의 권리를 찾고 정부와 지역사회로부터 유익한 자원을 활용하도록 원조

(3) 공동협력자의 역할

서비스를 제공하는 타 조직이나 기관의 직원들과 합의

(4) 관계기관 협력

(5) 상담

(6) 치료

上·中·下

01) 사례관리에 관한 설명으로 옳지 않는 것은?   (17회 기출)

① 통합적 방법을 활용한다.

② 직접 서비스와 간접 서비스를 결합한 것이다.

③ 포괄적이고 지속적인 서비스를 제공하는 것이다.

④ 전통적인 사회복지방법론과 전혀 다른 실천방법이다.

⑤ 기관의 범위를 넘은 지역사회 차원의 서비스 제공과 점검을 강조한다.

해설

사례관리 등장배경은 다양하고 사회복지실천의 새로운 접근이기는 하지만, 지역사회조직과 개별사회복지실천에 기반을 두고 있으므로 따라서 전통적인 사회복지방법론과 전혀 다른 실천 방법이라고 할 수 없다.

⟨ 정답 ④ ⟩

上·中·下

02) 사례관리에 관한 내용으로 옳지 않은 것은?   (18회 기출)

① 중복서비스를 제공하는 전문기관의 확대로 등장

② 클라이언트의 자율성 극대화 및 역량강화

③ 주로 복합적인 욕구나 문제를 가진 사람이 대상

④ 계획 – 사정–연계 · 조정 – 점검의 순으로 진행

⑤ 다양한 욕구충족을 위해 포괄적인 서비스 제공

해설

사례관리과정은 사례발견 – 접수 – 사정 – 계획 – 개입 – 점검 – 평가

⟨ 정답 ④ ⟩

사례관리

다음 문장에서 틀린 것을 모두 고르시오.

◆ **사례관리의 등장배경**

① 지역사회 보호의 필요성이 증가했다.

② 분산된 서비스의 조정기능이 없다.

③ 사회적 지원망의 중요성이 강조되었다.

④ 만성적이고 복합적인 문제를 가진 클라이언트가 증가했다.

⑤ 시설 퇴소인의 지역사회 보호 필요성이 증대되었다.

⑥ 서비스 전달체계 간 조정기능이 부족했다.

⑦ 중복 서비스를 제공하는 전문기관이 확대되었다.

⑧ 임상적 치료모델에 대한 욕구가 증가했다.

⑨ 사례관리는 단편적인 문제를 가진 클라이언트의 증가로 등장하였다.

◆ **사례관리의 특성**

① 자원체계 간 연결, 조정 등의 활동을 한다.

② 투입과 과정에 대한 평가를 한다.

③ 클라이언트 욕구에 초점을 두어 기관 내 서비스로 한정하지 않는다.

④ 임상적 욕구를 가진 클라이언트에게는 치료적 상담을 실시한다.

⑤ 단편화되고 파편화된 서비스를 통합적으로 관리한다.

⑥ 서비스의 중복 가능성을 낮춰 자원을 효율적으로 사용한다.

⑦ 서비스의 접근성을 향상시킨다.

⑧ 개인 및 환경의 변화를 위해 노력한다.

⑨ 공식적 또는 비공식적 자원의 연계 및 조정 활동을 한다.

⑩ 복합적인 문제를 가진 개인의 자원 획득 및 활용 능력을 강화한다.

⑪ 공적 책임을 강화하기 위해 비공식적 지지망의 활용을 최소화한다.

⑫ 복합적 욕구를 가진 클라이언트 대신 클라이언트의 삶을 조정·관리한다.

⑬ 책임 서비스 구현을 위해 동기와 능력이 있는 클라이언트의 참여를 요구한다.

⑭ 공적 부담의 확대를 추구한다.

◆ 사례관리의 원칙

① 사례관리자는 클라이언트의 인종, 성별, 계층 등을 이유로 이용 자격 및 절차 등에서 어려움을 겪지 않고 서비스를 쉽게 이용할 수 있도록 원조해야 한다.

② 시간의 경과에 따라 변화하는 클라이언트의 욕구에 대해 지속적으로 사정하고 서비스를 제공해야 한다.

③ 클라이언트의 개별적인 욕구와 상황에 맞는 맞춤형 서비스를 제공한다.

④ 클라이언트의 다양한 욕구가 여러 분야에서 충족될 수 있도록 서비스를 제공해야 한다.

⑤ 클라이언트가 충분히 지역사회에 적응할 수 있도록 지속적으로 원조한다.

⑥ 클라이언트에게 필요한 서비스들을 적극적으로 찾아 연결하는 역할을 한다.

⑦ 클라이언트의 자기결정을 존중하되 지나친 관여를 하지 않도록 노력한다.

⑧ 필요한 경우 클라이언트의 권리를 옹호하기 위한 역할을 한다.

⑨ 클라이언트를 위해 전문가 주도의 구조화된 서비스를 제공한다.

⑩ 클라이언트의 욕구와 상관없이 자원이 있는 한 모든 서비스를 제공한다.

〈 정답 〉
• 사례관리의 등장배경 – ⑧⑨
• 사례관리의 특성 – ⑪⑫⑬⑭
• 사례관리의 원칙 – ⑨⑩

제2편
사회복지실천기술론

제1장 사회복지실천기술의 이해

제1절 사회복지실천기술의 개념과 특징

1. 사회복지실천기술의 개념

(1) 사회복지실천기술의 의의
- 사회복지사가 실천 활동을 수행함에 있어 사회복지실천의 가치 지식에 기초하여 지식을 효과적으로 적용하여 CT의 문제, 욕구, 능력을 사정하여 자원개발과 사회구조를 변화시키는 숙련도를 의미함
- 클라이언트의 욕구에 반응하여 클라이언트의 사회적인 기능을 향상시키는 것

(2) 사회복지실천기술의 목적
- 클라이언트에게 자원과 서비스 및 기회를 제공하는 체계들과 연결시키도록 원조
- 연결된 체계들을 효과적이며 인도적으로 운영토록 증진
- 클라이언트의 문제해결과 처리능력을 향상시키도록 원조
- 사회정책의 개발과 개선에도 공헌

2. 사회복지실천기술의 특징
- 다양한 이론이나 방법 등을 적절하게 사용하고 특정이론에 국한되지 않아야 함
- 기본적인 자질에 따라 달라질 수 있으나, 기술 개발이나 학습은 가치와 지식에 근거하여 훈련과 재교육 전문저 자문을 통해 향상됨
- 현장은 다양하기 때문에 상황에 따라 그에 맞는 실천기술을 선택하고 활용하는 능력이 필요함

제2절 사회복지실천의 기초기술

1. 사회복지실천의 기초기술과 내용
- 면담기술: 의사소통과 상담관계 기술
- 사정기술: 문제나 욕구 발견기술
- 개입기술: 문제나 욕구 해결기술
- 팀워크기술: 다른 전문직과 협동기술
- 지지망구축기술: 개입효과의 유지를 위한 자원연결과 자립구축기술
- 협상기술: 주변체계와 협상기술
- 평가 및 종결기술 – 개입 후 결과의 평가 및 종결기술

2. 사회복지실천과정의 단계

(1) 준비단계
- 정보탐색, 모니터링, 면접기술과 방어기제 등 방해 요인 해결기술
- 동료와 슈퍼바이져 조언, 듣기

(2) 초기단계
- CT와 관계형성, 라포형성, 이해, 공감하기
- 탐색, 명확화, 반영, 세분화

(3) 사정단계
- CT상황이해, 개입초점

(4) 계획 및 계약 단계
- 개입목표와 개입방법 평가 방법 등 계획수립 후 계약 실시

(5) 개입단계
CT의 자원, 서비스, 기회 등 연결, 지원, 권한 부여 모델 등 활용

(6) 평가 및 종결단계

개입과정을 점검 및 피드백, 종결 감정 관리

3. 사회복지실천가의 필요한 기술: 미국사회복지사협회(NASW,1981)

- 전문가적인 목적과 이해를 기초로 타인의 말을 경청하는 기술
- 자료를 찾아 의미있게 조합하는 능력과 기술
- 전문적 원조 관계를 형성하고 발전시키며, 사회복지사 자신을 도구로 활용하는 기술
- 언어적 또는 비언어적 행동을 관찰하고 해석하며, 관련 이론이나 진단 방법을 활용하는 기술
- 클라이언트와 초기 관계를 맺고 신뢰감을 형성하는 기술
- 치료적 관계의 종결 여부를 결정하고 종결을 실행하는 기술
- 조사 연구의 결과나 전문적 자료를 해석하는 기술
- 갈등 관계에 있는 두 체계를 중재하고 협상하는 기술
- 조직 간에 협력 서비스를 제공하는 기술
- 기금 지원처나 대중에게 사회적 욕구를 알리고 전달하는 기술
- 명확하게 말하고 글을 쓰는 기술
- 다른 사람에게 교육을 제공하는 기술
- 소진(burn-out)되었거나 위기 상황에서 지지적으로 반응하는 기술
- 전문적 관계에서 역할 모델이 되는 기술
- 복잡한 심리 사회적 현상을 해석하는 기술

제3절 사회복지사의 지식기반

1. 사회복지실천 지식의 차원

(1) 패러다임(Paradigm)
- 가장 추상적 개념적틀, 세계관과 현실에 대한 인식 방향 결정
- 전통적으로 진단과 치료중심에서 인간과 환경사이의 적응관계를 중심으로 생태체계적 개념으로 변화해 옴

(2) 관점(시각, Perspective)

• 패러다임보다 더 구체적인 수준의 사회복지실천에 영향

• 병리적 관점, 강점관점, 생태체계적 관점 등이 실천에 영향

(3) 이론(theory)

• 특정 현상을 설명하기 위한 개념이나 가설, 의미의 집합 등

• 정신분석이론, 인지행동이론, 학습이론, 일반체계이론, 임파워먼트 이론 등이 실천에 영향

(4) 모델(model)

• 실천활동의 원칙과 방식을 구조화 한 것으로 실천과정에 필요한 기술적 적용방법

• 모델은 다양한 이론들이 절충되어 개발(정신분석모델, 행동수정모델, 심리사회모델, 과제중심모델 등)

(5) 실천지혜, 직관, 암묵적 지식

실천현장에서 경험에 의해 귀납적으로 얻은 지식, 실천과 경험을 통해서 얻은 지식이다. 사회복지실천에서 큰 영향을 미침

2. 사회복지사에게 필요한 지식

(1) 햄워스 등이 제시한 지식

• 인간행동과 사회현상에 관한 지식

• 사회복지정책과 서비스에 관한 지식

• 사회복지실천방법에 관한 지식: 미시수준, 중범위수준, 거시수준

(2) 존슨 등이 제시한 지식기반

• 광범위한 인문학적 지식: 사회과학 분야, 자연과학분야의 지식

• 인간의 상호작용, 사회상황에 대한 기초지식

• 실천이론에 관한 지식

• 특정집단분야나 CT집단에 대한 지식

- 지식사용의 창조적이고 심사숙고하는 능력과 태도
- 사회복지사 자신에 대한 인식

(3) 미국사회복지사 협회(NASW)의 규정

- 사회복지 실천 이론 및 기법에 관한 지식
- 지역사회 자원과 서비스에 관한 지식
- 사회 서비스 프로그램과 그 목적에 대한 지식
- 기본적인 사회 경제 이론과 정치 이론에 대한 지식
- 인종, 민족 등 한 사회의 문화 집단에 대한 지식과 그 집단의 가치와 생활, 현대 사회에서의 이슈
- 실천에 적합한 전문적, 과학적 조사에 관한 지식
- 사회 계획에 대한 개념과 기법에 대한 지식
- 인력 관리의 개념과 기법에 대한 지식
- 일반적인 사회 통계와 심리학적 통계 방법론 및 기법, 다양한 연구 방법 및 기법에 관한 지식
- 사회복지 행정의 개념과 이론에 대한 지식
- CT에게 영향을 주는 사회적, 환경적 요소에 대한 지식
- 심리적 사정과 개입의 이론과 방법, 진단에 대한 지식
- 조직 및 사회 체계 이론과 행동, 촉진적인 변화 방법의 이론과 행동에 대한 지식
- 지역사회 조직 이론 및 기법에 대한 지식
- 인간의 성장과 발달 이론 및 가족과 사회의 상호작용 이론에 대한 지식

01) 사회복지 실천과정(접수 – 자료수집 및 사정 – 개입 – 평가 및 종결) 중 접수단계의 주요
　　과업으로 옳지 않은 것은? 　　　　　　　　　　　　　　　　　　　　(12회 기출)

① 클라이언트에게 기관의 서비스와 원조과정에 관한 안내를 한다.

② 클라이언트가 어떤 문제를 가졌는지, 문제와 관련된 욕구가 무엇인지를 파악한다.

③ 클라이언트가 기관에서 제공하는 서비스를 받을 수 있는지에 대해 결정한다.

④ 초기 면접지, 정보제공 동의서, 심리검사 등의 관련 서식을 작성한다.

⑤ 자격요건, 이용절차, 비용 등에 대해 상세하게 설명한다.

해설

사회복지 실천과정 자료수집 단계임

〈 정답 ④ 〉

02) 실천지식의 구성수준을 추상성에서 구체성의 방향으로 순서대로 나열한 것은?

(16회 기출)

① 패러다임 – 관점 – 이론 – 모델 – 실천지혜

② 패러다임 – 이론 – 관점 – 모델 – 실천지혜

③ 관점 – 패러다임 – 이론 – 모델 – 실천지혜

④ 실천지혜 – 모델 – 이론 – 관점 – 패러다임

⑤ 실천지혜 – 이론 – 모델 – 관점 – 패러다임

해설

실천지식의 구성수준

사회복지 실천의 이론적 기초를 제공하는 전문지식은 다양한데 사회복지실천에 영향을 주는 구체성과 추상성의 정도에 따라 패러다임, 관점(=시각), 이론, 모델, 실천지혜 등으로 구분된다. 패러다임은 가장 추상적인 수준이며 구체성이 낮은 실천지식이다. 관점은 패러다임보다 조금 구체성이 높으며 관심영역과 가치 대상 등을 규정하는 개념적 준거틀이다. 이론은 어떤 현상을 설명하기 위한 가설이나 개념, 의미

의 집합체다. 모델은 일관된 실천 활동의 원칙과 방식을 구조화시키는 실천지식이다. 실천지혜는 실천현장에서 얻어진 지식들로서 구체성이 가장 높아지고 추상성은 낮은 실천지식이다. 따라서 실천지식의 구성수준을 추상성에서 구체성의 방향으로 순서대로 나열하면 ① 패러다임 – 관점 – 이론 – 모델 – 실천지혜이다.

〈 정답 ① 〉

사회복지실천기술의 이해

다음 문장에서 틀린 것을 모두 고르시오.

◆ **사회복지실천기술의 이해**

① 사회복지실천 기술은 사회복지실천의 지식과 가치에 근거한다.

② 사회복지실천 기술은 사회복지실천의 목적과 일치해야 한다.

③ 사회복지실천기술은 개발될 수 없다.

④ 사회복지실천 기술은 특정한 이론에만 근거한다.

〈 정답 〉
• 사회복지실천기술의 이해 – ③④

제2장 정신역동모델

제1절 정신역동모델의 기본개념

1. 정신역동모델의 기본개념

(1) 프로이트의 인간관
- 수동적 인간: 인간의 행동은 무의식적인 성적본능과 공격적 본능에 의해 결정됨
- 결정론적 인간: 인간의 기본적인 성격구조는 초기 아동기 특히 만5세 이전의 경험에 의해 결정
- 투쟁적 인간: 인간은 자신의 행동을 극대화하기 위해 사회와 지속적으로 대항

(2) 정신역동모델의 개념
- 프로이트의 정신분석이론을 비롯하여 정신분석이론의 영향을 받아 탄생한 모델
- 사람의 생각과 행동이 과거의 경험과 무의식적 동기에서 영향 받음을 강조

(3) 프로이트 · 정신분석이론의 미친 영향
- 의료모델에 입각하여 직선적 원인론을 채택함으로써 과학적 기반 형성
- 사회복지실천의 진단주의 학파에 영향을 줌

(4) 정신역동모델의 기본가정
정신결정론(심리결정론),인간의 모든 정신활동에는 목적이 있으며 이는 과거 발달과정에서 경험한 것에 의해 결정된다는 이론, 무의식을 가정, 성적충동 및 공격적 충동 중시, 어린시절 경험 중시, 생애초기 경험 중시

2. 정신역동모델의 주요개념

(1) 지형학적 모형(의식의 수준)

- 의식: 인간의 현재 알아차릴 수 있는 생각과 경험 및 감각, 정신생활의 극히 일부분만이 의식의 범위안에 있음
- 전의식: 의식과 무의식 중간 지점에 있으며 연결해 주는 역할, 좀 깊이 생각하면 알 수 있는 것, 현재에는 의식되지 않지만 주의를 집중하면 쉽게 인식 가능하며 전의식에 저장된 기억이나 지각, 생각 등을 의식으로 가져올 수 있음
- 무의식: 프로이트가 가장 중요하게 생각한 부분은 무의식으로, 무의식은 정신 내용의 대부분에 해당하며 지금은 알 수 없으나 인간행동의 동기, 주로 원초와와 초자아로 구성되어 있으며, 방어기제도 무의식의 일부분

(2) 구조적 관점(성격의 구조)

- 원초아(본능자)
  - 비논리적, 도덕관념이 없고 본능적 욕구만을 추구하는 쾌락원리의 지배 받음
  - 원초아는 무의식 안에 감추어진 일차적인 정신의 힘으로 즉각적이고 본능적 욕구
  - 인간이 생존하는 데 필요한 모든 본능 쾌락원리의 지배를 받음
  - 고통을 최소화시키고 쾌락을 최대화하여 즉각적인 만족을 구하고자 하는 쾌락원칙을 중요시함
- 자아(조정자)
  - 성격을 지배하고 통제하고 조정하는 실행자, 현실원칙의 지배를 받음
  - 성격의 조정자로서 인간의 생각과 행동을 통제
  - 현실적인 계획을 세울 때까지 만족을 지연하는 이차적 사고과정
- 초자아(심판자)
  - 정신구조의 최고단계, 부모나 사회의 도덕적 가치가 내면화된 양심과 자아이상으로 구성
  - 초자아는 3~5세 사이에 발달하며 자아로부터 발달, 주요기능은 옳고 그른 것을 결정하는 일, 양심 등
  - 성격의 도덕적 판단(도덕원칙)을 담당하며 이러한 판단은 부모의 상과 벌에 의해 형성

3. 정신역동모델의 개입기법 및 특징

(1) 정신역동모델의 개입기법
- 정신역동모델의 개입 목표: CT가 과거의 경험에서 갖게 된 불안한 감정이나 무의식적 갈등을 의식화하여 현재 자신의 행동에 영향을 주고 있는지 통찰력을 갖도록 돕는 것
- 통찰: 이해하지 못했던 무의식적 갈등의 요소를 알아차리고 지각하게 되는 것
- 개입대상: 자기분석이 가능한 CT에게 적합하고 참여동기가 약하거나 지적능력이 저하되어 있거나 약물 의존적인 CT에는 적절치 않음
- 개입과정: 관계형성단계 → 동일시, 자아구축단계 → CT의 독립된 정체감 형성 원조 단계 → 자기 이해 원조 단계
- 훈습: 저항이나 전이에 대한 이해를 반복해서 심화, 확장하는 기법, 통찰을 획득하고 정서적 갈등을 수용하게 하는 기법
- 자유연상: 의식에 떠오르는 모든 것을 이야기함으로써 무의식을 탐구하는 개입 기법
- 해석: CT의 통찰력 향상을 위해 CT행동의 의미를 상담자가 설명하고 풀어서 이야기해 주는 기법
- 꿈의 해석: 꿈을 통해 나타나는 무의식적인 소망과 욕구를 해석하여 통찰력의 획득에 초점
- 전이의 해석: 상담치료과정에서 보이는 CT의 전이를 치료적으로 활용할 수 있고 CT가 전이한 사람에 대한 무의식적 사고나 감정을 인식 할 수 있도록 돕고 현재 겪는 어려움이나 갈등의 기원에 대해 해석 해 줌으로써 통찰력을 높임
- 직면: CT의 말과 행위의 불일치, 표현한 가치와 실행사이의 모순, 회피 등을 CT자신이 주목할 수 있도록 하는 기법

(2) 정신역동모델의 주요 특징
- 정신결정론(심리결정론): 과거의 발달과정에서 경험한 것에 의해 정신활동이 결정됨
- 무의식을 가정: 본능적 에너지인 성적 욕구를 중요하게 고려함
- 과거를 통해 현재를 통찰: 과거의 경험에서 갖게 된 불안과 무의식적 갈등을 의식화하여 어떻게 현재 행동에 영향 주는지 통찰하게 함

제2절 심리성적 발달단계의 구성 및 방어기제의 종류

1. 심리성적 발달단계의 구성

(1) 구강기(출생~18개월)

- 에너지의 초점이 입에 집중되어 있으며 생후 6개월까지 주로 빠는 행위에서 쾌감을 느끼고, 이후에는 깨무는 것으로 쾌감
- 리비도가 추구하는 방향은 타인이 아닌 자기 자신에게만 국한
- 구강 수동적 성격: 과도 혹은 불충분한 경우 발달하는 성격, 낙천적이고 타인에게 의존적이며, 희생을 감수하면서도 인정을 받고 싶어한다. 이러한 유형의 사람은 수동적, 미성숙, 과도한 의타심을 보이고 잘 속는 경향
- 구강 공격적 성격(구강가학적): 이가 나면서 깨물고 물어뜯음을 통해 불쾌 또는 불만족을 표현. 이러한 유형의 사람은 논쟁적이고 비판적이며 비꼬기를 잘하며 타인을 이용하거나 지배하려 함

(2) 항문기(18개월~3세)

- 항문기 폭발적(공격적) 성격: 고착시 잔인, 파괴적, 난폭, 적개심이 강함
- 항문 강박적(보유적) 성격: 항문기 경험으로 아동은 구강기의 전적인 의존에서 벗어나 자기조절, 자립의존 등을 경험, 고착시 소극적, 검소, 완고, 지나친 청결

(3) 남근기(3~6세)

- 오이디푸스 콤플렉스: 남자아이가 어머니를 성적으로 사랑하게 되면서 경험하게 되는 딜레마 이때 남자아이는 아버지를 자신의 경쟁자로 바라보고 적대적인 감정을 갖게 된다. 아버지와 적대관계로 아이는 거세불안을 경험하게 되고, 억압과 반동형성이라는 방어기제를 통해 아버지를 점차 긍정적으로 인식하려고 노력
- 엘렉트라 콤플렉스: 여자아이는 아버지와 성적인 사랑에 빠지고 어머니를 자신의 경쟁자로 바라보고 적대적인 감정을 갖게 된다. 이때 경험하는 거세불안은 남근이 없다는 인식에 출발하기 때문에 남자아이가 느끼는 것과는 다르다. 여자아이는 유아기 때 자신의 남근이 거세되었다고 믿고 그것 때문에 어머니를 더욱 더 비난. 그리고 남자아이보다 열등하다고 생각하게 되는데 이를 남근선망이라고 함
- 거세불안: 남자아이가 자신의 어머니를 사랑하기 때문에 아버지가 자신의 성기를 제거할

지도 모른다는 두려움

(4) 잠복기 또는 잠재기(6세~사춘기)
- 에너지의 초점은 수면상태로 돌아가 활동하지 않는다고 봄
- 리비도는 승화되어 지적관심, 운동, 동성 간의 우정, 공부 등으로 표출

(5) 생식기(사춘기~성인기 이전)
- 이 시기에는 성적 관심이 되살아나며 관심 대상은 또래의 이성친구에게로 옮겨짐
- 충분하게 사랑과 일을 할 수 있는 시기로 성역할 정체감 발달

2. 방어기제의 종류
- 억압: 가장 일차적이고 원시적이며 가장 많이 사용되는 것.죄책감, 수치심 또는 자존심을 상하게 하는 경험일수록 억압의 대상
- 부정: 무의식적으로 부정함으로써 불안으로부터 자신을 방어
- 반동형성: 무의식 속의 받아들여질 수 없는 생각, 소원, 충동 등을 정반대의 것으로 표현하는 경우인데 원래의 생각이나 소원, 충동 등을 의식화하지 못하게 하는 기제
- 동일시: 주의의 중요한 인물들의 태도와 행동을 닮는 것으로 불안을 없애기 위해서 오히려 불안의 원이 되는 그 사람과 똑같이 되려는 것
- 투사: 자신이 갖고 있는 좋지 않은 충동을 다른 사람의 것인 양 문제를 타인의 탓으로 돌리는 것
- 합리화: 자신의 문제행동에 대해 그럴듯한 핑계를 대서 받아들여질 수 있게끔 재해석
- 퇴행: 심한 스트레스나 좌절을 당하였을 때 현재의 발달단계보다 더 이전의 발달단계로 후퇴하는 것
- 승화: 수용될 수 없는 충동이 사회적으로 받아들여질 수 있는 충동으로 대체되는 것
- 전치: 어떤 생각이나 감정 등을 표현 할 때 위험한 대상으로 옮기는 것

上 · **中** · 下

01) 정신역동모델의 개념과 개입기술에 관한 설명으로 옳은 것을 모두 고른 것은?　(17회 기출)

> ㄱ. 해석의 목적은 통찰력 향상에 있다.
>
> ㄴ. 훈습은 모순이나 불일치를 직시하도록 원조하는 단회성 기법이다.
>
> ㄷ. 전이는 반복적이며 퇴행하는 특징을 갖는다.
>
> ㄹ. 자유연상을 시행하는 경우 주제와 관련 없는 내용은 억제시킨다.

① ㄱ, ㄴ　　　② ㄱ, ㄷ　　　③ ㄴ, ㄹ　　　④ ㄱ, ㄴ, ㄷ　　　⑤ ㄱ, ㄴ, ㄷ, ㄹ

해설

ㄱ. 해석: 클라이언트의 통찰력 향상을 위해 치료적 관계에서 나타나는 클라이언트의 행동의 의미를 치료자가 설명하고 풀어서 이야기해주는 기법

ㄷ. 전이: 클라이언트가 사회복지사를 자신의 과거 속 중요한 인물로 느껴 투사를 보이는 현상, 전이는 무의식적으로 일어나며 부적절하고 반복적이며 퇴행하는 특징을 보임　　〈 정답 ② 〉

上 · **中** · 下

02) 정신역동모델에 관한 설명으로 옳은 것은?　　　　(18회 기출)

① 통찰보다는 치료적 처방에 초점을 둔다.

② 무의식적 충동과 미래 의지를 강조한다.

③ 사회구성주의적 관점의 영향을 받았다.

④ 기능주의 학파의 이론적 기초가 되었다.

⑤ 자유연상, 훈습, 직면의 기술을 사용한다.

해설

① 치료적 처방보다 통찰에 초점

② 인간의 행동은 무의식적 동기에 의해 좌우된다고 보며 과거 경험과 무의식에 관심

③ 정신역동모델은 1900년대 초에 프로이트의 정신분석이론에 기반을 두고 사회구성주의는 1966년학파

④ 정신역동모델은 진단주의 학파의 이론적 기초　　　　　　〈 정답 ⑤ 〉

──────────────── 〈 기출 등 주요 Key Word 〉 ────────────────

정신역동모델
다음 문장에서 틀린 것을 모두 고르시오.

◆ **정신역동모델의 특징**

① 현재의 문제를 과거의 경험에서 찾는다.

② 자기분석이 가능한 클라이언트일수록 효과적이다.

③ 클라이언트의 무의식적 충동을 강조한다.

④ 저항, 방어기제, 전이에 대한 이해가 필요하다.

⑤ 클라이언트의 무의식적 충동과 미래의 의지를 강조한다.

⑥ 사회구성주의적 관점에 근거한다.

⑦ 기능주의 학파의 이론적 기초가 되었다.

⑧ 초자아는 내부세계와 외부세계의 기능이 잘 집행되도록 중재하는 역할을 한다.

⑨ 항문보유적 성격은 의타심은 많고 타인을 지배하려는 성향이 있다.

⑩ 통찰보다는 치료적 처방 제공에 초점을 둔다.

◆ **정신역동모델의 개입기법**

① 자유연상, 훈습, 직면의 기술을 사용한다.

② 전이의 분석을 통해 클라이언트의 통찰력을 증진시킨다.

③ 클라이언트의 꿈, 자유연상의 의미를 해석하는 목적은 통찰력을 제고하기 위한 것이다.

④ 훈습은 저항이나 전이에 대한 이해를 반복해서 심화·확장하는 것이다.

⑤ 자유연상은 의식에 떠오르는 것이면 모든 것을 이야기하도록 한다.

⑥ 해석은 클라이언트의 통찰력 향상을 위해 상담자의 직관에 근거하여 설명하는 것이다.

⑦ 꿈의 분석은 꿈을 통해 나타나는 무의식적인 소망과 욕구를 해석하여 통찰력을 갖도록 한다.

⑧ 정신역동모델은 자기분석이 가능한 클라이언트에게 적합하다.

⑨ 직면은 핵심이 되는 문제에 초점을 맞춘다.

⑩ 자유연상을 시행하는 경우 주제와 관련 없는 내용은 억제시킨다.

〈 정답 〉• 정신역동모델의 특징 − ⑤⑥⑦⑧⑨⑩, • 정신역동모델의 개입기법 − ⑨⑩

제3장 심리사회모델

제1절 심리사회모델의 개념

특정 이론에만 근거해서 발달한 모델이 아니라 사회복지실천활동이 체계를 갖추는 과정에서 직접 또는 간접으로 영향을 미친 여러 요소들이 절충되어 만들진 이론으로, 인간 혹은 인간의 문제에 대해 심리적 뿐만 아니라, 인간을 둘러싼 사회경제적인 상황을 포함한 포괄적 전체적 시각으로 이해하고 접근해야 함

1. 심리사회모델의 특징

- 사회복지실천 발달과정에서 직 · 간접적으로 영향을 미친 여러 가지 요소와 다양한 사회과학이론들이 절충되어 만들어진 모델, 개별화, 수용, 자기결정 등 실천원칙 강조, 사회복지사와 CT간의 상호적 관계에 주목
- 심리사회의 의미 – 인간을 둘러싼 사회 · 경제적인 상황을 포함한 포괄적 · 전체적 · 시각으로 보는 것 '상황 속의 인간'을 강조
- 개입의 목표: CT가 자신의 행동과 감정에 대해 이해하고 통찰함으로써 문제해결 능력을 향상시키도록 원조
- 현재 행동을 이해하기 위해 과거 경험에 대해 탐색하나 무의식이 행동을 결정짓는 요인은 아니라고 봄

2. 기여한 이론

- 정신분석이론 – 무의식에 잠재되어 있는 동기, 힘, 갈등이 CT의 현재 문제에 영향을 미친다고 보고 정신분석이론의 영향을 받은 심리사회모델은 CT를 이해할 때 심리내적 요인과 과거가 현재에 미치는 영향을 중요시함
- 대상관계이론: 인간은 양육자와 관계에서 경험했던 이미지나 기대에 따라 현재의 대인관계를 형성한다고 보는 이론, 생애초기의 대인관계 경험이 현재 CT의 문제와 관련된다고 보아 '발달적 고찰' 기법에 영향을 줌
- 자아심리이론: 자아가 원초아의 에너지에 좌우되는 존재가 아니라 독립성과 자율성을 가

진 존재라고 보는 이론
- 체계이론: 인간과 환경은 서로 영향을 주고받으며 그를 둘러싼 환경과 상호작용한다고 보는 이론 「인간 – 상황에 대한 고찰」기법에 영향 줌
- 역할이론: 집단 속에 차지하는 역할을 통해서 인간행동을 설명하는 이론, 인간을 둘러싼 환경이 인간에게 미치는 영향을 고려하도록 하는데 영향 줌

3. 심리사회모델의 가치전제
- 인간은 태어나면서부터 존엄성을 가지고 있음
- 모든 인간은 끊임없이 학습하고 성장가능하며 사회 또는 물리적 환경을 변화시킬 수 있는 능력
- 개인의 심리체계는 사회적 체계와 끊임없이 상호작용
- 클라이언트나 문제 상황을 다룸에 있어 발생맥락 등이 다르기 때문에 개별성을 강조
- 인간의 현재 행동을 이해하기 위해서는 과거도 중요시

제2절 심리사회모델의 개입기법

1. 직접적 개입기법

(1) 지지하기: CT를 수용하고 사회복지사의 신뢰나 존중
- 도우려는 의사, CT의 문제해결 능력에 대한 확신을 표현
- CT의 불안감을 감소시켜 자존감을 높여주는 것으로 안심(재보증), 격려, 경청, 선물하기, 따뜻한 표정, 가볍게 어깨를 두드리는 비언어적 표현방법
- CT가 불안을 감소시키고 동기화를 촉진시켜 원조관계를 수립

(2) 탐색과 기술(묘사) – 환기: CT가 자신의 상활과 자신과 주변 사회환경과의 상호작용에 대한 사실을 그대로 말할 수 있도록 도와주는 의사소통
- 환기: 사실과 관련된 감정을 끌어내는 것, 환기 자체로도 문제가 해결되는 경우도 있음
- 기법의 종류: 초점 잡아주기, 부분화하기, 화제 전환하기

(3) 직접 영향주기 기법 종류

- 장려하기, 현실적 제안을 설정하기, 직접 조언하기, 정보제공

(4) 인간–환경에 관한 반성적 고찰

- CT를 상황 속의 인간 관점에서 고려, 현재 또는 최근 사건에 대해 고찰 – 심리사회모델 핵심
- 기법의 종류: 논리적 토의 및 추론, 설명, 일반화, 변화, 역할극, 강화, 명확화, 직면, 요약, 옹호, 교육 등

(5) 유형 – 역동적 고찰

- CT의 성격과 행동, 심리내적 역동에 대한 고찰, 특정 행동 경향 또는 감정 유형을 살핌
- 기법의 종류: 명확화, 해석, 통찰기법

(6) 발달적 고찰

- CT의 사회적 기능 수행에 영향을 주는 과거와 현재의 경험 고찰
- 기법의 종류: 명확화, 해석, 통찰, 논리적 토의 및 추론, 설명, 일반화, 행동시연, 변호, 역할극, 강화, 교육 등

2. 간접기법 – 환경 조정하기

(1) CT를 둘러싼 환경에 관련된 문제를 해결하는 기법

- CT를 둘러싼 상황을 변화시키는 활동 → 자아 또는 성격변화 유도

(2) CT와 관계된 사람들과 관계에 개입하여 CT 주변사람들과의 관계를 개선

- CT에게 필요한 자원을 발굴하여 제공하거나 자원을 이용할 수 있도록 연계, 옹호하거나 중재하는 기법

(3) 기법

- 클라이언트에게 필요한 자원을 발굴하고 제공하며, 클라이언트와 다른 체계 사이를 중재

하기도 하며, 클라이언트를 옹호

(4) 사회복지사의 역할

- 환경에 개입할 때, 사회복지사는 클라이언트의 신상에 관한 정보가 공개되지 않도록 비밀 유지에 신경을 써야 함
- 클라이언트는 환경에 대한 개입에 관련된 의사결정에 있어서 사회복지사가 아닌 본인이 책임을 진다는 것에 유념

上·中·下

01) 음주문제와 가정불화로 직장에 적응하지 못해 의뢰된 클라이언트에게 심리사회모델을 적
용할 때 그 개입기법으로 적절하지 않은 것은? (17회 기출)

① 음주와 관련된 감정을 표출하도록 한다.

② 문제해결을 위해 직접 충고한다.

③ 클라이언트의 인지오류와 신념체계를 탐색한다.

④ 직장 상사와의 갈등이 현재에 미친 영향을 파악한다.

⑤ 유년기 문제와 현재 행동의 인과관계를 지각하도록 한다.

해설

사회복지실천 모델 중 심리사회모델의 개입기술 익히기

③ 클라이언트의 인지오류와 신념체계를 탐색하는 것은 인지행동모델기법 ⟨ 정답 ③ ⟩

上·中·下

02) 심리사회모델의 기법에 관한 설명으로 옳지 않은 것은? (18회 기출)

① 발달적 성찰: 현재 클라이언트 성격이나 기능에 영향을 미친 가족의 지원이나 초기 경험
을 탐색한다.

② 지지하기: 클라이언트의 현재 또는 최근 사건을 고찰하게 하여 현실적인 해결방법을 찾는다.

③ 탐색 – 기술 – 환기: 클라이언트의 상황에 관한 사실을 드러내고 감정의 표현을 통해 감
정의 전환을 제공한다.

④ 수용: 온정과 친절한 태도로 클라이언트의 감정이나 주관적인 상태에 감정이입을 하며 공
감한다.

⑤ 직접적 영향: 사회복지사와 클라이언트 간의 신뢰관계를 바탕으로 클라이언트에게 제안
과 설득을 제공한다.

해설

② 지지하기: CT를 수용하고 사회복지사의 신뢰나 존중, 도우려는 의사, 태도 전달, CT에게 문제해결 능
력이 있다는 확신을 표현, CT의 불안감을 감소시켜 자존감을 높여주는 것 안심(재보증), 격려, 경청,
선물하기, 따뜻한 표정 어깨를 두드리는 비언어적 표현 등 ⟨ 정답 ② ⟩

──────── 〈 기출 등 주요 Key Word 〉 ────────

심리사회모델
다음 문장에서 틀린 것을 모두 고르시오.

◆ **심리사회모델의 특징**
① 심리사회모델은 클라이언트의 수용과 자기결정을 강조한다.
② 심리사회모델은 정신분석이론, 자아심리학, 대상관계이론에 영향을 미쳤다.
③ 심리사회모델은 외현화 및 인지 재구조화 기술을 사용한다.
④ 심리사회모델은 인간의 내적 갈등보다는 환경을 강조한다는 비판을 받는다.
⑤ 심리사회모델은 클라이언트의 현재와 미래에 초점을 둔다.

◆ **심리사회모델의 이론적 기반**
① 심리사회모델은 자아심리이론의 영향을 받았다.
② 대상관계이론은 심리사회모델의 형성에 기여하였다.
③ 역할이론은 심리사회모델에 영향을 미쳤다.
④ 심리사회모델은 사회구성주의이론의 영향을 받았다.
⑤ 의사소통이론은 심리사회모델의 영향을 받았다.

◆ **심리사회모델의 기법**
① 격려, 재보증은 심리사회모델의 기법이다.
② 클라이언트가 특정 행동을 함으로써 행동을 향상시키는 기법은 직접 영향주기이다.
③ 탐색 – 소거 – 환기는 심리사회모델의 직접 기법이다.
④ 유형 – 역동의 반영적 고찰은 심리사회모델의 간접기법이다.
⑤ 발달과정의 반영적 고찰은 클라이언트를 둘러싼 최근 사건에 대해 고찰해 보게 한다.
⑥ 역설적 의도는 심리사회모델에서 자주 사용되는 기법이다.

〈 정답 〉
• 심리사회모델의 특징 – ②③④⑤
• 심리사회모델의 이론적 기반 – ④⑤
• 심리사회모델의 기법 – ③④⑤⑥

제4장 인지행동모델

제1절 인지행동모델

1. 인지행동모델의 개념
• 인지이론과 행동주의 이론의 통합
• 심리적 장애로 왜곡되고 역기능적 사고의 공통적 내용
• 역기능적 사고는 기분과 행동에 영향 → 인지이론
• 기능적 행동은 학습을 통해 습득 가능 → 행동주의 이론

○ 인간관

인간은 외부 자극에 수동적으로 반응하는 존재가 아니고, 심리 내적인 힘에 의해서 결정되는 존재도 아니며, 인간의 행동은 개인과 환경 간의 상호작용의 결과로 봄

2. 이론적 기반

(1) 인지행동모델특징 - 인지이론 + 행동주의 이론
○ 인지이론
• 경험과 사회적 상호작용의 결과 인지능력 발달
• 환경에 대한 인간사고, 인식, 해석이 정서와 행동의 결정요인

○ 행동주의이론
• 외부환경이나 자극에 의해 학습
• 잘못된 부정적인 행동모방, 학습 결과 역기능적 행동
• 고전적 조건화, 조작전 조건화, 대리적 조건화로 학습

○ 인간의 행동 관점 - 개인과 환경간의 상호작용 결과

○ 인지과정에서 도출한 개념과 행동주의와 사회학습에서 나온 개념을 통합 적용한 하나의 모델이 아니라 <u>여러 모델들을 총칭(문제해결 모델 등)</u>

(2) 개입목표

문제원인, 비합리적 신념이나 왜곡된 사고 유형을 확인 · 점검 · 재평가해 수정할 수 있도록 원조

(3) 인지행동주의 기본가정

- 자신과 타인에 대한 존경
- 주관적인 경험의 독특성
- 자신의 책임
- 구조화된 접근
- <u>소크라테스적 방법과 질문</u>

(4) 인지행동 모델의 특징

CT의 주관적 경험 독특성 중시, 협조적 노력, 구조화되고 방향적 접근, CT의 능동적 참여, 교육 모델, 소크라테스식 문답법, 시간제한적 개입, 문제 중심, 현재 중심, 목표 지향적, 다양한 개입방법

- 개입특징
  - 문제에 초점, 단기 시간 제한적
  - CT가 자신의 사고와 행동 통제를 위한 대처 기술들을 학습하는 교육적 접근
  - 문제 중심, 목표 지향, 현재 중심 접근
  - 사회복지사와 CT는 협력관계로 CT의 적극적 참여와 사회복지사의 적극적 역할 중요

(5) 인지행동모델의 주요기술

- 내적의사소통의 명료화
- <u>설명(ABC모델: 사건, 인지, 정서적 결과)</u>
- 기록과제
- 경험적 학습

- 역설적 의도
- 역동적, 실존적 숙고 치료활동
- 인지재구조화
- 모델링
- 시연
- 자기 지시기법
- 체계적 둔감화
- 이완훈련

(6) 인지행동 접근방법의 장점과 한계

○ 장점
- 인간과 환경의 호혜적 상호교류를 잘 설명
- 사회복지의 직접적 실천에 쉽게 적용될 수 있는 개입전략과 지침을 포함
- 인간은 모두 본래적으로 가치 있고 자기결정권을 가진다는 사회복지실천가치에서 벗어나지 않음
- 따라서 클라이언트를 수동적이 아닌 적극적인 참여자로 간주

○ 한계
- 아동, 청소년, 장애인, 노인 등 다양한 대상에 활용되고 있음
- 즉각적인 개입 필요한 CT에게 적용 어려움
- 인지에 대한 명확한 정의가 없음
- 인지와 감정의 상호작용 설명 개념적 명료성이 떨어짐
- 현재에만 집중함에 과거에 발생 된 상처, 억압된 분노, 적개심을 과소평가
- 현실감이 부족한 CT에게 적용하기 어려움

제2절 엘리스의 합리적 정서치료

1. 합리적 정서치료의 의의

(1) 합리적 정서 행동치료의 등장배경

- 엘리스는 과거의 경험을 가지고 문제를 해결하는 것에 대한 거부감
- 정신분석적 접근보다 현재문제에 집중하는 것이 문제의 해결책이라고 확신하여 합리적 정서치료를 개발(1950년대 후반~1960년대)

(2) 합리적 정서 행동치료의 특징

- 인지적 행동적 요소를 모두 강조
- 인지, 정서, 행동기법을 통합하는 다차원적 접근
- CT가 치료 중에 획득한 통찰을 자신의 실생활에 적용할 수 있도록 적극적이고 체계적으로 과제를 부여, 적극적, 행동적 방법을 사용

(3) 인간에 대한 관점

인간에 대한 낙관적 견해, CT가 스스로 비합리적 사고를 바꿀 수 있음

(4) 비합리적 신념

- 인간의 행동이나 정서의 원인을 인지, 현실에 대해 잘못된 인지를 갖게 되면 정서적 행동적 문제 발생, 서로 연관되어 있음
- 부정적 감정과 심리적 증상들은 비합리적 신념, 현실에 대한 잘못된 인지가 비합리적 신념

(5) 왜곡된 사고

- 심리적 혼란이나 부정적 감정의 근원을 비합리적 신념의 특징, 인지의 왜곡화를 제시
- 인지의 왜곡화 → '반드시·해야 한다, 이어야 한다, 해서는 안 된다' 등의 당위적 사고형태

(6) 비합리적 신념(11가지)

- 인정의 욕구 – 모든 사람에게 사랑과 인정을 받아야 한다
- 과도한 자기 기대감 – 모든 영역에서 잘해내서 성공한다
- 비난성향 – 나에게 해를 끼치는 사람은 반드시 비난과 처벌 받아야 한다
- 좌절적인 반응 – 일이 잘 안될 때 인생은 아무런 가치가 없다
- 정서적 무책임 – 인간의 불행은 외부환경 때문에 통제할 수 없다
- 과도한 불안 – 위험하고 두려운 일은 항상 신경쓰고, 일어날 가능성을 염두에 둔다

- 문제회피 – 어려움은 직면하기보다 회피하는 게 좋다
- 의존성 – 자신이 의존할 수 있는 강한 누군가가 필요하다
- 무력감 – 행동은 과거에 의해 결정되므로 벗어날 수 없다
- 지나치게 다른 사람 염려 – 다른 사람의 어려움에 대해서도 신경과 염려해야 한다
- 완벽주의 – 모든 문제는 완전한 해결책이 있고 찾지 못하면 파멸이다

(7) 개입과정(ABCD모델)
- A(Accident) – 실제하는 사건
- B(Belief) – 신념체계
- C(Conseguence) – 정서적 행동적 결과
- D(Dispute) – 논의, 논박
- E(Effect) – 효과

제3절 아론 백의 인지치료

1. 백의 인지치료

(1) 인지치료의 특징
- 한 개인이 자신과 세계에 대해 가지고 있는 인식이 자신의 심리사회적 문제나 행복을 결정하는 중요한 역할을 한다고 가정하고 클라이언트의 심리사회적 문제를 해결하기 위해서는 인지적 측면의 왜곡을 수정하는 것이 효과적이라 주장
- 인지치료는 역기능적이고, 자동적인 사고, 역기능적인 스키마, 신념, 가정 그리고 역기능적인 대인관계의 영향력을 강조
- 클라이언트의 자동적 사고를 수정하여 클라이언트의 정서나 행동을 변화시키는 데 역점을 두며, 클라이언트가 특정 상황을 고정된 인지유형에 따라 해석하는 왜곡된 사고에 관심을 기울이며 클라이언트의 역기능적인 순환을 발견해내고 이의 순환 고리를 끊고자 함
- 클라이언트의 심리사회적 문제를 해결하려면 정서 및 행동적 측면도 중요하지만 인지적 왜곡이나 오류를 수정하는 것이 가장 효과적이라고 주장

(2) 인지치료의 기본 가정

• 사람들의 감정이나 행동을 결정하는 것은 어떤 사건이나 상황 자체가 아니고 그들이 특정 상황을 상대적으로 고정된 인지유형에 따라 해석하는 방식에 달려 있음

• 자신과 타인, 세계, 생활사건에 대해 정보를 처리하는 과정에서 왜곡된 사고를 하거나 인지적 오류가 발생하는데 이것이 문제의 핵심이자 원인

(3) 인지치료의 주요 개념

• 자동적 사고(automatic thinking)
  − 한 개인이 생활 속의 사소한 자극에 대해 내리는 즉각적이고 자발적인 평가나 이미지를 말함
  − 대부분 부정적인 내용이고 역기능적으로 작용하게 되는데, 당사자는 타당하며 현실적인 것처럼 생각되기도 함

• 핵심믿음체계(core belief system)
  − 클라이언트의 경험을 조직하는 인지구조의 기초로서 개인의 왜곡이나 편견을 형성하는 근간
  − 아주 근원적이고 깊은 수준의 믿음이기 때문에 자기 자신도 인식하지 못하는 경우가 많음

• 중간믿음체계(intermediate belief system)
  − 중간믿음은 태도나 규칙, 가정들로 구성되며 핵심믿음이 영향
  − 자신의 중간믿음을 잘 인식하지 못하는 경우가 많음

• 스키마 혹은 도식(schemata, scheme, schema)
  − 도식은 정보를 받아들이고 조직화하는 인지구조로서 개인의 발달초기단계에 사고패턴을 제시
  − 도식은 핵심 신념을 수반하는 '정신 내의 인지구조'로서 기본적인 신념과 가정을 포함하여 사건에 대한 한 개인의 지각과 반응 형성

(4) 인지적 오류(=왜곡)

• 임의적 추론, 자의적 유추(arbitrary inference)
  − 충분하고 적절한 증거가 부족하거나 부적절 함에도 불구하고 결론에 도달하는 것

• 선택적 요약(혹은 추론)(selective abstraction)
  − 부분만을 근거로 선택

- 과잉일반화
  - 몇번의 사건으로 일반적 결론을 내려서 관련없는 상황에 적용
- 개인화
  - 관련없는 외적상황을 스스로와 관련시키는 것
- 재앙화
  - 항상 최악의 상황을 생각하고 언제든 그것이 자기에게 일어난다고 생각
- 이분법적 사고(dichotomous thinking)
  - 실패나 성공 등 극단적인 흑과 백으로 구분하려는 경향
- 극대화와 극소화
  - 상황을 실제보다 확대 또는 축소하는 것

(5) 인지치료의 개입기법
- 독서요법, 문서, 오디오 테이프나 비디오 테이프의 사용, 강의와 세미나 참가와 같은 교육적인 지도방법, 소크라테스식 문답법 등

제4절 인지행동모델의 개입기법

1. 개입기법

(1) 인지재구조화
- 기존에 개인이 인식하고 있는 것을 다시 재구성해서 사고의 방식을 변경하는 것
  - 기법: 모델링, 행동시연, 이완훈련, 자기주장훈련, 체계적 둔감법 등 활용

(2) 경험적 학습
- 클라이언트에게 자기 자신의 인지적 오류에 부합하지 않는 특정한 행동을 하도록 함으로써 클라이언트가 자신의 인지적 오류를 발견하고 수정하도록 하는 기법
  - 인지불일치 원리를 이용한 기법(인지부조화이론)

(3) 체계적 둔감법(=체계적 탈감법)

- 클라이언트에게 가장 덜 위협적인 상황에서 가장 위협적인 상황까지 상황을 순서대로 제시하면서, 불안자극과 불안반응 간의 연결이 없어질 때까지 불안을 일으키는 자극들을 반복적으로 이완상태와 짝짓는 기법
  - 세가지 요소: 근육의 긴장이완, 불안위계의 각성, 체계적 탈감

(4) 모델링(modeling)
- 다른 사람이 행동하는 것을 봄으로써 새로운 행동을 학습할 수 있게 하는 기법으로서 클라이언트가 시행착오를 거치지 않고 새로운 행동을 학습할 수 있음
  - 모델링은 관찰학습 과정을 통해 이루어짐
- 주의집중과정: 새롭게 학습할 행동에서 중요한 특징에 관심을 기울이고 정확하게 지각하기 위해 노력함
- 보존과정(=파지과정): 관찰한 행동을 상징적인 형태로 기억 속에 담는 과정, 파지과정이라고 함
- 운동재생과정(=행동적 재현과정): 관찰한 행동을 외형적인 행동으로 전환하는 단계
- 동기과정: 관찰한 것을 적절하게 수행할 수 있도록 동기 유발을 시켜 행동을 통제하는 과정

(5) 홍수법
- 충격적인 경험을 안전한 조건에서 다시 겪게 하여 공포나 불안을 감소시킴
- 체계적 탈감법과 달리, 한번에 강한 자극으로 공포반응이 사라질 때까지 지속

(6) 이완훈련
클라이언트가 겪을 수 있는 스트레스 상황에 적절히 대처할 수 있도록 돕는 기술로서 만성적으로 불안하거나 긴장감이 높은 클라이언트, 위기상황에 처한 클라이언트, 우울이나 분노 등을 느끼는 클라이언트에게 효과적

(7) 사회기술훈련
대인관계에서 불편함을 느끼거나 지나치게 부끄러워하는 사람들 혹은 공격적인 사람들 및 자기중심적이며 다른 사람들에게는 관심이 없어 원만한 대인관계 및 사회적 관계를 맺기 어려운 사람들을 대상으로 사회기술을 향상시키기 위해 실시하는 훈련

(8) 시연(=행동시연, rehearsal)

클라이언트가 습득한 행동기술을 현실세계에서 직접 실행하기 전에 사회복지사 앞에서 기술을 반복적으로 연습하는 것

(9) 자기지시기술

클라이언트가 변화시키기 원하는 행동을 대상으로 구체적인 목표를 정하고 이에 따라 실천행동지침을 작성하며 이를 실행에 옮기는 기술

(10) 자기대화관리훈련

자기대화의 왜곡을 수정하도록 도움으로써 습관적인 사고방식을 변화시켜 문제가 되는 감정이나 행동을 좀 더 효과적으로 통제할 수 있다고 봄

上·中·下

01) 인지행동모델에 관한 설명으로 옳은 것은? (17회 기출)

① 탈이론적이다. ② 비구조화된 접근을 강조한다.

③ 주관적 경험과 인식을 중시한다. ④ 클라이언트가 수동적으로 참여한다.

⑤ 클라이언트의 무의식적 언행에 초점을 맞춘다.

해설

인지행동모델의 개입 기법

인지행동모델에서는 인간이 생각하고 느끼고 행동하는 것이 서로 연관된다고 가정하는데 특히 클라이언트가 특정 상황에 대해 어떤 생각을 했는지를 매우 중요시한다. 객관적인 환경에서도 클라이언트 개개인이 생각하는 내용과 방식, 부여하는 의미 등은 달라질 수 있으며 이는 클라이언트의 행동과 문제에 영향을 미치는 근본적 요소가 되므로, 클라이언트의 주관적 경험을 중요시한다. 〈 정답 ③ 〉

上·中·下

02) 인지적 왜곡이나 오류의 유형에 관한 설명으로 옳은 것은? (18회 기출)

① 과잉일반화는 정반대의 증거나 증거가 없음에도 불구하고 어떤 결론을 내리는 것이다.

② 임의적 추론은 상반된 사고의 경향성을 보이는 것이다.

③ 개인화는 하나 또는 별개의 사건들을 가지고 결론을 내린 후 비논리적으로 확장하는 것이다.

④ 선택적 사고는 상황에 대한 자신의 관점을 지지하기 위해 특정 자료들을 걸러 내거나 무시하는 것이다.

⑤ 과장과 축소는 하나의 사건 혹은 별개의 사건들의 결론을 주관적으로 내리는 것이다.

해설

사회복지실천 모델 중 인지행동모델 개념 익히기

① 과잉일반화: 연관되지 않은 사건에 대한 결론, 법칙을 끌어내서 관련 없는 상황에 광범위하게 적용

② 임의적 추론: 정반대의 증거나 증거가 없음에도 불구 어떤 결론을 내림

③ 개인화: 적절한 원인 없이, 부정적인 사건이나 상황을 개인에게 연결.

⑤ 과장과 축소: 사건이나 경험의 의미나 크기에 왜곡 사건이나 경험이 실제로 가진 중요성과 무관하게 과대평가하거나 과소평가 〈 정답 ④ 〉

⟨ 기출 등 주요 Key Word ⟩ ─────────

인지행동모델의 특징
다음 문장에서 틀린 것을 모두 고르시오.

◆ 인지행동모델의 특징

① 생각이 바뀌면 역기능이 해소될 수 있다고 가정한다.

② 합리정성행동치료(Rational Emotive Behavior Therapy)가 해당된다.

③ 특정 상황에서 떠오르는 생각을 점검하기 위해 행동기록일지를 작성하도록 한다.

④ 클라이언트의 주관적 경험과 책임을 강조한다.

⑤ 주관적 경험을 강조한다.

⑥ 비합리적인 신념체계의 변화를 강조한다.

⑦ 대체 사고와 행동을 학습하는 교육적 접근을 강조한다.

⑧ 지적 능력이 낮은 클라이언트에게 효과성이 제한적이다.

⑨ 즉각적인 위기개입을 해야 하는 클라이언트에게 적용하기 어렵다.

⑩ 특정 개입기술 사용에서 윤리적 문제가 발생할 수 있다.

⑪ 옹호활동을 통해 클라이언트의 자원 및 기회를 확대시킨다.

⑫ 인지체계 변화를 위한 비구조화된 접근을 강조한다.

⑬ 사회복지사의 적극적 역할수행이 어렵다.

◆ 사회기술훈련

① 성원이 훈련의 필요성을 이해해야 한다.

② 문제가 발생하는 실체 상황을 자세하게 파악해야 한다.

③ 특정 행동의 복잡한 유형을 세분하여 이해하고 훈련해야 한다.

④ 반복적인 예행연습을 통해 원하는 기술 수준에 도달하도록 해야 한다.

⑤ 난이도가 높은 과제로부터 쉬운 과제를 주는 조성화의 원칙을 준수해야 한다.

◆ 인지행동모델의 개입기법

① 인지 재구조화는 역기능적인 사고와 신념을 현실에 맞는 것을 대치하도록 한다.

② 문제해결치료에서는 문제를 위험으로 보지 않고 도전으로 인식하도록 돕는다.

③ 새로운 시도에 대한 의지가 약한 클라이언트에게 적용이 어렵다.

④ 문제해결치료에서는 클라이언트가 선택한 대안을 스스로 모니터링하도록 돕는다.

⑤ 클라이언트의 동기부여를 위해 자아방어기제를 적극적으로 활용하도록 한다.

〈 정답 〉
• 인지행동모델의 특징 – ⑪⑫⑬
• 사회기술훈련 – ⑤
• 인지행동모델의 개입기법 – ⑤

제5장 과제중심모델

제1절 과제중심모델의 개념

1. 등장배경 및 특성

(1) 등장배경
- 1970년대 초반 리드와 엡스타인에 의해 개발
- 시간제한적 – 단기치료에 대한 관심고조
- 집중적 · 구조화된 개입 형태 선호 경향
- 전통적 케이스워크의 장기적 유형의 효과성 입증 부족에 대한 비판
- 이론보다 경험적 자료를 통해 개입의 기초를 마련하려는 움직임의 결과

(2) 과제중심모델의 특성
- 시간제한적 단기개입: 주 1~2회 면접, 총 8~12회 정도로 구성, 대개 4개월이내 사례를 종료하는 계획된 단기개입
- CT가 인식한 문제 중심: CT가 관심 갖고 명확하게 문제라고 인식하는 문제
- 과제 중심: CT가 동의한 과제 중심
- 경험적 기초: 조사에 근거한 경험적 자료 모델을 형성하는 기초
- 협조적 관계: 보호가 아닌 협조적 CT를 광범위하게 참여시킴
- 자기 결정권 강조: CT의 주체적인 역할 수행
- 통합적 접근: 한 가지 이론이나 모델을 고집하지 않고 다양한 접근 방법 선택 사용
- 구조화되고 체계적 접근: 다른 모델에 비해 실천과정이 구조화
- CT의 환경에 대한 개입 강조: CT의 공식, 비공식 환경에 적극 개입
- 개입의 책무성 강조: 과정 모니터, 기록, 평가의 중요시

2. 주요개념

(1) 표적문제(target popblem)
- CT가 제시하거나 해결하고자 하는 문제: 개입의 초점
- CT가 변화를 원하고 사회복지사의 전문적 판단에 의해 인정한 개입의 초점으로 동의한 문제
- 우선순위를 고려하여 <u>최대 3개까지 선정, 단기개입</u>

(2) 과업(과업,task)
- 목표를 달성하기 위해 CT와 사회복지사가 수행해야 하는 문제해결 활동
- CT와 사회복지사가 합의에 의해 계획한 특정 유형의 문제해결 활동(세션 내·외부활동 포함)
- CT에게 일방적으로 부과하는 숙제와는 다른 <u>함께 과제수행</u>
- 사례 진행 동안 해결되지 않으면 과제 변경(융통성)
- CT과제는 문제해결에 도움되는 활동, 사회복지사 과제는 CT가 과제 수행토록 원조하고 지지하기 위한 활동

3. 과제형성 시 고려사항 및 개입목표

(1) 과제형성 시 고려사항
- CT의 동기화
- <u>실행 가능성</u>
- 내용의 바람직성
- 변화 융통성

(2) 개입목표
- CT가 활용할 자원이나 기술이 없을 경우 문제발생
- CT가 문제해결에 필요한 기술이나 자원을 얻을 수 있도록 원조

제2절 개입과정

1. 시작단계: 면접
- 확인하기: 의뢰기관 CT의 문제와 개입목표, 일치여부 확인
- 조정, 협상: 일치하지 않을 경우 CT와의 의견 조정 협상

2. 시작단계: 예비사정
- 문제규명: CT규정문제 확인, 표적문제 설정(최대3개) 우선순위 정하기, 신속한 초기사정, 의뢰기관 문제 우선
- 계약하기: 주요표적문제, 구체적 목표(CT의 일반적 과제, 사회복지사 과제, 개입 지속기간, 개입일정, 면접일정, 참여자, 장소) 등

3. 중간단계: 표적문제집중 사정
- 후속사정 수행, 협상하기, 대안모색, 과제개발, 과제수행, 모니터링, 과제수행
- 장애요인 발견 및 제거, 개입 전략 수정

4. 종결단계
종결 혹은 연장, 점검, 및 사후지도(follow-up)사회복지사의 개입활동 평가 – 기술평가척도 유용

上·中·下

01) 과제중심모델에 관한 설명으로 옳지 않은 것은? (14회 기출)

① 클라이언트의 자기결정권을 존중한다.

② 계약 내용에 사회복지사의 과제를 포함한다.

③ 클라이언트와 사회복지사와의 관계는 협력적 관계이다.

④ 단기치료의 기본 원리를 강조한 비구조화된 접근이다.

⑤ 클라이언트의 문제의식을 반영하여 표적 문제를 설정한다.

해설

사회복지실천 모델 중 과제중심모델의 개념 익히기

과제중심모델의 특징은 1960년대 본격적으로 시작된 시간제한적인 단기 치료로 주 1~2회 면접을 전체 8~12회 정도(4개월 이내)에 사례를 종료하는 계획된 단기 접근으로 이루어지고 구조화된 접근 방식이다.

① 클라이언트가 인식하고 동의한 문제에 초점, 집중적으로 원조하는 특징. 클라이언트가 스스로 인식하는 표적 문제가 중요하다.

② 과제 중심(그가 과제를 수행할 수 있도록, 과제 중심으로 조직)이다.

③ 경험적 자료가 모델을 형성하는 기초가 된다.

④ 사회복지사와 클라이언트의 협조적인 관계를 중시한다.

⑤ 클라이언트의 자기결정권 강조한다.

⑥ 절충적인 접근 (통합적 접근)으로 한 가지 이론이나 모델을 고집하지 않으며 다양한 접근 방법 사용한다.

⑦ 클라이언트와 사회복지사가 계약한 구체적인 문제 해결에 초점, 클라이언트의 환경에 개입을 한다.

⑧ 개입의 책무성을 강조한다. 개입 과정을 객관적으로 기록하고 진행 상황을 회기마다 모니터하고 개입 과정과 사회복지사 실천에 대한 클라이언트와 사회복지사의 평가 등을 중요시한다.

〈 정답 ④ 〉

02) 철수는 무단결석과 친구를 괴롭히는 문제로 담임선생님에 의해 학교 사회복지사에게 의뢰
되었다. 철수와의 상담을 과제중심모델로 진행할 때 그 개입방법에 해당하지 않는 것은?

(17회 기출)

① 철수의 성격유형과 심리역동을 탐색한다.

② 지역사회에서 지원할 수 있는 방법을 확인한다.

③ 담임선생님이 제시한 문제를 확인한다.

④ 철수의 노력으로 해결 가능한 문제를 선정한다.

⑤ 제시된 문제가 철수의 욕구와 일치하지 않은 경우 조정한다.

해설

사회복지실천 모델 중 과제중심모델의 개념 익히기

① 과제중심모델에서는 클라이언트와 사회복지사가 계약한 문제를 해결하는 것에 초점을 둔다. 따라서
무단결석과 친구를 괴롭히는 문제를 중심으로 개입하게 된다. 철수의 성격유형과 심리역동을 탐색하
는 것은 정신역동모델 또는 심리사회모델에 기반을 둔 개입에 해당된다.

〈정답 ①〉

과제중심모델
다음 문장에서 틀린 것을 모두 고르시오.

◆ 과제중심모델의 특징

① 시간제한, 합의된 목표, 개입의 책무성을 강조한다.

② 시작–표적문제의 규명 – 계약 – 실행 – 종결 단계와 같은 구조화된 접근을 강조한다.

③ 환경에 대한 개입을 강조한다.

④ 각 단계마다 특정한 과업수행을 요구하는 구조화된 접근을 한다.

⑤ 클라이언트의 자기결정권을 존중한다.

⑥ 클라이언트와 사회복지사의 관계는 협력적 관계이다.

⑦ 클라이언트의 문제의식을 반영하여 표적문제를 설정한다.

⑧ 클라이언트의 성격 유형과 심리내적 역동에 초점을 둔다.

⑨ 계약 내용에 사회복지사의 과제는 포함되지 않는다.

⑩ 단기치료의 기본 원리를 강조한 비구조화된 접근이다.

⑪ 단일 이론에 근거하여 실천의 효과성 및 효율성을 증진시킨다.

◆ 과제중심모델의 각 단계별 수행 내용

① 문제규명 단계에서는 클라이언트가 규정한 문제를 확인한다.

② 문제규명 단계에서는 의뢰기관에서 위임한 문제를 파악한다.

③ 실행 단계에서는 과제수행의 장애물을 찾아낸다.

④ 문제규명 단계에서는 우선순위에 따라 개입문제를 규명한다.

⑤ 문제규명 단계에서 예비적인 초기사정을 시행한다.

⑥ 문제규명 단계에서는 클라이언트의 수행 과제를 개발한다.

⑦ 신속한 예비 사정은 시작 단계에서 이루어진다.

〈 정답 〉
•과제중심모델의 특징 – ⑧⑨⑩⑪, •과제중심모델의 각 단계별 수행 내용 – ⑥⑦

제6장 기타 실천모델(역량강화, 위기개입)

제1절 역량강화(임파워먼트)모델

1. 역량강화의 개념
- CT스스로 자기의 삶에 대해 결정하고 행동하도록 돕는 것, 개인적, 대인관계 혹은 정치적으로 힘을 키우는 과정
- CT의 욕구나 만족감을 강화하도록 환경과 상호작용할 수 있는 능력을 획득토록 돕는 것
- 낙인 받는 집단에서 부정적인 가치로 무력감에 있는 CT에게 자신이 처한 상황을 스스로 개선하기 위한 행동을 취할 수 있도록 사회복지사인 CT가 함께 활동의 조화를 이루는 것

2. 역량강화의 정의
억압받고 무기력한 상황에 놓여 있는 CT가 어려운 상황을 개선하기 위해 행동 할 수 있도록 힘을 키우는 과정인 역량강화를 이루어 낼 수 있도록 전문적 원조하는 과정

3. 강점관점
인간은 누구나 성장하고 변화 할 능력을 이미 내부에 가지고 있고, 문제가 생겼을 때 문제를 해결할 능력과 힘이 있다고 본다.

4. 병리적 관점과 강점관점 비교

병리적 관점	강점 관점
• 개인의 사례로 정의 • 문제에 치료에 초점 • 사회복지사는 CT 삶의 전문가 • 실천을 위한 자원은 전문가의 지식과 기술	• 개인은 고유한 특성, 강점을 가진 독특한 존재 가능성에 초점 • 개인이야기는 그를 알고 평가하기 위한 필수요소 • 개인, 가족, 지역사회 전문가 • 실천을 위한 자원은 개인, 가족, 지역사회의 강점 능력과 적응기술

5. 역량강화모델의 특징

- CT의 문제보다 강점 강조
- CT의 잠재적인 역량에 초점
- CT의 변화를 위한 역할 중요
- 이용가능한 자원체계 능력분석, 목표 구체화
- 참여를 중시, 자기결정권 강조

6. 전통적 문제해결과 역량 강화 과정 비교

전통적 과정	역량 강화 과정
• 문제 중심(욕구, 결함, 증상, 병리) • 문제를 부정적으로 생각 • 분석적 접근 • 전문가 관점 중시, 전문가 중심 • CT를 수동적 수혜자로 인식 • 초점 - 과거와 현재 중심 • 목적 - 문제해결	• 강점 중심(소망, 열망, 기술, 지식, 재능) • 문제를 도전과 발전의기회로 인식 • 총체적 접근 • CT자신의 관점 중시, 협력적 동반자 관계 • CT를 적극적인 권리 행사자로 인식 • '지금 여기에' 미래 중심 • 삶의 질 향상

7. 역량강화모델 개입 과정

단계	과정	활동내용
대화단계	파트너십형성	관계수립, 고유 능력인식, 독창성 존중
	상황의 명확화	도전적 상황 확인, 여러 고유적 상황추가, 목적탐색
	방향설정	예비목적 결정, 동기 활성화, 적절한 자원탐색지도
발견단계	강점확인	강점탐색, 도덕적 상황과 문제정체성에 대처, 역경극복
	자원역량사정	다양한 교류 관계(환경, 가족, 사회집단, 조직, 지역사회제도)의 자원탐색
	해결방안수립	환경자원 활용, 달성 가능한 행동계획수립과 변화를 위한 계획
발전단계	자원활성화	자문, 교육을 통해 이용 가능한 자원으로 행동 이행
	기회확대	프로그램 개발과 지역사회조직, 사회행동을 통한 새로운 기획과 자원개발
	성공의 확인	성취를 확인, 지속행위 알리기로 위한 변화노력의 성공 평가
	성공과 집대성	성공을 축하, 긍정적 변화를 정착시키는 방식으로 변화과정을 종결

제2절 위기개입모델

1. 위기의 개념
위협적 또는 위험사건을 경험하므로 취약해저서 현재의 대처전략으로는 외상에 대처하거나 경감할 수 없어 불균형인 상태

2. 위기 발달 단계
위험사건 → 취약한 상태 → 위기촉진 요인 발생 → 실제위기단계 → 회복단계(재통합)

3. 위기개입원칙
신속한 개입, 제한된 목표, 초점적 문제해결, 희망과 기대, 행동 지향, 지지, 자아상, 자립

4. 위기개입의 특징과 목표
• 심각한 위기에 처했을 때 집중적이고 단기적(4~6주)개입
• 단기 전문 원조를 제공하는 모델
• 위기 이전의 상태로 기능 회복
• 위기로 인한 증상제거
• 불균형상태에 기여하는 촉발사건 이해
• CT와 그의 기록 및 지역사회의 자원을 통하여 치료방법 모색
• 현재 스트레스를 과거의 경험, 갈등과 연결
• 새로운 인식, 사고, 정서 양식을 개발
• 위기 상황 후 사용할 수 있는 새로운 대처기제 개발

5. 위기의 유형
○ 발달적 위기
인간이 성장하고 발달해 나가는 과정에서 발생하는 사건이나 발달단계마다 요구되는 발달과

업에 의해 새로운 대처자원이 필요할 때 발생하는 위기

○ **상황적 위기**

사람이 예견하거나 통제할 수 없는 갑작스러운 사건이 발생할 때 나타나는 위기를 말함

○ **실존적 위기**

목적이나 책임감, 독립성, 자유,책임 이행과 같은 중요한 삶의 이슈에 동반되는 갈등과 불안
과 관련되는 위기

6. 위기상태의 특징
- 위기상태에는 심리적인 무방비 상태가 고조되어 있으며 방어기제가 약해져 있음
- 문제해결 능력이 극도로 제한
- 초기단계에서 주어지는 타인의 도움을 받아들이기가 쉬움
- 감정의 균형을 잃은 경험이 있는 사람들은 균형을 도로 찾으려고 노력
- 일반적으로 급격한 위기상태는 일시적이며 단기간(6~8주)
- 위기는 삶에서 야기되는 다양한 사건의 대처법을 배울 수 있다는 점에서 성장의 기회라고
  생각할 때 잘 대처할 수 있음
- 위기에 수반되는 감정은 일정한 과정을 거쳐서 전개

7. 위기발달단계
- 사회적 위험 → 취약단계 → 위기촉진 요인발생 → 실제위기단계 → 재통합
- 사회적 위험 − 특정한 스트레스 사건으로 외부적 쇼크나 내적인 변화가 개인의 신체 및 심
  리사회적 안전상태에 일어남
- 취약단계 − 혼란단계(최초의 쇼크에 대한 개인의 주관적 반응의 단계)
- 위기촉진 요인발생−취약단계를 불균형의 상태로 전환시키는 일련의 연쇄적인 스트레스
  유발 사건들을 말함
- 실제위기단계 − 개인의 주관적인 상황에 대한 표현
- 재통합 − 긴장과 불안이 점차 가라앉고 개인의 기능이 다소 재구성되는 단계이지만 사실

상 위기단계의 연장

8. 위기개입모델의 과정
○ 길랜드
- 경청하기: 문제제기 → CT안전확보 → 지지하기
- 활동하기: 대안 탐색하기 → 계획 세우기 → 참여 유도하기

○ 골란
- 시작하기(형성): 계약 형성 → 위기파악
- 중간단계(수행): 계약 이행 → 과업 확인 및 이해 → 자료의 조직과 이에 따른 활동
- 종결단계(종료): 개입 상황 점검 → 대처 유형, 성취한 과업 확인 미래에 대한 계획 수립, 종료시기 결정

9. 위기개입모델의 기본 원리
- 즉각적이고 신속한 개입이 이루어짐
- 사회복지사의 역할은 행동기술에 초점을 둠
- 최소한의 목표는 파멸의 예방, 균형상태 회복, 위기 이전 상태로 돌아가는 것
- 절망하는 클라이언트에게 희망을 고취
- 사회복지기관이나 병원 등 여러 자원의 정보를 제공하여 지지할 수 있도록 함
- 클라이언트와 신뢰관계를 조성하여 클라이언트의 방어를 줄여 자기상을 보호하고 건전한 자기상을 확립하도록 원조

01) 다음의 설명에 해당하는 사회복지실천 모델은?　　　　　　　　　　(16회 기출)

> • 의미 있는 선택을 할 수 있게 자아효능감을 증진하고 자신의 감정을 찾도록 돕는다.
> • 클라이언트를 잠재력 있는 인간이며, 문제해결을 위한 자원으로 인식한다.
> • 클라이언트 자신의 삶과 상황에 대해 더 많은 통제력을 갖도록 돕는다.

① 해결중심모델　　　　　　② 심리사회모델　　　　　　③ 임파워먼트모델
④ 과제중심모델　　　　　　⑤ 위기모델

해설

사회복지실천 모델 중 역량강화모델의 과제 알아보기
역량강화모델은 억압받고 무기력한 상황에 놓여 있는 클라이언트가 자신이 처한 상황을 스스로 개선하기 위한 행동을 취할 수 있도록 개인적, 대인관계적, 정치적으로 힘을 키우는 과정인 역량강화를 이루어낼 수 있도록 전문적으로 원조하는 모델이다.　　　　　　　　　　　　　　　　〈 정답 ③ 〉

02) 클라이언트를 문제중심으로 보지 않고, 필요한 자원을 활용하거나 문제에 대처할 수 있도록 지지하여 자립을 가능하게 하는 실천모델은?　　　　　　　(18회 기출)

① 과제중심모델　　　　　　② 심리사회모델　　　　　　③ 역량강화모델
④ 위기개입모델　　　　　　⑤ 인지행동모델

해설

사회복지실천 모델 중 역량강화모델의 과제 알아보기
역량강화모델의 특징이해
• 문제보다 강점 강조
• CT의 강점과 잠재력인 역량에 초점
• 이용 가능한 자원체계 능력분석, 목표 구체화　　　　　　　　　　　　〈 정답 ③ 〉

〈 기출 등 주요 Key Word 〉

기타실천모델

다음 문장에서 틀린 것을 모두 고르시오.

◆ **역량강화모델의 각 단계별 사회복지사 과업**

① 목표설정, 협력관계형성은 대화단계의 과업이다.

② 강점확인, 자원능력 사정은 발견단계의 과업이다.

③ 성공을 인정하기, 달성한 것을 통합하기는 발전단계의 과업이다.

④ 수집된 정보를 조직화하기는 발전단계의 과업이다.

⑤ 새로운 자원을 활성화하기는 발견단계의 과업이다.

◆ **역량강화모델의 특징**

① 클라이언트의 잠재적인 역량에 초점을 둔다.

② 변화를 위한 클라이언트의 역할이 중요하다.

③ 이용 가능한 자원 체계의 능력을 분석하고 목표를 구체화한다.

④ 사회복지사와 클라이언트 간의 상화 협력적인 파트너십을 강조한다.

⑤ 해결해야 할 문제를 강조한다.

⑥ 클라이언트를 개입의 객체로 보고 자기결정권을 강조한다.

◆ **위기개입모델**

① 위기개입모델의 개입원칙은 신속한 개입, 초점적 문제 해결, 자립 등이다.

② 위기개입모델에서 부정적 감정표현을 지지하는 것은 개입 단계에서 이루어진다.

③ 위기개입모델에서 개입 목표는 광범위하게 잡는다.

④ 라포포트가 제시한 위기개입모델의 목표에는 위기증상의 제거, 주관적 경험 증진, 촉발사
건 이해가 포함된다.

⑤ 위기 반응순서는 위기 촉진 요인 → 위험한 사건 → 취약 단계 → 재통합 단계이다.

〈 정답 〉
• 역량강화모델의 각 단계별 사회복지사 과업 – ④⑤
• 역량강화모델의 특징 – ⑤⑥
• 위기개입모델 – ③④⑤

제7장 가족대상 실천

제1절 가족체계와 관련 주요개념

1. 가족향상성: 안정된 상태로 돌아가려는 균형을 이루려는 경향

2. 경계: 체계의 내·외부 또는 체계와 다른 체계를 구분하는 보이지 않는 선
- 명확한 경계: 경직되지도 혼돈되지도 않은 유연하고 융통성 있는 경계
- 경직된 경계: 상호작용이 일어나지 않아 의사소통의 융통성이 없음
- 혼돈된 경계: 지나친 밀착상태로 체계 간 구분이 어려우며 자율성과 독립성이 결여된 상태

3. 순환적 인과성(=순환적 인과관계)
- 한 가족원의 변화는 다른 가족과(전체)가족에 영향 주며 그 가족에게 순환적 영향을 미친다는 것
- 가족 문제의 해결을 위해서는 문제의 원인(왜)보다 가족의 상호작용(무엇)을 하느냐에 초점

4. 환류: 수행한 것에 대한 정보를 받는 것
- 정적 환류: 체계가 새로운 행동이나 변화를 받아들여 수용하는 일탈확장 역할을 하는 것
- 부적 환류: 새로운 행동이나 변화가 생겼을 때 그 변화를 멈추고 원 상태로 돌아감. 일탈감소 역할

5. 비총합성
- 전체는 부분의 합보다 큼
- 개별 가족성원의 특성보다 성원들의 상호작용이나 의사소통 유형에 주의

제2절 현대사회와 가족의 변화

1. 가족 개념의 변화
전통적으로 혈연이나 혼인에 의한 관계를 강조하기보다는 다양한 형태의 가족유형 증가, 가족구조의 단순화 및 가족 규모의 축소, 가족 주기상 변화, 가족 기능상 변화, 기혼여성의 사회활동 참여 증가

(1) 가족 유형
핵가족, 확대가족, 노인가족, 한부모가족, 계부모가족, 혼합가족, 생식가족, 위탁가족, 수정확대가족, 다문화가족

(2) 가족 생활주기단계의 발달과업(카터와 맥골드릭)

가족생활주기	발달과업	과업에 따른 이차적 변화
미혼의 젊은 성인	부모로부터 분리	가족 관계에서 자기 확립, 친밀한 또래 관계 발달, 직업상의 정체감 확립
결혼에 의한 가족 탄생기 (가족형성)	새로운 가족 체계 출발	부부체계 형성, 확대 가족이나 친구들이 배우자 수용
어린자녀를 둔 단계	가족체계 내의 새로운 구성 수용	자녀 포함, 부부체계, 재구성, 부모 역할 수행, 부모, 조부모 역할 포함, 확대가족, 관계회복

2. 가족 유형에 따른 가족원들의 과업
- 재혼가족: 가족 내 관계의 재구성
- 별거가족: 협력적, 부모관계 지속
- 이혼가족: 가족 상실에 따른 위로
- 다세대가족: 하위체계의 구성 및 조정
- 한부모 가족: 현재부모 중심 가족 재구성

3. 기능적 가족의 특징
- 가족원간 명확한 경계
- 가족규칙: 가족 발달 단계에 따라 변화하는 융통성

- 가족역할: 고정되지 않고 가족의 상황에 따라 달라짐
- 가족원간 의사소통: 명확하고 일치성 높음
- 한부모 가족: 현재부모 중심 가족 재구성

4. 가족구성원 간 경계와 특징

(1) 모호한 경계 – 밀착된 가족
- 너와 나 구분 없고 우리를 강조, 성원 간 모호한 경계
- 지나친 간섭과 획일적 생각 강요, 자율성, 독립성 부족

(2) 경직된 경계 – 유리된 가족
- 가족원간 무관심으로 의사소통부재
- 상호작용부족으로 성원 간 애정이나 지지 부족

5. 가족문제 사정

(1) 가족원의 의사소통
- 기능적 의사소통: 자유로운 감정표현, 개방적, 직접적, 분명하고 명확한 표현, 일치성
- 역기능적 의사소통: 표현을 주저하며 회피적 태도, 비난적 표현, 애매모호하고 간접적 의사소통, 언어적, 비언어적 메시지의 불일치, 이중구속(상호 모순되는 메시지)으로 혼란스러운 상황

(2) 사티어의 의사소통 유형
- 일치형: 언어적, 비언어적메시지 일치, 분명하고 직접적 진솔한 의사소통으로 자신과 타인 모두 고려
- 비난형: 타인의 결점을 찾아 잘못을 남탓으로 돌림 타인의 말이나 행동을 비난하고 통제하고 명령
- 회유형(아첨형): 자신의 감정이나 생각은 무시, 타인비위 맞추기(난 신경 쓰지마, 다 내 잘

못이야)

- 초이성형(계산형): 매사 비판적 분석적으로 평가, 자신 감정을 나타내지 않고 실수하지 않으려고 함
- 혼란형(주의산만): 타인 말이나 행동은 상관없이 의사소통함 상황에 적절히 대응하지 못하고 표현에 초점과 요점이 없음

6. 가족사정도구

- 가계도: 2~3세대 이상 가족관계를 도표로 표시, 가족관계를 한 눈에 파악할 수 있도록 한 도표
- 생태도: CT의 개인과가족의 자원, 외부환경과의 상호작용관계를 나타내는 사정도구(환경 속의 인간관점)
- 가족조각: 가족원들이 공간에서 스스로 위치하여 몸으로 가족관계의 상호작용 상황을 나타냄으로 가족관계를 이해하는 사정도구
- 사회적 관계망표(격자, 그리드): CT 혹은 가족의 사회적 지지체계를 종류와 정도, 원조 방향, 접촉 빈도 등을 그림이나 표를 보여 가족의 관계망 전체를 볼 수 있는 사정도구
- 생활력 도표: CT의 중요한 사건이나 시기를 중심으로 연대기를 도표로 작성
- 생활주기표: CT의 생활주기, 각 발달단계의 과업 및 구성원의 발달단계와 주요과업을 표로 나타낸 사정도구

제3절 가족치료이론 정리

가족치료는 1950년대 미국에서 시작되어 1990년대에 변화

1. 근대적 (전통적)가족치료

(1) 관련 이론

- 정신분석적 가족치료
- 보웬의 세대 간 가족치료 - 정신분석적 가족치료
- 미누친 - 구조적 가족치료

- 인지행동적 가족치료
- 사티어 – 경험적 가족치료

(2) 개념

- 객관성 강조: 근대주의적 관점에는 우주를 지배하는 보편적인 규칙을 발견하면 인간은 그 규칙을 통해 환경을 지배 가능하다고 생각, 인간을 둘러싼 어떤 현상도 객관적으로 관찰 가능, 분석가능하다고 봄
- 보편주의적 시각: 가족치료자들은 인간행동을 설명함에 보편적인 원리를 찾아 내면의 문제와 원인을 규명하여 해결 가능하다고 믿으며 개별 구성원의 감정과 동기와 기능은 개인의 경험이나 내면 과정을 찾으려는 노력보다 개인을 초월한 현상을 설명 할 수 있는 일반적인 원리나 보편성을 찾으려고 함
- 문제중심 시각: 근대주의적 관점은 가족문제의 원인을 보편적으로 설명해주는 틀을 제시하고자 하고, 원인적 요인을 추정하고자 함
- 전문가중심: 사회복지사와 CT의 관계는 훈련된 전문가 중심의 전통적 위계관계가 강함, 공급자의 전문가와 수혜자로서의 가족

2. 탈근대주의 가족치료

(1) 관련 이론

- 쎄이저/김인수 부부 – 해결중심가족치료
- 이야기 치료
- 협력적 언어체계 접근

(2) 개념

- 주관성 강조: 인간의 경험은 관찰이나 분석가능한 존재나 실체가 아니고 그것을 보고 경험하는 개개인에 따라 달라진다고 봄
- 사회구성주의적 시각: 가족문제는 가족구성원들이 현실을 어떻게 지각하느냐에서 만들어지는 것으로 파악, 즉 실제는 정확히 외부에 있는 것이 아니다. 사회적으로 구성된 것으로 봄
- 해결 중심적 시각: 같은 상황이라도 다른 관점에서 보고 이야기할 수 있다면 문제는 더 이

상 존재하지 않는다고 본다. 즉 가족의 주관적인 요인을 강조

- 전문가와 가족의 협력적 관계: 가족성원과 치료자가 동등하게 다른 가족원들의 실재를 보는 신념체계를 검토하는 협력적 입장을 갖고 '알지 못하는 자세'를 갖게 됨

제4절 가족대상 실천기법

1. 보웬의 세대간 가족치료

(1) 특징
인간은 부모에 대한 해결되지 못한 문제가 세대를 통해 전수된다고 보고 건강한 인격을 위해서는 가족의 해결되지 않은 애착을 적극적으로 해결

(2) 개입목표
- 미분화된 가족자아 덩어리로부터 벗어나도록 돕는 것
- 개인의 자아분화 수준이 높아지면 가족체계가 변화하고 더 높은 수준의 자아분화를 촉진하여야 함

(3) 핵심개념
자아분화 – 개인내적으로 사고와 감정을 분리하는 능력 외적으로는 자신과 타인을 분리하는 능력

○ **자아분화 수준이 높은 사람**
- 사고와 감정이 균형을 이루며 감정적 충동을 참을 수 있는 자제력이 있고
- 타인과의 관계도 자신만의 분명한 입장과 자신의 신념에 따라 행동
- 타인과 친밀한 접촉을 유지하면서 융합되지 않음(화이부동)

○ **자아분화 수준이 낮은 사람**
- 사고와 감정을 분리하기 어려워 감정에 따라 행동
- 타인과 자신을 분리하지 못함

○ **삼각관계**
- 두 사람 사이에 긴장관계 발생 시 제 3자를 끌어들여 긴장 완화시킴

○ **탈삼각화**
- 가족 내 형성된 삼각관계를 벗어나게 함으로써 가족원들이 자아분화가 되도록 개입

○ **가계도**
- 가족문제, 가족간 갈등 양상, 삼각관계 형성 여부 파악

2. 구조적 가족치료(미누친)

(1) 특징
가족구조의 불균형의 결과로 가족문제가 발생한다고 봄, 가족구조의 변화, 가족이 재구조화를 목표로 한다.
- 불균형 – 경계가 불분명하거나 지나치게 밀착, 위계의 모호함, 체계, 경직
- 역기능원인 – 지나친 경직과 불분명한 경계, 체계 간의 불건전한 동맹과 분절

(2) 개입목표
역기능적 가족체계를 기능적 구조로 변화, 하위체계 간의 명확한 경계 설정, 가족 위계질서 강화, 가족에 맞는 규칙 설정

(3) 주요개념 및 개입기법
- 경계: 구성원이 어떠한 방법으로 참가하는 규칙, 명확한 경직된 밀착된 경계 등
- 하위체계: 부부하위체계, 부모 – 자녀 하위체계, 형제 – 하위체계
- 균형 깨뜨리기: 하위체계 간 역기능적인 균형을 깨뜨리는 것(권위적 남편 – 부인편들기)
- 과제부여: 자연스럽지 못한 행위를 실연하게 하고, 가족 이해 할 분야를 개발시키기 위해 과제를 주는 것
- 실연: 갈등 상황을 치료상황으로 가져와 대응하는가에 따라 수정하고 재구조화 하는 것, 지금 여기로 가져오는 것

- 합류하기: 분위기를 파악하여 감정표현을 하는 것, 거리를 좁혀 주는 역할 초기 단계 과제
- 경계만들기: 체계 내에서 적절한 위치에 있도록 세대 간 경계를 분명히 유지하게 함
- 밀착된 가족: 경계선 강화, 독립성 강화
- 분리된 가족: 지지적, 통제적 강화

3. 경험적 가족치료(사티어)

(1) 특징
변화를 확장해 가면서 성장할 수 있는 인간의 능력에 바탕을 두고 개인과 가족의 잠재력 개발과 자아실현에 초점을 둔 가족치료
- 건강하고 정상적인 가족: 가족성원들 끼리 서로 성장을 돕는 가족
- 역기능 가족: 정서가 메말라 있어 회피와 자기방어적 가족

(2) 개입목표
- 개인과 가족의 상호작용이나 경험 등을 변화시킴으로서 성장할 수 있는 경험을 하게 함
- 증상의 감소나 사회적 적응보다 개인적인 통합을 증가시키고 선택에 대한 보다 많은 자유, 덜 의존적이거나 경험을 확대하는 것 등을 성장 목표로 함

(3) 개입기법: 가족조각
- 치료 면담과정에서 관계유형을 구체적으로 볼 수 있고 경험 할 수 있는 진단적 치료적 기법
- 한 성원이 가족들을 인식하는 대로 가족들의 공간 태도 등을 무언으로 연출, 모든 성원이 조각을 한 후 가족 성원 각각은 가족을 조각한 입장에서 참여자 입장에서 각각의 작품에 관해 설명하고 가족에 대한 위치나 입장, 감정, 생각들을 표현하게 함으로써 미처 깨닫지 못한 부분들로 이해할 수 있음

(4) 사티어의 의사소통유형
○ 기능적 의사소통
- 일치형: 언어적 메시지와 비언어적 메시지 일치

○ 역기능적 의사소통

- 계산형(초이성형): 비판적이고 분석적
- 비난형: 비난하고 도덕적 평가를 내림
- 회유형(아첨형): 언제나 상대방 비위를 맞추려 함
- 혼란형(주의산만형): 의사표현에 초점 없고 결정을 미룸

4. 해결중심 가족치료 - 사회구성주의 영향

(1) 특징

- 개인과 가족의 역기능에 초점을 두지 않음
- 반복적으로 잘못 다룬 것을 문제로 봄
- CT를 나약하고 결점을 지닌 한 인간을 보지 않고 문제를 해결 할 수 있는 힘과 자원을 가지고 있는 존재로 봄
- 문제의 내용보다 해결에 초점
- 무엇을 하라고 직접 지시하고 가르치기보다 가족들 스스로 문제해결의 방안을 찾아 사용할 수 있도록 함

(2) 주요개념

- 치료면담 전의 변화에 대한 질문: 첫 면담 시 CT에게 문제의 심각한 정도가 어떻게 완화되었는지를 CT스스로 파악할 수 있도록 하는 질문
- 기적질문: 기적이 일어나 문제가 해결됐다고 상상함으로써 문제와 별개로 해결책을 생각하게 하여, 기적이 일어났을 때 달라질 수 있는 일들을 실제 행동으로 해 보게 하는 것
- 예외질문: 성공했던 경험을 찾아내어 의도적으로 그것을 계속 실시하도록 하여 성공의 경험을 확대하고 강화하는 질문
- 척도질문: 구체적인 숫자를 이용 가족성원에게 자신의 문제정도, 변화정도, 변화에 대한 의지 등을 표현하게 하는 질문
- 대체/극복질문: CT와 중요한 관계에 있는 사람들의 시각에서 CT를 보게 하는 질문
- 관계성 질문: CT와 중요한 관계에 있는 사람들의 시각에서 CT를 보게 하는 질문

5. 전략적 가족치료

(1) 특징
CT의 행동이 왜 일어났는지 보다는 행동의 변화에 관심을 가지고 특정문제를 해결하기 위해 다양한 전략을 시도함

(2) 가족의 증상 및 관점
• 가족 내의 위계질서와 상호작용의 연쇄과정에 초점을 두고 가족을 하나의 권력관계와 통제 과정을 가지고 있는 체계로 봄
• 가족 내 권력이 불균형적이나 불명확할 때 권력 다툼이 심하게 나타나고, 지속적이고 극심한 권력싸움 결과로 발생한 혼란된 위계질서에 적응하기 위한 행동으로 증상이 일어난다고 봄

(3) 개입목표
• 가족의 역기능적 상호작용의 산물인 증상을 완화하고 혼란되어 있거나 불명확한 위계질서를 회복시키는 것
• CT의 현재문제나 증상을 해결하는데 초점을 두고 관찰 가능한 행동에, 과거보다는 현재의 변화에 비중, 역기능적 상호작용의 연쇄과정을 변화시켜 현재문제를 해결하는 전략적 방법

(4) 주요개념
• 이중구속 메시지: 서로 다른 수준에서 상호모순 되는 메시지를 상대방에게 보내 상대방이 어떤 메시지도 반응할 수 없는 정서적 혼란상태
• 역설적 지시: 문제를 유지하는 인식을 변화시키기 위해 가족이 역설적이라고 생각하는 행동, 즉 문제행동을 유지하거나 강화하는 행동을 수행하도록 지시하는 기법
  – 증상처방: 증상행동을 계속하도록 지시나 과제부여기법
  – 제지기법: 빠르다고 지적, 천천히 진행토록 경고, 개선 시 퇴보 걱정
  – 시련기법: 증상보다 더 고된 체험을 하도록 과제를 부여, 포기토록 하는 기법
• 순환적 질문: 가족성원들 문제에 대해 문제의 순환성을 깨달을 수 있도록 연속적으로 질문하는 기법

- 문제의 재구성(재명명/재규정)
  - 문제를 다른 시각에서 보도록 또는 이해하도록 돕는 방법
  - 부정적인 생각 → 긍정적인 시각으로 변화도록 돕는 법

6. 이야기 가족치료

- 사회구성주의 영향
- <u>외현화 또는 표출 대화기법</u>
  - 가족문제를 개별성원 혹은 가족이 아닌, 문제 그 자체로 보고 가족을 괴롭히는 하나의 별개 존재로써 문제를 이야기하는 기법

上·**中**·下

01) 가족사정도구에 관한 설명으로 옳은 것을 모두 고른 것은? (17회 기출)

> ㄱ. 생태도는 진행과정과 종결과정에서도 활용한다.
>
> ㄴ. 생활력표를 활용하여 현재의 기능수행에 영향을 미치는 발달단계상 생활경험을 이해한다.
>
> ㄷ. 소시오그램은 가족구성원의 사회적 활동을 측정하는 도구이다.
>
> ㄹ. 가족조각은 가족역동을 시각적으로 표현하여 구성원의 인식을 파악하는 도구이다.

① ㄱ, ㄷ
② ㄱ, ㄹ
③ ㄴ, ㄷ
④ ㄱ, ㄴ, ㄹ
⑤ ㄱ, ㄴ, ㄷ, ㄹ

해설

가족사정도구
소시오그램은 집단 내 성원들 간의 질적인 관계를 파악하기 위한 사정도구로 집단성원들의 수용, 거부 과정을 평가하는 방법으로 사용된다.

〈정답 ④〉

02) 가계도 분석에 관한 설명으로 옳은 것을 모두 고른 것은?　　　**(18회 기출)**

ㄱ. 세대를 통해 반복되는 패턴 분석

ㄴ. 가족구성원에 대한 객관적 정보를 파악

ㄷ. 가족기능의 불균형과 그것에 기여하는 요인 분석

ㄹ. 가족구성원별 인생의 중요사건과 이에 대한 다른 가족구성원의 역할 분석

---

① ㄹ　　　　　　　　② ㄱ, ㄷ　　　　　　　　③ ㄴ, ㄹ

④ ㄱ, ㄴ, ㄷ　　　　　⑤ ㄱ, ㄴ, ㄷ, ㄹ

해설

가계도를 통한 사정 내용

- 가계관계: 혈연 또는 비혈연
- 결혼, 이혼, 재혼, 질병, 사망 등 중요한 생활사건
- 종교, 직업 등 인구사회학적 특성
- 가족 내에서 반복되는 정서적, 행동적 패턴 및 성원간의 관계
- 여러 세대에 걸쳐 발전된 가족 구성원의 역할 및 유형

〈 정답 ⑤ 〉

가족대상실천

다음 문장에서 틀린 것을 모두 고르시오.

◆ **현대사회와 가족**

① 평균수명이 연장으로 가족의 생애주기가 길어진다.

② 청년실업이 늘면서 자녀가 독립하는 시기가 늦어진다.

③ 초혼연령이 높아지면서 가족을 형성하는 시점이 늦어진다.

④ 단독가구 및 무자녀가구가 증가하면서 비전통적인 가족 유형이 늘고 있다.

⑤ 저출산으로 가족 규모가 축소되었다.

⑥ 노부부만 남는 빈둥지(empty nest) 시기가 길어지고 있다.

⑦ 과거에 가족이 수행했던 기능이 상당 부분 사회호 이양되었다.

⑧ 가족관계가 점차 평등하게 변하면서 이로 인해 갈등이 발생하기도 한다.

⑨ 조기퇴직이 늘면서 빈둥지 시기가 빨리 온다.

⑩ 가족 개념은 시대와 문화의 영향을 받지 않는다.

◆ **가족의 구조와 기능 및 가족사정**

① 가족 내 역할을 파악하는 것이 가족을 이해하는데 도움이 된다.

② 가족이 제공하는 정보 이외에 가족의 실제 상호작용을 파악해야 한다.

③ 생태도로 주변 체계와의 상호작용을 파악할 수 있다.

④ 가족 상호작용에 관한 새로운 정보로 인해 초기의 사정 내용이 변화할 수 있다.

⑤ 사회 관계망표를 활용하여 가족 내 규칙을 파악할 수 있다.

⑥ 부모와 자녀 간의 밀착된 관계는 하위체계 간 균형을 유지하게 한다.

⑦ 가족 하위체계 간 경계는 경직된 경계와 모호한 경계의 둘로 구분된다.

⑧ 가족규칙이 가족 발달단계에 따라 변화할 때 역기능이다.

⑨ 가계도를 통해 세대 간 전수되는 가족의 특징이나 반복되는 사건 등을 파악할 수 없다.

◆ 해결중심모델

① 문제가 발생되지 않았던 예외적인 상황을 중요시한다.

② 클라이언트의 자원과 과거의 성공경험을 중요시한다.

③ 클라이언트의 자원, 건강성, 성공경험을 초점을 둔다.

④ 사회복지사의 자문가 역할이 강조된다.

⑤ 이론적이고 규범적이다.

⑥ 해결과제를 수립할 때 클라이언트보다 사회복지사의 견해를 우선시한다.

◆ 가족치료모델의 특징

① 구조적 가족치료 모델 - 가족에 합류한 뒤 균형 깨뜨리기를 통해 가족을 재구조화 한다.

② 전략적 가족치료 모델 - 문제가 되는 상황을 강화하도록 역설적으로 지시한다.

③ 경험적 가족치료 모델 - 클라이언트가 생각하는 가족의 모습을 조각으로 표현해보도록 한다.

④ 해결 중심 가족치료 모델 - 상담계획 이후 첫 회기 전까지 나타난 긍정적인 변화가 있었는지 질문한다.

⑤ 다세대 가족치료모델 - 문제와 클라이언트를 분리하여 이해하도록 한다.

〈 정답 〉
· 현대사회와 가족 – ⑨⑩
· 가족의 구조와 기능 및 가족사정 – ⑤⑥⑦⑧⑨
· 해결중심모델 – ⑤⑥
· 가족치료모델의 특징 – ⑤

제8장 집단대상 실천

제1절 집단사회복지실천이해

1. 집단사회복지실천모델(파펠과 로스만)

(1) 사회적 목표모델
- 목적과 목표: 개인의 성숙과 소속감 증대로 민주적 참여에 대한 훈련으로 더 나은 민주사회건설
- 초점: 개인의 성숙과 민주시민 역량 개발, 초기에는 집단 지도자에 의해 집단 목표가 결정되나 점차 집단으로 이양
- 역할: 집단성원의 행동 변화를 위한 활동가로서 바람직한 역할 모델 제시
  예) 걸스카우트, 보이스카우트 등

(2) 상호작용모델(사회적 목표모델 + 치료모델)
- 목적과 목표: 적정 수준 적응과 사회화를 성취하기 위한 사회복지사와 집단성원 상호 원조체계를 형성하여 개인과 사회의 조화 조정
- 초점: 집단성원 간의 자조와 상호원조체계 개발
- 성폭력 피해자들을 위한 집단, 우울증 치료를 위한 집단 등
- 역할: 중재자, 조정자

(3) 치료모델
- 목적과 목표: 집단 성원의 상호작용을 통하여 역기능적 성원의 치료와 재활로 개개인의 사회적응력 향상
- 초점: 집단 개개인의 역기능 행동을 변화
- 역할: 변화매개인

2. 집단유형

특성	치료집단	과업집단	자조집단
목적	집단성원의 개별적 욕구 충족	특수한 과업, 목표 달성	※ 지지집단의 한 유형으로 구분하기도 함 ※ 공통의 문제를 가진 사람들이 모여 건강한 대처 기제를 나누고 배운다는 것은 지지집단과 비슷 ※ 다른 점은 사회복지사는 주도적인 역할하지 않는다. 지지와 상담만 함 예) 단주모임 등
성원역할	상호작용을 통해 발달	임명 또는 상호작용으로 과업 결정	
의사소통 방법	개방적 형식에 매이지 않고 자유로움	과업에 대한 토론	
절차	집단에 따라 공식적, 융통적	공식적인 안건	
구성	공통 관심사, 문제, 특성	전문성, 노동분화 재능	
자기노출정도	높음	낮음	
비밀보장	개인적 수준에서 처리	개인적 처리되지만 공개도 됨	
평가	집단성원의 치료적 목표 성취정도에 따라 성공여부 평가	집단이 성취한 과업이나 의무사항, 결과물에 의한 평가	

3. 치료집단의 유형

(1) 지지집단

- 목적: 생활사건에 대처하여 향후 효과적으로 대처할 수 있는 능력을 향상시킬 수 있도록 원조함이 목적
- 유사한 문제를 가진 사람들로 구성되기 때문에 유대감 형성이 용이하며 자기개방수준이 높음
  예) 암환자가족집단, 한부모 집단, 이혼부부자녀모임, 가정폭력 피해자, 지지집단

(2) 교육집단

- 목적: 집단성원들이 자신과 사회에 대해 잘 이해 할 수 있도록 교육을 통해 원조하는 것
- 정보전달과 교육을 목적으로 하기 때문에 강의 형태로 많이 이루어지며 상호작용이 많지 않기 때문에 성원간 자기 노출이 많지 않음
  예) 병원, 학교, 교정기관 등의 청소년 성교육집단, 부모역할훈련, 위탁부모집단, 입양관심 부모집단, 특정 질병에 대한 정보취득집단, 예비 부모 교육집단

(3) 성장집단

- 목적: 집단 성원들이 자기인식증진과 사고의 변화, 자아향상

- 질병의 치료보다는 사회정서적 건강증진이 중요시 되며 집단 성원간 자기노출이 정도가 높음

  예) 퇴직준비집단, 잠재력개발집단, 결혼생활향상집단, 예비부부집단, 청소년 가치명료화 집단, 참만남집단, 여성의식 고양집단

(4) 치유집단(치료집단)

- 목적: 집단성원의 행동변화와 개인적인 문제의 완화나 제거(치료중심)
- 집단성원들은 자신의 문제 해결을 위해 집단 활동을 하며 사회복지사는 권위적 인물로서의 역할 수행, 자기노출 수준이 높으나 개별성원의 문제 정도에 따라 달라짐

  예) 금연집단, 약물 중독자 집단, 공황장애 치료집단, 정신치료집단

(5) 사회화 집단

- 목적: 사회적 관계에서 어려움을 겪는 성원들이 사회적 기술을 습득하고 사회생활에 효과적으로 기능 할 수 있도록 원조
- 사회기술훈련 집단: 자기주장 훈련 집단처럼 의사소통에 어려움이 있거나 사회관계를 맺지 못하는 사람들을 대상으로 사회적 기술을 가르치는 집단
- 자치집단: 치료적 공동체에서 원용한 것으로 정신병동이나 시설 거주자들이 전문가로부터 부당한 처우를 받을 때 자신들의 욕구를 해결하거나 권리를 주장하기 위해 자치집단을 형성하고 토론하여 결정하는 관점에서 의사소통능력 향상, 사회적 기술 습득

(6) 여가집단

여가 활동에 초점을 두는 집단, 스카우트 활동, 클럽활동 등, 여가활동을 통해 치료적인 효과를 얻고자 할 때 활용

예) 지역사회 적응을 준비하는 정신병원, 정신장애인 집단

- 주의력결핍과 과잉행동아동을 대상으로 하는 사회화 훈련 활동집단
- 퇴원한 정신 장애인을 위한 사교집단
- 자기주장 훈련집단, 정신병동의 자치집단
- 악기연주와 등산 등의 여가활동 포함, 한부모집단

4. 공동 지도력

(1) 장점
지도자는 지지적 자원을 얻고 환류를 얻고 공동의 목적을 나눔으로 지도자의 능력배양
경험 없는 지도자들의 훈련기회 제공, 집단성원들은 논쟁의 해결, 상호작용, 의사소통의 적
절한 모델을 배우고 지도자 탈진예방

(2) 단점
역할에 대한 토론 부족 시 의사소통에 문제가 발생하므로 비용이 많이 든다. 지도자 간 권력
다툼 우려도 있음

5. 집단역동성

(1) 특징
- 집단성원들의 상호작용에서 나오는 특성이나 힘
- 역동을 적절히 활용하면 집단과 구성원 모두에게 긍정적 영향을 미치지만, 집단 역동이 집
  단발전에 역기능적인 영향을 미치기도 함

(2) 구성요소
집단규범, 지위와 역할, 집단 응집력, 집단의사소통과 상호작용(정서적 유대, 하위집단, 집단
크기와 물리적 환경) 집단문화, 피드백

6. 기능적 집단규범과 역기능적 집단규범

(1) 기능적 규범
자발적인 자기표출, 지도자 존중, 집단성원과 직접적인 의사소통, 장애물에 대한 논의

(2) 역기능적 규범

자기표현 회피, 장애 무시, 문제회피, 표면적 주제만 다루기, 불평하고 노력안함, 공격적인 성원들이 집단지배

7. 집단의 치료적 효과(yalom1995)

- 희망주기: 희망 자체로서 치료적 효과
- 보편성: 비슷한 문제의 집단성원을 보며 위로 받음
- 이타심: 서로의 문제를 위로하고 도움 받으며 자존감 획득
- 정보전달: 집단 성원끼리 정보교환이 치료적 효과
- 모방행동: 사회복지사 및 성원들의 행동 관찰. 모방
- 대인관계학습: 상호작용을 통해 새로운 대인관계 방식 적용시험
- 감정정화: 억압된 감정의 자유로운 표현
- 사회기술훈련: 집단 성원 간 피드백 교환, 역할훈련
- 집단응집력: 집단의 소속감, 친밀감이 CT에게 위로
- 재현: 1차 가족집단의 교정적 반복, 집단의 가족적 성격으로 CT는 자신의 가족 갈등을 탐색
- 실존적 요인: 자기 자신 인생의 궁극적인 책임자로 인식

제2절 집단발달의 개념

1. 집단발달의 의의

- 시간의 경과에 따라 집단에서 내부구조나 조직, 진행과정, 집단문화가 변화하는데 이 변화를 집단발달이라 함
- 모든 집단이 동일한 발달단계를 거치지 않으며, 순차적으로 진행되는 것이 아니고, 어떤 집단은 초기단계에 오래 머물기도 하고 특정단계를 뛰어넘기도 함
- 폐쇄집단은 시작부터 종결까지 동일한 구성원임으로 집단 발달의 내용을 비교적 예측할 수 있음
- 개방집단은 새로운 성원이 지속적으로 유입되어 자주 바뀌기 때문에 집단 발달의 내용을 예측하기 어려움

2. 집단지도자의 기술

(1) 집단과정 촉진 기술
- 집단구성원의 참여 촉진
- 집단구성원들에게 집중하기
- 표현기술과 반응하기
- 집단의사소통 시 초점 유지
- 집단과정 명확화
- 내용 명료화
- 집단상호작용지도

(2) 자료수집과 사정기술
- 확인 및 묘사하기
- 정보 요청과 질문하고 탐색하기
- 요약 및 세분화하기
- 언어적, 비언어적 의사소통
- 정보분석

(3) 행동기술
- 지지하기
- 구성원들의 의사소통 연결하기
- 지시하기
- 조언, 제안, 교육
- 직면하기
- 모델링, 역할극, 리허설, 지도

제3절 집단사회복지실천과정

1. 준비단계

(1) 특징

- 집단을 계획하고 성원모집하는 단계
- 집단목적, 잠재적, 성원의 모집과 사정, 집단구성 집단의 지속기간, 회합빈도, 물리적 환경, 기관의 승인 등을 고려하고 준비함

(2) 집단의 목적 설정하기

- 집단 목적은 집단성원의 활동 방향을 제시함으로서 명확하게 설정
- 지도자는 성원의 개인 목표와 집단 목표의 일치도가 높을 때 성취동기가 강해지므로 전체로서의 집단과 개개인의 목표를 고려하여 설정
- 집단 목적은 집단지도자와 성원 간 논의를 통해 조정

(3) 잠재력 성원모집과 사정

- 집단의 목적과 목표에 적합한 잠재적 성원 결정, 정보수집
- 적극적 홍보, 면접, 관찰 통해 잠재적 성원 사정, 기준 마련

(4) 집단의 지속기간과 회합빈도 정하기

- 종결일시를 정하는 경우, 정하지 않는 경우, 목적 및 집단 특징에 따라 고려
- 회합빈도 – 성인은 일주에 한 번, 1회당 1시간 30분~2시간 아동은 1시간 내외

(5) 집단구성하기

- 집단 성원의 특징: 동질성과 이질성
- 집단형태:개방집단과 폐쇄 집단

(6) 집단크기: 집단 크기와 클 때와 집단크기가 작을 때

- 집단 크기가 클 때 – 다양한 정보와 자원 획득, 하위집단이 활성화되어 집단 지도의 어려움, 효율적 개입이 어려움
- 집단 크기가 작을 때 – 집단 응집력 형성이 용이, 지도자에 대한 의존도가 높아지고 성원 간 풍부한 상호작용 곤란

2. 초기단계

(1) 특징
탐색단계, 다양한 기대, 불안 수준이 높음

(2) 사회복지사의 과제
- 사회복지사 소개 및 집단 성원 소개하기
- 집단 목적 소개
- 집단 성원 역할 소개
- 개별 성원 목표설정
- 집단 규칙 수립
- 집단 성원의 저항과 불안 다루기
- 집단 참여에 대한 동기 부여
- 계약

(3) 사정단계
- 특징: 사정은 초기단계만 하는 게 아니라 과정 전반에 이루어짐
- 집단 발달단계별 사정 내용
  - 초기단계: 집단 구성원과 전체로서의 집단의 기능 수행사정
  - 중간단계: 초기 사정 내용에 대한 타당성 검토 및 성공여부의 개입계획수정
  - 종결단계: 집단 성원의 목표달성정도 및 추가 개입 영역 필요확인

(4) 개별 성원에 대한 사정
개별 성원의 심리 사회적 특징과 행동 관찰을 통해 발견 된 장단점 및 집단 내 역할 등

(5) 전체로서 집단사정
- 하위집단 형성
- 집단 상호 작용 방식
- 집단 규범

(6) 집단환경에 대한 사정

- 집단을 인가하고 지원하는 기관
- 상호조직 간의 환경사정
- 지역사회 환경사정

(7) 집단 사정 방법

- 성원의 자기 점검
- 사회복지사의 관찰 성원과의 면담
- 외부전문가의 보고
- 사정도구: 소시오그램, 소시오메트리, 의의분화척도, 우울증 측도, 알코올 중독 측도, 자아 존중감 측도 등

(8) 소시오그램(sociogram:사회도): 모레노와 제닝스

- 개념: 집단 성원의 대인관계, 사회적 유대관계 측정
- 유용성: 성원들 간의 질적관계 파악, 수용, 거부 과정 평가, 친화력, 반감 등 그림으로 나타내어 성원 간 관계, 감정 문제점 파악
- 알 수 있는 내용: 집단 성원의 성별, 선호도와 무관심, 배척 여부와 방향, 하위집단 형성여부, 소외된 성원, 삼각관계 형성 여부, 결속의 강도

(9) 소시오메트리(sociometry): 모레노와 제닝스

집단 성원 간 관심 정도를 측정하기 위해 각 성원에 대한 호감도를 1점(가장 싫어함), 5점(가장 좋아함)으로 평가하는 사정도구

(10) 의의차별척도(의미분화척도)

- 집단 성원이 동료 성원에 대하여 평가하는 것으로 5개 혹은 7개의 응답 범주를 갖고 두 개의 상반된 입장에서 하나를 선택토록 요청
- 좋다 – 나쁘다. 강하다 – 약하다, 능동적 – 수동적 등

3. 중간단계

○ 특징

집단 응집력, 집단 목표 달성을 높이기 위해 성원과 지도자가 집중적 활동하는 시기

○ 사회복지사 과제

- 집단성원 참여 격려: 준비하기, 구조화, 능력고취
- 집단성원의 목표달성 원조
- 저항하는 성원 독려
- 점검

4. 종결단계

○ 특징

목표달성 시 또는 시간 경과 시 집단 해체, 성과 정리 및 평가 집단의 의존성 감소, 이별과 종결에 대한 감정정리

○ 사회복지사 과제

- 성취된 변화를 유지하고 일반화하기
- 개별성원의 독립적 기능 촉진, 집단 의존성 감소시키기
- 종결에 대한 감정다루기
- 불만족 종결 사유 이해
- 미래에 대한 계획 세우기
- 의뢰하기
- 평가하기(과정평가, 결과평가)

上·**中**·下

01) 집단성원의 주도성이 높은 것부터 순서대로 나열한 것은? (18회 기출)

| ㄱ. 자조집단 | ㄴ. 성장집단 | ㄷ. 치료집단 | ㄹ. 교육집단 |

① ㄱ - ㄴ - ㄹ - ㄷ   ② ㄱ - ㄷ - ㄴ - ㄹ
③ ㄱ - ㄹ - ㄷ - ㄴ   ④ ㄴ - ㄱ - ㄹ - ㄷ
⑤ ㄴ - ㄹ - ㄱ - ㄷ

해설

ㄱ. 자조집단
• 지지집단의 한 유형으로 구분하기도 함
• 공통의 문제를 가진 사람들이 모여 건강한 대처 기제를 나누고 배운다는 것은 지지집단과 비슷
• 다른 점은 사회복지사는 주도적인 역할하지 않고 지지와 상담만 함

ㄴ. 성장집단
• 목적: 집단 성원들이 자기인식증진과 사고의 변화, 자아향상
• 질병의 치료보다는 사회정서적 건강증진이 중요시 집단 성원간 자기노출이 정도가 높다.
• 예: 퇴직준비집단, 잠재력개발집단, 결혼생활향상집단, 예비부부집단, 청소년 가치명료화집단, 참만남 집단, 여성의식 고양집단

ㄷ. 치유집단(치료집단)
• 목적: 집단성원의 행동변화와 개인적인 문제 완화나 제거(치료중심)
• 집단성원들은 자신의 문제 해결을 위해 집단 활동을 하며 사회복지사는 권위적 인물로서의 역할 수행, 자기노출 수준이 높으나 개별성원의 문제 정도에 따라 달라진다.
• 예: 금연집단, 약물 중독자 집단, 공황장애 치료집단, 정신치료집단

ㄹ. 교육집단
• 목적: 집단성원들이 자신과 사회에 대해 잘 이해 할 수 있도록 교육을 통해 원조하는 것
• 정보전달과 교육을 목적으로 하기 때문에 강의 형태가 많이 이루어지며 상호작용이 많지 않기 때문에 성원간 자기 노출이 많지 않음
• 예: 병원, 학교, 교정기관 등의 청소년 성교육집단, 부모역할훈련, 위탁부모집단, 입양관심 부모집단, 특정 질병에 대한 정보취득집단, 예비 부모 교육집단

〈 정답 ① 〉

02) 집단성원 간의 관계를 파악하는 사정도구에 관한 설명으로 옳은 것은?　　(18회 기출)

① 소시오메트리: 성원 간의 상호작용 빈도를 기록한다.

② 상호작용차트: 집단성원에 대한 다양한 측면의 인식 정도를 평가한다.

③ 소시오그램: 성원 간의 관계를 표현한 것으로 하위집단의 유무를 알 수 있다.

④ 목적달성척도: 목적달성을 위한 집단성원들의 협력과 지지정도를 측정한다.

⑤ 의의차별척도: 가장 호감도가 높은 성원과 호감도가 낮은 성원을 파악할 수 있다.

해설

소시오그램

• 소시오그램(sociogram:사회도): 모레노와 제닝스

(1) 개념: 집단 성원의 대인관계, 사회적 유대관계 측정

(2) 유용성: 성원들 간의 질적관계 파악, 수용, 거부 과정 평가, 친화력, 반감 등 그림으로 나타내어 성원 간 관계, 감정 문제점 파악

(3) 알 수 있는 내용: 집단 성원의 성별, 선호도와 무관심, 배척 여부와 방향, 하위집단 형성여부, 소외된 성원, 삼각관계 형성 여부, 결속의 강도

• 소시오메트리(sociometry) – 모레노와 제닝스

○ 집단 성원 간 관심 정도를 측정하기 위해 각 성원에 대한 호감도를 1점(가장 싫어함), 5점(가장 좋아함)으로 평가하는 사정도구

② 상호작용차트: 집단성원들 사이의 상호작용 또는 집단 성원과 사회복지사 사이에 일어나는 상호작용의 빈도를 기록한다.

④ 목적달성척도: 목표를 설정한 후 그 목표를 얼마나 달성했는지를 측정하는 평가도구이다.

⑤ 의의차별척도(의미분화척도)

○ 집단 성원이 동료 성원에 대하여 평가하는 것으로 5개 혹은 7개의 응답 범주를 갖고 두 개의 상반된 입장에서 하나를 선택토록 요청

(좋다 – 나쁘다. 강하다 – 약하다, 능동적 – 수동적 등)

〈정답 ③〉

집단대상실천

다음 문장에서 틀린 것을 모두 고르시오.

◆ **집단의 유형에 따른 특징**

① 치유집단은 정서적, 개인적 문제를 가진 성원들로 구성된다.

② 지지집단은 유대감 형성이 쉽고 자기 개방성이 높다.

③ 치유집단의 집단 지도자는 권위적인 인물의 역할을 수행한다.

④ 지지집단은 비슷한 문제를 경험한 사람들로 집단을 구성한다.

⑤ 지지집단은 상호원조하면서 대처기술을 형성하도록 돕는다.

⑥ 지지집단 성원의 자기표출 정도는 낮다.

⑦ 과업달성을 목적으로 구성된 집단이 치료집단이다.

⑧ 과업집단은 자기표출의 정도가 높은 편이다.

⑨ 성장집단은 행동변화 및 재활을 목표로 한다.

⑩ 자조집단은 과업달성을 위해 집단 사회복지사의 주도성이 요구된다.

◆ **집단 사회복지실천 모델의 특징**

① 상호작용모델은 개인과 사회의 조화가 장기적 목적이다.

② 상호작용모델에서 사회복지사는 집단 성원과 집단 사이에 중재자 역할을 한다.

③ 상호작용모델은 정해진 목표달성을 위해 구조화된 개입을 한다.

④ 사회적 목표모델은 개인의 치료에 초점을 둔다.

⑤ 치료모델은 민주시민의 역량 개발에 초점을 둔다.

⑥ 치료모델에서 사회복지사는 중재자의 역할을 담당한다.

⑦ 사회적 목표모델은 문제해결을 위한 상호원조체계 개발에 초점을 둔다.

⑧ 치료모델은 사회복지사와 집단 성원 간의 협력을 통해 집단목표를 설정한다.

◆ **집단의 초기 단계에서 고려해야 하는 사회복지사의 과업**

① 집단 성원의 의무와 책임을 명확히 한다.

② 집단활동에 대한 참여동기를 확인한다.

③ 상호관심사와 집단에 대한 기대를 공유한다.

④ 집단목표에 대해 성원들의 의견을 수렴한다.

⑤ 집단규칙을 수립한다.

⑥ 집단의 목적을 설명한다.

⑦ 집단 성원의 저항과 불안을 다룬다.

⑧ 집단 성원의 역할을 명확히 한다.

⑨ 집단에 대한 의존성을 감소시킨다.

⑩ 집단구성 요소를 고려하여 집단을 계획한다.

〈 정답 〉
• 집단의 유형에 따른 특징 – ⑥⑦⑧⑨⑩
• 집단 사회복지실천 모델의 특징 – ③④⑤⑥⑦⑧
• 집단의 초기 단계에서 고려해야 하는 사회복지사의 과업 – ⑨⑩

제9장 사회복지실천의 기록

제1절 기록의 목적과 요소

1. 기록의 목적
- 사회복지실천 활동 문서화
- CT욕구 파악 및 개입 기초자료 획득
- 서비스 결정과 행동의 합리적 근거 제공
- 사회복지사와 기관의 기준 준수 증명 자료
- 서비스 과정과 결과 모니터링
- 서비스 비용 청구 및 재원 확보 근거
- 사례의 연속성 유지
- CT와 정보공유
- 전문가간 원활한 의사소통 및 협조체계 구축
- 행정지도 감독 지원
- 실천자의 전문적 발전지원
- 행정과 조사연구 자료 활용

2. 기록에 포함되는 요소
○ 기록에 포함해야 할 기본요소
- CT에 대한 기본적인 정보(나이, 연령, 성별, 직업, 교육수준 등)CT의 사회력, 개입의 필요성, 서비스 제공하는 사유, 면접 및 사정 내용, 서비스 목적과 계획, 서비스 특성, 서비스 종결 방법과 사유, 실천 활동 결과 요약, 사후관리

○ 기록에 포함되지 않아야 할 내용
- 제공된 서비스와 무관한 내용 확인되지 않은 소문, 입증되지 않은 가설, 근거 없는 판단

○ 좋은 기록의 특징
- 내용의 정확, 편견 없고, 최신정보 표현이 잘 정리되어 읽기 좋고 잘 정리 된 것

○ 사회력
- 사회적 사정보고서라고도 하며, CT의 욕구나 문제를 역사적이며 생태학적 맥락과 강점에 기반해서 이해하기 위해 사용
- CT의 현재와 가까운 관계에 초점을 두고 간략한 형태나 광범위한 주제로 긴 형태가 됨
- 초기에 작성되면 정보가 추가될 때마다 기존사회력에 덧붙여 작성 이야기체 또는 구조화 된 양식에 작성

제2절 기록의 유형

1. 기록의 유형과 문장 종류의 관계

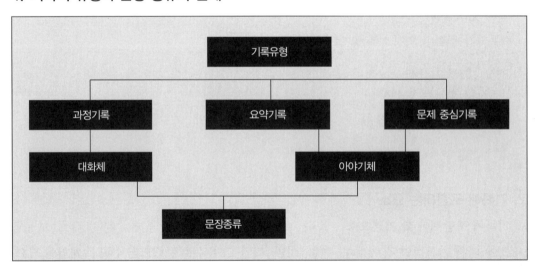

2. 과정기록

(1) 특징
사회복지사와 CT가 면담하면서 이야기한 내용, 행동, 관찰한 내용, 상호작용을 있는 그대로 자세하게 대화체로 작성 기록

(2) 장점

사회복지실습이나 교육방법을 유용하며 사회복지사와 CT간 상호 작용을 개념화, 조직화함으로써 개입기술, 향상에 도움되며 기록자나 슈퍼바이저가 점검, 사전 문제 예방 가능

(3) 단점

<u>시간과 비용이 많이 소요</u>, 비효율적이며 기억에 의존하여 작성 할 경우 불완전하고 왜곡된 정보 제공우려, 녹음, 녹화가 필요함

3. 요약기록

(1) 특징

- 사회복지 실천 활동 내용, 면담 내용 등 짧게 요약 작성하며 사회복지기관에서 가장 잘 사용하는 기록방법으로 시간결과에 따라 요약하여 기록하거나 주제별로 이야기체로 작성 기록함
- 짧게 요약, CT의 일어난 변화에 초점 두고 짧게 요약하므로 기록의 선택과 판단이 사회복지사의 능력에 따라 기록의 질이 달라짐

(2) 장점

- 시간경과에 따라 일정한 시간 간격을 정해 기록하면 기록의 양이 길어지지 않아 효과적 기록
- 사회복지사가 중요하다고 판단하는 내용을 선택하는 융통성이 있음

(3) 단점

지나치게 요약할 경우 유용한 정보 누락이 우려되고 시간이 지난 후 정보 복구가 어려우며, CT의 언어적 비언어적 표현이 자세히 기록되지 않을 수 있음

4. 문제중심기록

(1) 특징(문제목록 + 진행기록)

- CT의 현재 문제를 영역을 정해 사정하고 목록화하여 무엇을 할 것인지 계획하고 진행사항을 작성 기록, 주로 의료분야에서 많이 기록
- 문제 목록과 진행기록으로 구성(SOAP 기록방법 활용)

(2) 장점

- 다학제팀접근하는 정신보건분야나 의료분야에 유용, 타전문직과 의사소통촉진
- 간결한 기록으로 통일성이 있어 슈퍼바이저나 조사연구자 외부자문가 등 검토 유용
- 기록이 정보교환에 있기 때문에 현장에서 효과적이며 전문직 간 책무성이 증진
- 해결되지 않은 문제에 대한 대안수립이나 의뢰 등에 대해 체계적 파악 기능

(3) 단점

- CT의 문제를 강조함으로써 사회복지실천의 관심폭을 한정시킴
- 문제 사정이 부분적이거나 단순화되어 사회복지실천현장에서 관심을 두는 심리사회적 관심보다는 생의학적 관점에 초점 – 서비스 전달에 복잡성이 결여

(4) 문제목록

문제번호	문제	일시	해결된 문제	해결 일시

(5) 진행기록(SOAP 기록방법)

- 주관적 정보 S(Subjective information): CT가 자신의 상황을 어떻게 인식하고 있는가
  예) 나는 쓸모 없는 인간이다.
- 객관적 정보 O(Objective information): 전문가의 관찰 체계적 자료 수집, 임상적 실험
  예) 신경정신과 의사의 진단 → 피해망상, 다중 인격 증상, 진단
- 사정A(Assessment): 주관적 정보와 객관적 정보를 검토하여 추론된 전문가의 결론
  예) 심리정서적 위축으로 우울 증상, CT와 가족 등의 경제적 어려움으로 치료 필요성을 인식하지 않음
- 계획P(Plan): 사회복지사가 특정한 문제 제기로 해결 방법 작성 제시
  예) 가까운 정신건강 센터나 보건소 등 무료시설에서 우울증, 상담 받고 치료받도록 함

제3절 문장의 종류

1. 이야기체 기록(요약, 문제중심 기록)

(1) 특징
이야기하듯, 형태로 작성 기록하는 것

(2) 장점
모든 내용, 특히 중요하다고 인식되는 내용을 융통성 있게 기록할 수 있음

(3) 단점
- 시간, 비용이 많이 들고 문장이 길어지고 초점이 모호할 수 있음
- 대화 내용을 기록자의 문장력에 따라 기록의 질이 달라질 수 있음
- 대화 내용을 이야기체로 바꾸어 작성하므로 정보 복구가 어려움

2. 대화체 기록의 특징
실제도 두 사람이 나눈 대화 내용을 직접 영화나 연극 대본처럼 직접 인용 형태로 작성하는 기록 형태

⟨ TEST ⟩

上·中·下

01) 사회복지실천 기록의 목적에 해당하는 것을 모두 고른 것은?　　　　(16회 기출)

ㄱ. 개인적 보관 및 활용　　　　　　ㄴ. 지도감독 및 교육 활성화

ㄷ. 책임성의 확보　　　　　　　　　ㄹ. 정보제공

ㅁ. 클라이언트에 대한 이해 증진

---

① ㄴ, ㄹ　　　　　　　② ㄱ, ㄷ, ㅁ　　　　　　　③ ㄱ, ㄴ, ㄷ, ㄹ

④ ㄴ, ㄷ, ㄹ, ㅁ　　　　⑤ ㄱ, ㄴ, ㄷ, ㄹ, ㅁ

해설

사회복지실천 기록의 목적
- 사회복지실천 활동 문서화
- 클라이언트 욕구 파악 및 개입에 필요한 자료(=서비스 수급자격 증명)
- 서비스 결정과 행동의 합리적 근거 제공
- 사회복지사와 기관의 기준 준수 증명자료
- 서비스 과정과 결과 모니터링
- 서비스 비용 청구 및 재원 확보의 근거
- 사례의 연속성 유지
- 클라이언트와 정보 공유
- 전문가 간 원활한 의사소통 및 협조체계
- 행정적 지도감독 지원(=슈퍼비전 활성화)
- 실천자의 전문적 발적 지원(=교육적 도구로 활용)
- 행정과 조사연구의 자료
- 전문가의 견해를 포함하면서도 클라이언트의 관점을 배제하지 않음

⟨ 정답 ④ ⟩

02) 문제중심기록의 특성으로 옳지 않은 것은? (18회 기출)

① 현상의 복잡성을 단순화시키고 부분화를 강조하는 단점이 있다.

② 문제유형의 파악이 용이하며 책무성이 명확해진다.

③ 클라이언트의 주관적 진술과 사회복지사의 관찰과 같은 객관적 자료를 구분한다.

④ 클라이언트의 문제 상황을 진단하고 개입계획을 제외한 문제의 목록을 작성한다.

⑤ 슈퍼바이저, 조사연구자, 외부자문가 등이 함께 검토하는데 용이하다.

해설

문제중심기록은 자료를 수집하여 문제목록을 작성하고 문제목록에 있는 각 문제마다 개별적으로 계획과 목표를 설정한다.

〈정답 ④〉

사회복지실천에서 기록

다음 문장에서 틀린 것을 모두 고르시오.

◆ **사회복지실천 기록 유형별 특징**

① 과정기록은 사회복지 실습이나 교육수단으로 유용하다.

② 복지정보시스템을 이용한 기록은 실천과정에 따라 정해진 양식에 내용을 입력함으로써 정보검색이 용이하고 관련 정보를 한 번에 보다 수월하게 조회할 수 있다.

③ 이야기체 기록은 사회복지사의 재량에 의존하기 때문에 추후에 원하는 정보를 찾기 어렵다.

④ 문제중심기록은 기록이 간결하고 통일성이 있어 팀 접근시 활용이 용이하다.

⑤ 과정기록은 사회복지사와 클라이언트 사이의 활동을 개념화 조직화함으로써 사례에 대한 개입기술을 향상시키는데 도움이 된다.

⑥ 문제중심기록은 문제의 목록화와 진행을 중심으로 기록하는데, 서비스 전달의 복잡성을 간과하는 경향이 있다.

⑦ 시계열기록은 사회복지실천 개입 전, 개입 중, 서비스 종결 후까지 클라이언트 상황을 파악 기록하여 서비스 목적이 달성되었는지를 보여준다.

⑧ 문제중심기록은 사회복지사와 클라이언트의 상호작용을 구체적으로 기록한다.

⑨ 과정기록은 시간과 비용을 절약할 수 있는 기록이다.

⑩ 이야기체 기록은 초점을 명확히 기술함으로써 체계적이고 전형적인 정보를 구축하는데 유용하며 나중에 정보복구가 용이하다.

◆ **기록의 목적과 용도**

① 수급자격 입증자료로 활용한다.

② 슈퍼비전을 활성화한다.

③ 프로그램 예산 확보 근거를 제공한다.

④ 클라이언트 당사자와 정보를 공유할 수 있다.

⑤ 학제 간의 원활한 의사소통을 촉진한다.

⑥ 클라이언트와 목표와 개입방법을 공유할 수 있다.

⑦ 서비스의 연속성 유지에 도움이 된다.

⑧ 슈퍼비전의 도구로 활용한다.

⑨ 클라이언트의 전문적 활동을 입증할 수 있다.

〈 정답 〉
• 사회복지실천 기록 유형별 특징 – ⑧⑨⑩
• 기록의 목적과 용도 – ⑨

제10장 사회복지실천 평가

제1절 사회복지실천 평가

1. 사회복지실천 평가의 개념

(1) 평가의 의의
- 사회복지실천 활동이 목적과 목표가 달성되었는지 점검, 실행에 효과적, 효율적이었는지 판단과정
- 효과성은 목표달성 여부, 효율성은 비용대비 효과의 의미로 사용자원과 결과의 비율로 판단
- 사회복지사 개입, 노력을 사정하며, 개인, 가족, 집단, 지역사회를 대상으로 실시한 개입이 변화를 주었는지 어느 정도 변화가 생겼는지 효과성을 사정하는 것

(2) 평가의 목적
- 사회복지실천에 부여된 책무성을 이행: CT에게 계약 내용대로, 서비스가 제공되었는지 전문직의 윤리와 가치를 지켰는지, 기관의 프로그램과 정책 및 지침에 맞는 서비스 제공여부, 자원의 효율적 사용 여부 등의 책임
- 서로 다른 문제 특성, 환경을 가진 CT에게 효과적인 개입방법 선정 여부
- 기관, CT, 전문가, 지역사회에 대한 책무성 향상 여부

2. 평가의 기능
- 개입의 목표 달성 여부
- 사회복지 실천의 효과성 입증여부
- 자원 사용에 대한 책임성 입증
- 평가 관련 당사자에게 정보 제공
- 사회복지 실천과정 모니터링

• 사회복지사의 능력 향상 및 실천과정 개선

제2절 사회복지 실천 평가의 유형

1. 평가 내용, 평가차원에 따른 구분

(1) 과정평가
• 사회복지실천과정을 평가: 계획대로 서비스 전달 프로그램 진행 여부
• 개입 과정에서 무엇이 왜 일어났는지에 대하여 개입 중간에 주기적으로 평가
• 결과 평가에서 간과되기 쉬운 프로그램 준비, 진행 종결 과정에서 환경적 요인과의 관련성을 개입과정에 따라 분석

(2) 결과평가(효과성, 효율성 평가)
• 사회복지실천이 종결되었을 때 설정한 목표가 얼마나 달성되었나를 평가: 개입과정을 통해 바라든 바 변화가 이루어졌는지 평가
• CT의 변화가 개입 외에도 다른 요인에 의해 변화 될 수 있으므로 결과가 개입으로 인해 변화되었음을 증명해야 됨
• 결과 평가방법은 사전, 사후비교방법과 통제집단, 실험집단 비교방법
• 사전, 사후비교 방법: 문제와 평가도구를 명확히 하고 개입하기 전과 후에 같은 방법으로 측정하여 변하를 개입의 효과로 봄(효과성 평가)
• 통제집단, 실험집단: 개입한 실험집단과 안 한 통제집단 비교하여 효과분석, 사회복지 실천분야에서는 윤리적 문제가 대두됨, 다른 요인이 영향을 미치지 않는다는 분석에 어려움
  ※ 결과 평가는 개입 종료 후에 서비스 결과를 총괄적으로 평가하므로 총괄평가로 구분하기도 함

2. 평가의 목적에 따른 구분

(1) 총괄평가(양적 연구방법 사용)

개입의 목적과 목표가 충족되었는지, 개입의 효과가 다른 기관이나 집단에도 일반화 할 수 있는지 평가

(2) 형성평가(양적, 질적연구방법 모두 사용)
- 프로그램을 계획하거나 실행하는데 도움 될 정보를 얻는데 초점
- 프로그램 진행 중 서비스를 수정 보완하는데 목적

3. 기타 유형

(1) CT의 만족도 평가
- CT가 받은 서비스나 프로그램에 대해 의견을 구해 만족도 평가
- 개입의 실천한 기관이나 사회복지사 또는 서비스나 프로그램에 대한 평가

(2) 동료 평가
- 개입의 결과보다 개입과정에 초점, 동료 사회복지사가 검토를 통한 평가
- 평가 받은 사회복지사의 개입기술 향상에 도움되지만 평가자도 자신의 활동에 대한 점검 및 인식제고에 기여

4. 평가 방법

(1) 양적 평가
정확하고 일반화 가능한 통계적 결과물의 산출을 강조하는 평가방법
예) 단일사례 설계 실험설계 방법

(2) 질적 평가
- 개별 사례에 대한 이해에 관심 있는 평가방법, 인간 경험의 의미를 끌어내는 방법, CT의 인식을 중심으로 한 평가
- CT가 실천과정과 결과에 대해 느끼고 인식한 내용을 중심으로 평가

- 의도한 성과의 부가적인 성과 확인 가능
- 실천에 기여한 요인과 방해 요인에 대한 CT 시각에서 알려줌으로써 <u>프로그램 개선에 기여</u>
- 변화에 일반적인 요인 외에 특수한 요인을 발견, 실천에 통합 가능
- 기관에 입장이 아니라 CT의 시각에서 프로그램의 의미와 경험을 알 수 있음

제3절 사회복지실천평가 기법

1. 단일사례연구 설계

(1) 개념
- 개인, 가족, 소집단 등을 대상으로 문제를 해결하기 위한 개입의 효과를 과학적으로 입증 조사하는 설계 방법
- CT에 대한 개입과 결과의 인과관계를 보기 위해 통제된 환경에서 개입전과 개입 후의 변화를 시계열로 반복해서 측정 평가
- 평가 대상은 하나의 개인, 집단, 가족 기간이지만 한 명 이상의 CT를 대상으로 하는 경우도 적용

(2) 단일사례설계의 특징
- <u>개입의 효과성 분석</u>: 표적 행동에 대한 개입의 효과성을 분석
- 사례는 하나다(표본크기=1, 분석단위=1, N=1): 단일 대상, 사례를 대상
- <u>반복적 관찰</u>: 반복적인 관찰을 통해 경향과 변화정도를 알 수 있도록 개입의 효과를 파악
- <u>즉각적인 환류</u>: 개입으로 인한 조사대상의 변화를 주기적으로 파악 간증
- 통제집단 없음
- 개입 전후 비교

(3) 단일사례설계의 주요개념
- <u>기초선 단계</u>(A:baseline)
  - 개입 시점에 설정하는 기준선, 개입 전 단계 A로 표시
  - 실험설계에서 통제집단 기능, 개입 전 며칠 또는 몇 주간 동안 표적 행동의 빈도, 강도,

지속기간을 관찰하여 설정

- 개입단계(B:intervention)
  - 실험 설계에서 실험집단의 역할
  - 개입국면, 관찰 횟수가 적어도 3회 이상, 복수 개입 유형시 C, D로 표기

(4) 단일사례설계의 유형: AB설계(기초선 → 개입단계): 기본단일 설계

- 개념
  - 하나의 기초선 하나의 개입
- 특징
  - 간단한 설계로 실천가들이 많이 사용
  - 개입에 대한 효과를 CT의 행동변화를 기초선과 비교하여 제시
  - 개입 이외의 제 3요인 대한 통제가 불가능하므로 개입이 표적행동의 변화에 미치는 효과의 신뢰도가 낮음

2. ABA설계(기초선 → 개입단계 → 제2기초선)

(1) 개념
- AB설계에 개입 이후 또 하나의 기초선(A)을 추가한 설계
- 기초선(A) → 개입(B) → 기초선(A)의 형태

(2) 특징
- AB설계보다 개입의 효과성을 파악하기 쉬우나 개입으로 인해 문제 행동이 개선되고 있는 CT에게 개입의 효과를 평가한다는 이류로 개입을 중단하므로 윤리적 문제를 야기함

3. ABAB설계(기초선 → 개입단계 → 제2기초선 → 개입국면)

(1) 개념
- AB설계에 제2기초선(A) → 개입(B)을 추가한 설계

- 두 번째 기초선 단계는 잠시 동안 개입을 중지, 개입 철회, 두 번째 기초선에서 안정적 경향을 확인 후 재도입

(2) 특징
- 개입과 철회를 반복함으로써 같은 결과가 나오면 제3의 요인이 아니라 개입으로 인해 변화가 발생했다는 인과관계를 명확히 할 수 있음
- 의도적 개입 중단으로 윤리적 문제가 발생할 수 있음

4. BAB설계(개입단계 → 기초선단계 → 개입국면)

(1) 개념
- 기초선(A)없이 곧장 개입이 시작되는 설계
- CT가 위기에 처해 있거나 기초선을 측정할 수 없는 경우 바로 개입하는 설계

(2) 특징
- CT 상황이 안정되면 개입을 중지하고 기초선 단계 자료를 수집
- 개입 전에 기초선을 측정하지 못했기 때문에 개입 효과성 측정일 어렵고, 이후 기초선 측정하여도 개입이 이루어졌기에 기초선에는 개입 효과가 어느 정도 반영되어 있음

5. 다중(복수)기초선 설계

(1) 개념
- 서로 다른 문제, 서로 다른 상황이나 대상자에 대해 AB설계를 반복, 외부사건을 통제하는 설계
- 둘 이상의 기초선을 정하기 위해 개입 중단 대신 둘 이상 기초선을 동시에 시작, 개입은 각 기초선의 다른 시점에서 시작

  예) 학교생활 적응문제 아동의 경우 개입할 때
  - 하나의 기초선은 출석률

- 둘째 기초선은 숙제에 대한 등급
- 셋째 기초선은 교사의 판단 등으로 설정하는 경우

(2) 특징

- 개입 중단의 문제점을 개선하면서 개입과 표적 행동의 인과관계를 명확히 추정하기 위해 개발된 설계
- 개입 중단 대신 동시 개입으로 윤리문제 발생 해결

6. 다중 요소 설계(기초선 단계 → 서로 다른 개입방법 사용)

(1) 개념

- ABCD, ABAC, ABACA, 설계 등
- 하나의 기초선 자료에 대해 여러 개의 각기 다른 개입 방법을 연속적으로 도입
- A는 기초선, BCD는 각기 다른 개입방법임

(2) 특징

- 개입시작 이후 효과가 나타나지 않을 경우 새로운 개입방법 적용한다는 장점
- 우연한 사건 개입 가능성과 D단계에서의 변화가 B단계 C단계의 개입 효과 가능성 배제할 수 없음

7. 단일사례 설계의 유의성 분석

(1) 개입의 유의성

- 개입 이후 CT문제를 감소시키는데 효과가 있었는지 평가
- 개입의 효과성을 평가 시 그래프 모양을 보며 시각적, 통계적, 실용적(임상적)이론적 유의성 등을 한 가지 유의성보다는 다양한 유의성이 확립되어야 효과적

(2) 시각적 유의성

개입이 도입되거나 중단된 후에 표적행동의 수준과 경향변화를 그래프에서 시각적으로 나타나는지 분석

(3) 통계적 유의성

• CT의 변화가 우연히 나타난 것이 아니라, 통계적으로 유의미한 차이가 있는지 검증

(4) 임상적(실질적)유의성

• 개입으로 인한 표적행동에 의미있는 변화가 일어난 것

(5) 이론적 유의성

특정한 개입의 기초가 되는 이론이 CT변화의 방향에 대해 명확하게 제시하고 있는 경우 단일사례 설계의 결과가 이론이 제시하는 변화 방향과 일치하는지 검토

8. 기타 평가방법

(1) 과업성취척도(과제성취척도)

• 사회복지사와 CT가 합의한 개입과제 성취정도 평가
• 보통 4점 척도(1: 전혀 달성되지 않음 → 4: 완전 달성)

(2) 목표성취척도(목표달성척도)

• CT가 개별화된 목표에 도달한 정도를 측정하는 평가도구
• 목표달성정도를 5점 척도로(−2, −1, 0, 1, 2)

上 · **中** · 下

01) 형성평가에 관한 설명으로 옳지 않은 것은? (16회 기출)

① 프로그램의 최종 목표 달성 여부를 효과성과 효율성 측면에서 평가한다.

② 개입이 이루어지는 동안 발생하는 자료를 수집하여 환류하는 것을 중시한다.

③ 현재와 미래에 관련된 프로그램 수행상의 문제해결이나 결정을 내리기 위해 실시한다.

④ 프로그램의 전달체계. 기관의 운영상황, 클라이언트의 욕구 등을 염두에 두고 시행한다.

⑤ 서비스이용자의 욕구를 반영하여 사회복지사가 기대했던 진전이 이루어지고 있는지를 사정한다.

해설

형성평가

프로그램의 최종 목표 달성 여부를 효과성과 효율성 측면에서 평가하는 것은 총괄평가이다.

〈 정답 ① 〉

上 · **中** · 下

02) 다음 사례에 해당되는 단일사례설계 평가유형은? (17회 기출)

대인관계 문제로 어려움을 겪던 재훈이와 수지는 사회성 측정 후 사회기술 훈련에 의뢰되었다. 재훈이는 곧바로 사회기술훈련을 시작하여 사회성이 변화추이를 측정해 오고 있으며, 수지는 3주간 시간차를 두고 사회기술훈련을 시작하면서 변화추이를 관찰하였다.

① AB설계

② ABAB설계

③ BAB설계

④ 다중(복수)기초선 설계

⑤ 다중(복수)요소 설계

단일사례설례 평가유형

④ 다중(복수)기초선설계(multiple baseline design)는 서로 다른 문제, 서로 다른 상황이나 대상자에 대해 AB설계를 반복하여 외부 사건을 통제하는 설계이다. 2개 이상의 기초선을 설정하기 위해 개입을 중단하는 대신에 2개 이상의 기초선을 설정하기 위해 개입을 중단하는 대신에 2개 이상의 기초선을 동시에 시작하고 개입은 각 기초선의 다른 시점에서 시작된다. 재훈이와 수지는 대인관계라는 공통된 문제를 겪고 있지만 각각 다른 시점에 개입을 시작함으로써 기초선이 두 개가 설정되므로 다중기초선 설계로 볼 수 있다.

〈 정답 ④ 〉

사회복지실천 평가

다음 문장에서 틀린 것을 모두 고르시오.

◆ **단일사례설계의 특징 설명**

① 사전 자료가 없는 경우 개입 이후에 기초선 자료를 수집할 수 있다.

② 한 명 이상 클라이언트를 대상으로 비교할 수 있다.

③ 어떤 개입이 대상문제의 변화를 설명하는지 알 수 있다.

④ 둘 이상의 클라이언트, 둘 이상의 상황이나 문제에 적용 가능하다.

⑤ 행동 빈도의 직·간접 관찰, 기존 척도, 클라이언트 자신의 주관적 사고나 감정 등의 측정
   지수를 사용할 수 있다.

⑥ 반복적 시행으로 개입 효과성을 일반화 할 수 있다.

⑦ 다수의 클라이언트의 변화를 점검할 수 있다.

⑧ 측정지수에는 긍정적 지표와 부정적 지표가 있다.

⑨ 개입의 효과성을 알기 위해 반복측정을 해야 한다.

⑩ 개입과 개입철회를 반복할 수 없다.

⑪ 여러 개의 표적행동에 대해 기초선을 설정할 수 없다.

⑫ 개입 이후에는 기초선 자료를 수집할 수 없다.

⑬ 개입과정에서 개입의 강도나 방식을 바꿀 수 없다.

〈 정답 〉
• 단일사례설계의 특징 설명 – ⑩⑪⑫⑬

제3편
지역사회복지론

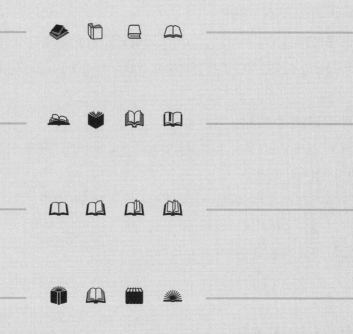

제1장 지역사회의 개념과 기능

제1절 지역사회 개념

'지역사회'란 일정한 지역의 2인 이상 사람들의 집합체, 학문적 개념의 근원이 되고, '공동체'는 공통의 이해관계나 특성을 바탕으로 하는 마술적(magic) 매력을 지닌 언어

1. 지역사회가 주목되는 이유

- 급격한 경제성장으로 인한 부정적인 사회현상에 대한 비판적 시각이 확대
- 지방자치제도의 실시
- 환경운동과 생태주의의 확산으로 획일적이고 거대한 중앙집권체제에 대한 비판이 확대
- 지역사회 수준에서의 지속가능한 삶에 대한 관심이 높아짐
- 복지국가의 재편 과정에서 복지 다원주의가 확산

2. 현대 지역사회 특징

- 교통과 통신의 발달로 인해 국적을 비롯한 지리적 경계로부터 자유로워짐
- 가상공동체 등 기능적인 지역사회에 대한 의미와 기능이 강화되었지만, 이로 인해 지리적 지역사회의 의미는 약화
- 단순한 지역성을 강조하는 지리적 의미의 지역사회는 그 의미를 점차 상실하고 기능적 특성이 강함
- 현대에는 상부상조의 정신을 중심으로 두레마을을 복원하기 위해 지역사회복지가 등장하게 되었고, 공동육아나 지역 화폐운동 등 전통적인 상부상조 운동이 되살아나고 있음

3. 지리적 의미와 기능적 의미: 로스(Ross)

(1) 지리적(공간적) 의미

- 일정한 지리적 공간에 살고 있는 사람들의 집단을 의미

- 모든 지역사회는 사회이지만, 모든 사회가 지역사회는 아님
- 지리적인 특성 및 분포를 강조
- 행정단위인 특별시, 광역시, 도, 시, 군, 읍 · 면 등

(2) 기능적 의미
- 공통의 관심과 기능을 공유하며 모인 사람들의 집단
- 어떤 특성이나 종교, 인종, 사회계층, 직업유형 등을 중심으로 서로 간에 구성되는 동질성을 지닌 공동체를 의미
- 소수민족집단, 동성애자, 학계, ○○동호회, 부녀회, 조기축구회 등
- 구성원의 공동이익을 중심으로 형성된 이익공동체

제2절 지역사회에 대한 이론

1. 지역사회를 바라보는 이론적 관점

(1) 지역사회 상실이론(Mayo): 사회복지 정당화 이론
- 도시화로 인해 현대사회의 개인주의 영향과 인간관계 단절 현상 등으로 1차 집단이 해체되고 공동체가 무너지고 전통적인 지역사회가 사라지게 되었으며, 국가의 개입을 강조
- 전통사회에 대한 향수로 상실된 지역사회기능을 대체할 수 있는 새로운 사회복지제도가 개입되어야 한다는 이론
- 전통사회의 공동체에 대한 집착과 사회변동에 대한 거부

(2) 지역사회 보존이론(Mayo): 복지 국가 축소 정당화
- 지역사회상실이론에 대한 반론으로 현대사회에서도 아파트 마을가꾸기, 이웃 도와주기 등 전통적인 지역사회가 가지고 있던 유기적 공동체의 기능을 보존할 수 있음
- 도시와 산업사회는 스스로 상부상조 할 수 있는 역량 있음. 복지국가의 제도적 역할 축소

(3) 지역사회 개방이론(Mayo): 복지 다원주의 정당화
- 지역사회상실이론과 지역사회보존이론에 대한 제3의 대안

• 좁은 의미인 지역성 의미에서 해방된 새로운 개념 – 폭 넓은 관계망에 초점

2. 공동사회와 이익사회(퇴니스, Tonnies)

• 인간사회는 공동사회에서 이익사회로 발전(사회변동에 따른 사회형태의 변화)
• 퇴니스는 서구사회가 '공동사회의 연합체 → 공동사회의 협의체 → 이익사회의 협의체 →
  이익사회의 연합체' 순으로 발전한다고 봄

제3절 지역사회의 유형과 기능

1. 던햄(Dunham)의 지역 기반 지역 사회 구분

• 인구의 크기에 따른 구분: 대도시(서울, 부산, 대구, 인천 등), 중소도시(수원, 춘천, 강릉,
  부천 등)와 같이 지역 내 거주하는 지역사회의 형태
• 경제적 기반에 따른 구분: 광산촌, 어촌, 산촌 등 사회, 문화적 특성을 파악하고자 갖는 지
  역 사회의 형태
• 정부의 행정구역에 따른 기준: 특별시, 광역시 · 도, 시 · 군 · 구, 읍 · 면 · 동 등 인구의 크
  기가 중요시되는 지역사회의 형태
• 인구구성의 사회적 특수성에 따른 기준: 경제, 신도시, 도시 저소득층 지역, 미국 – 차이나
  타운 등 사회적 특성을 중심으로 지역을 유형화하는 사회의 형태

2. 지역사회의 기능과 제도(길버트와 스펙트, Gillbert & Specht)

• 생산 · 분배 · 소비의 기능 → 경제 제도, 필요한 서비스를 생산하고 분배하고 소비하는 과
  정의 기능
• 사회화의 기능 → 가족제도, 일반지식, 사회적 가치, 행동 양태 등을 구성원에게 전달하는
  기능
• 사회통제의 기능 → 정치제도, 사회의 규칙을 준수토록 강제력을 행사하는 기능
• 사회통합의 기능 → 종교제도, 사회 단위 조직들 간 관계와 관련된 기능(사회참여의 기능)
• 상부상조의 기능 → 사회복지제도, 스스로 욕구를 해결 할 수 없는 경우에 필요로 하는 기능

3. 지역사회의 기능 비교 척도(워렌, Warren)

- 지역적 자치성 – 개방체계
  - 지역사회는 다른 지역과 관계를 맺게 되는데 그 관계 속에서 나타나는 자립성과 의존성을 파악
- 서비스 영역의 일치성
  - 상점, 학교, 공공시설, 교회 등의 서비스 영역이 어느 정도 동일 지역에 있다면 지역주민이 편리하게 서비스를 받을 수 있지만 동일 지역 내에 없다면 주민들의 불편함이 생겨날 수 있음
- 지역에 대한 주민들의 심리적 동일시
  - 사회구성원들이 자신의 지역을 어느 정도 중요한 준거집단으로 여기며, 어느 정도 소속감을 갖는가에 관한 것
- 수평적 유형
  - 지역사회 내에 있는 다른 조직(개인, 사회조직)들의 구조적, 기능적으로 어느 정도의 강한 관련성을 가지고 있느냐에 관한 것

4. 지역사회를 보는 관점

(1) 기능주의 관점
- 지역사회는 다양한 사회제도로 구성되어 있다고 보는 관점
- 체계이론을 바탕으로 체계들은 연결되어 있으므로 사회의 변화보다 안정성에 초점: 조화, 적응, 안정, 균형을 중시

(2) 갈등주의 관점
- 지역사회 구성원들 간 불공정한 권력, 자원 등의 상태가 유지되어 갈등을 유발하게 된다는 관점
- 사회의 본질은 갈등과 경쟁의 관계

(3) 통합주의적 관점
- 사회의 현상은 절대적으로 옳거나 틀린 것이 아님

- 사회현상을 어떤 관점으로 보느냐에 따라 다르게 나타남
- 구성원 간 상호작용으로 인하여 지역사회에 미치는 영향에 관심
- 입법, 정책 수립으로 갈등 수용

5. 지역사회의 속성

- 지역성과 기능성을 포괄, 일정지역 안에서 이루어져야 함
- 목표는 지역주민의 삶의 질 향상
- 전문적 서비스와 방법 활용
- 지역사회 문제 해결, 지역주민 복지 욕구 충족
- 정부와 민간 협력 강화 추세

제4절 좋은 지역사회

1. 좋은 지역사회 특징(워렌, Warren)

- 구성원 사이의 인격적인 관계 형성
- 권력의 폭넓은 분산과 배분
- 다양한 소득집단, 인종집단, 종교집단, 이익집단을 포용
- 높은 수준의 지역적 통제
- 의사결정 과정에서 협력의 극대화, 갈등의 최소화가 보장
- 주민들의 자율성이 충분히 보장

2. 역량 있는 지역사회(펠린, Fellin)

- 지역사회에 헌신하고 협력
- 다양한 집단들은 자신의 가치와 이익을 자각
- 합의된 목표달성을 위해 의견일치
- 구성원들은 목표를 확인하고 달성하기 위한 활동에 참여
- 지역사회 내 집단들 간에 발생하는 갈등을 조절하기 위한 절차

• 자율성이 지켜져야 하며, 외부사회와의 관계를 조정

3. 이상적인 지역사회(린데만, Lindeman)
• 효율적 정부라는 매개체를 통해 질서, 생명과 재산의 안전을 도모
• 효율적 생산체계를 통해 경제적 안녕, 소득을 보장
• 공공의 보건기관을 통해서 육체적 안녕, 보건과 위생을 보장
• 조직적이고도 잘 마련된 놀이를 통해서 여가시간을 건설적으로 활용
• 조직화된 지역사회에 대한 지지를 받을 수 있는 윤리적 기준, 즉 도덕체계를 제공
• 공공기관을 통해서 지식의 보급, 즉 교육을 제공
• 신앙적 동기를 제공

4. 좋은 지역사회 특성
• 다양한 소득, 종교, 이익집단을 포용해야 됨
• 주민의 자율권이 충분히 보장되어야 함
• 정책형성과정에서 갈등이 최소화되고 최대의 협력이 도출되어야 함
• 구성원 간 인격적 관계가 이루어질 수 있어야 함
• 지역사회 내 권력이 폭넓게 배분되어야 하고 높은 수준의 통제가 이루어져야 함

上·中·下

01) 지역사회 개념에 관한 설명으로 옳지 않은 것은? (15회 기출)

① 지리적 지역사회는 일정한 지리적 공간을 공유하는 사람들의 집단을 의미한다.

② 기능적 지역사회는 구성원 공동의 이익과 이해관계를 같이하는 공동체를 의미한다.

③ 지역사회는 사회적 상호작용과 연대성을 기초로 한다.

④ 지역사회는 이익사회에서 공동사회로 발전한다.

⑤ 가상 공동체는 새로운 형태의 지역사회로 등장하고 있다.

해설

지역사회 개념

지역사회의 일반적 개념에는 지리적 의미의 지역사회, 사회적으로 동질성을 띤 지역으로서의 지역사회, 지리적·사회적 동질성을 강조하는 자연지역으로서의 지역사회, 가상지역사회 등이 있다. 퇴니스(Ferdinand Tönnies)는 공동사회(Gemeinschaft)와 이익사회(Gesellschaft) 개념으로 지역사회를 설명하며, 인간사회는 공동사회에서 이익사회로 발전해 가며, 산업화 이후 이는 더 가속화 된다고 보았다. 공동사회는 혈연과 지역과 운동공동체를 바탕으로 이루어진 소규모 대면적 사회로, 가족, 부족, 촌락이 여기에 속한다. 이익사회는 이해관계에 기반을 둔 합리적 의지의 산물로, 기업 정당이 여기에 속한다.

〈 정답 ④ 〉

上·中·下

02) 힐러리(G. A. Hillery)가 제시한 지역사회의 기본요소로 옳게 묶인 것은?

(17회 기출)

① 지역주민, 사회계층, 전통적 가치체계

② 사회적 상호작용, 공동의 유대감, 지리적 영역의 공유

③ 경제, 종교, 교육, 보건과 사회복지.

④ 역사적 유산의 공유, 지역 거주, 공동생활양식

⑤ 사회적 유사성, 공동체 의식, 전통과 관습

힐러리 제시한 지역사회의 기본요소

힐러리(G. A. Hillery)는 지리적 영역의 공유, 사회 · 문화적 상호작용, 공동의 유대감을 지역사회의 3요소로 제시하였다. 그리고 공간단위로서의 지역사회, 사회적 상호작용 단위로서의 지역사회, 심리적 · 문화적 공통의 유대감이 있는 지역사회의 세 가지 요소를 강조하였다.

〈 정답 ② 〉

지역사회의 개념과 기능
다음 문장에서 틀린 것을 모두 고르시오.

◆ **지역사회의 개념과 유형**

① 로스는 지역사회를 지리적인 지역사회와 기능적인 지역사회로 구분하였다.

② 교통 및 통신수단의 발달로 과거에 비해 기능적 지역사회가 더 많이 나타나게 되었다.

③ 모든 지역사회는 사회(society)이나, 모든 사회가 지역사회는 아니다.

④ 메키버는 인간의 공동생활이 영위되는 일정한 지역을 공동생활권으로 명명하였다.

⑤ 위렌은 지역사회를 지역적 접합성을 가지는 주요한 사회적 기능수행의 단위와 체계의 결합이라 보았다.

⑥ 던햄은 지역사회의 유형을 인구의 크기, 경제적 기반 등의 기준으로 구분하였다.

⑦ 기능적 지역사회는 이념, 사회계층, 직업유형 등을 중심으로 이루어진다.

⑧ 지리적 지역사회는 이웃, 마을, 도시 등을 예로 들 수 있다.

⑨ 지역사회 개방 이론에서는 사회적 지지망의 관점에서 비공식적인 연계를 강조한다.

⑩ 산업화 이후 공동사회(Gemeinschaft)가 발전되어 왔다.

⑪ 지역사회는 이익사회에서 공동사회로 발전한다.

⑫ 힐러리는 지역사회 3요소로 사회적 유사성, 공동체 의식, 전통과 관습을 제시하였다.

⑬ 인구구성의 사회적 특수성을 기준으로 하여 시 · 군 · 구로 구분할 수 있다.

◆ **지역사회의 기능**

① 마을 조례를 제정하고, 위반하는 청소년에게 벌금을 강제로 부과하는 것은 사회통제의 기능에 해당한다.

② 경찰과 사법권으로 구성원들에게 순응하도록 강제력을 발휘하는 것은 사회통제의 기능에 해당한다.

③ 위렌은 지역사회를 지역적 접합성을 가지는 주요한 사회적 기능수행의 단위와 체계의 결합이라 보았다.

④ 좋은 지역사회는 권력이 폭넓게 분산되어 있어야 한다.

⑤ 좋은 지역사회는 다양한 소득, 인종, 종교, 이익집단이 포함되어 있어야 한다.

⑥ 좋은 지역사회는 정책형성 과정에서 갈등을 최소화하면서 협력을 최대화해야 한다.

⑦ 서비스의 일치성은 지역사회 내 서비스 영역이 동일지역 내에서 일치하는 정도를 뜻한다.

⑧ 좋은 지역사회는 지역 주민의 자율권을 적절히 제한해야 한다.

⑨ 길버트와 스펙트는 지역사회의 사회통합 기능이 현대의 사회복지제도로 정착되었다고 했다.

〈 정답 〉
• 지역사회의 개념과 유형 – ⑩ ⑪ ⑫ ⑬
• 지역사회의 기능 – ⑧ ⑨

제2장 지역사회복지의 개념과 실천

제1절 지역사회복지 개념

1. 의의
시설보호와 대치되는 개념으로써 특정 대상 중심의 활동이 아닌 지역성이 강조되는 개념
- 대체로 일정한 지역 내에서 이루어짐
- 지역성과 기능성을 모두 포함
- 지역주민의 삶의 질 향상을 목표

2. 지역사회복지에 대한 이해
- 지역사회는 대상인 동시에 실천 수단
- 지역주민의 삶의 질 향상이라는 목표
- 자연발생적인 민간 활동이나 민간자선활동을 포함
- 지역사회 수준에서 개입하는 일체의 사회적 노력
- 아동, 청소년, 노인 등 대상층 중심의 복지활동보다 지역성이 뚜렷함
- 변화를 위한 직접적 개입활동에 초점

3. 지역사회복지 개념 속성
- 일정한 지역 내에서 이루어지며, 지역성과 기능성을 포함
- 목표는 지역주민의 삶의 질 향상
- 지역사회의 문제해결 능력을 향상시키고 주민의 복지욕구를 충족시키는 기능
- 정부와 민간의 협력이 강화되는 추세로 점차 발전
- 전문, 비전문 인력이 지역 사회 수준에서 개입
- 개인, 가족 등 미시적 수준의 사회체계와 연속선상에 있음

제2절 지역사회복지 이념

1. 정상화(normalization)

- 1950년대 덴마크의 뱅크 미켈슨과 1960년대 스웨덴 등 북유럽을 중심으로 정신지체인(지적장애인)의 생활을 가능한 한 정상적인 생활에 가깝게 추구하기 위해 대두된 이념
- 지역사회에서 인간으로서 가치를 지니고 정상적인 생활을 유지함
- 정상적인 생활이란 특별한 장애나 욕구를 가진 사람도 지역사회와 분리된 곳이 아닌 일상적인 삶을 유지할 수 있는 생활환경과 방식을 지속하는 것을 의미
- 특별한 장애나 욕구를 가진 사람들의 일상적 삶 유지를 강조
- 탈시설화, 휴먼서비스 영역에서 계획의 지침이나 사회통합과 밀접한 관련이 있음

2. 사회통합

- 일반적으로 계층 간 격차를 줄이고 지역사회에서 불평등을 감소시켜 삶의 질을 제고
- 지역사회에서의 사회통합이란 장애인, 노인 등 지역사회의 보호대상자들이 일반 주민들과 함께 지역사회에서 생활해나갈 수 있는 여건을 확보하는 것
- 정상화를 기본으로 장애인들이 지역사회 내에서 비장애인들과 함께 불편 없이 사회에 참여할 수 있는 것

3. 탈시설화

- 시설에서 나오는 것을 의미하는 것 뿐만 아니라, 지역사회 내에서 같은 서비스를 그대로 받는 것
- 생활시설의 형태를 소규모의 다양한 형태로 변화시키는 시설의 다양성
- 시설의 운영형태를 시설장과 시설 직원을 중심으로 운영하여 오던 폐쇄적 체제에서 지역주민, 즉 자원봉사자들과 후원자들이 적극 참여하도록 하는 시설운영의 개방을 강조
- 시설의 단점: 열악한 서비스 운영의 투명성 결여, 폐쇄성과 시설병의 문제점에 의해 탈시설화가 진행 되었음
- 주간보호센터, 그룹홈, 단기보호시설과 같이 소규모의 생활시설 등의 다양한 형태로 변화시키는 것을 말함

4. 주민참여

- 지방자치의 실시 이후로 더욱 확대되는 추세이며, 주민참여는 주민의 욕구 및 문제를 해결하기 위한 주체로서 주민의 주체성을 강조하는 것
- 지역주민의 참여를 대전제로 해야 함
- 주민은 서비스 이용자임과 동시에 제공자라는 양면성

5. 네트워크

- 공급자 중심의 서비스 제공에서 이용자 중심의 서비스 제공으로의 변화, 다양한 욕구에 맞는 서비스를 제공하기 위해서 네트워크 구축이 필요
- 주민 욕구에 맞는 서비스를 제공하기 위해 지역주민의 조직화, 보건의료, 복지의 연계, 사회복지기관, 시설의 연계를 포함한 포괄적 원리를 의미

제3절 지역 사회복지의 특성

1. 예방성

주민참여를 통하여 지역사회 내의 사회복지 욕구나 생활문제를 주민참여를 통하여 조기에 발굴하여 대처할 수 있으므로 예방성 효과를 거둘 수 있음(적극적 예방성, 소극적 예방)

2. 통합성과 포괄성

- 통합성은 one-stop service, 서비스의 패키지화로 표현, 서비스 기관 간의 조정, 합의 연락 등 네트워크 구축을 통해 서비스를 제공하는 것을 의미하는 것이다. 서비스 공급자 입장에서 바라보는 것
- 포괄성은 사회복지뿐만 아니라 의료, 보건, 문화, 고용 등 주민 생활 영역 전반에 걸쳐 포괄적으로 접근하는 것으로 이용자의 입장에서 바라보는 것

3. 연대성 및 공동성

- 주민 개인의 활동은 해결이 곤란한 생활상의 과제를 주민들이 연대를 형성하고 공동의 행동을 통하여 해결하는 특성, 개인이 해결하기 어려운 문제는 연대를 통해 공동 해결(주민자치, 상부상조 등)
- 연대성과 공동성은 대외적이며 주민운동

4. 지역성

- 주민의 생활권을 기초로 하여 전개되는 것
- 물리적, 심리적 거리까지 포함

제4절 지역사회복지실천 개념과 목적

1. 지역사회복지실천 개념

- 사회복지실천을 포괄적으로 일컫는 개념, 지역주민의 삶의 질 향상을 위해 개입하는 기술(조직화, 계획, 개발)을 사용
- 지역사회를 대상으로 지역사회는 지역사회복지실천의 대상인 동시에 수단이 되기도 함
- 지역사회 집단, 조직과 제도, 지역 성원들을 위한 실천기술을 적용하는 것

2. 지역사회복지실천 목적

- 지역사회 참여와 통합의 강화(로스): 지역사회의 집단들이 의사를 표현하도록 격려 효과적인 상호작용으로 사회환경 개선에 합의토록 함, 조직 간 적응과 협동 관계 중시
- 문제대처 능력 향상(리피트): 지역사회가 환경과 변화에 대처할 수 있는 능력을 갖도록 의사소통과 상호작용 할 수 있도록 함
- 사회조건과 서비스 향상(모리스, 빈스톡): 욕구와 결함을 찾아 사회문제를 예방하거나 해결하기 위한 서비스 방법개발이 중요 목표, 자원동원 포함
- 불이익집단의 이익 증대(그로서): 특수 집단(하위계층 소수집단, 도시 슬럼 지역주민 등)이 받아야 할 물질적 재화 및 서비스 증대, 특수집단의 역량과 참여 확대로 삶의 질 향상

제5절 지역사회복지실천의 원칙, 가치, 윤리

1. 지역사회복지실천 원칙(맥닐과 존스와 다미치)

- 일차적인 클라이언트는 지역사회
- 지역사회는 있는 그대로 이해되고 수용
- 개인과 집단처럼 각 지역사회는 서로 상이함(개별화)
- 다양한 계층의 주민의 참여와 공동의 목표달성
- 욕구의 가변성에 따른 사업변화를 이해
- 모든 사회복지기관 및 단체는 상호의존적으로 맡은 바 기능을 수행
- 1차적 목적은 지역주민의 삶의 질 향상
- 다양한 문제해결 방법이 적용
- 각 계층의 이득을 대변화는 이들의 적극적 참여(풀뿌리 지도자 양성)를 목표

2. 지역사회복지실천 가치

- 다양성 및 문화적 이해: 사회기능과 인간행동 이해에 절대적 필요함
- 자기결정과 임파워먼트(역량강화): 자신의 선택권과 CT의 강점 강조, 삶을 스스로 통제할 능력 개발
- 비판의식의 개발: 불평등한 사회구조를 인식, 비판의식개발 능력 향상
- 상호학습: 동기부여, 사회복지사와 CT 파트너십 필요
- 사회정의와 균등한 자원배분: 불평등한 사회개혁을 위해 노력

3. 지역사회복지실천 윤리

- 개개인의 변화가 아닌 사회의 개혁이 개입의 일차적 목표
- 사회복지사와 지역사회주민들은 비판의식을 키우도록 함
- 대상자 집단이 사회복지사를 고용하기 때문에 개입은 대상자 집단의 구성원들과 제휴하는 가운데 이루어짐

4. 지역사회복지의 관련 개념

(1) 시설보호

○ 시설보호 의미

장애인, 아동 및 노인 등 사회적 보호를 필요로 하는 사람들이 하나의 일정한 시설에서 보호 서비스와 함께 의식주를 제공받으면서 장기적 및 단기적으로 거주하는 형태의 사회적 보호를 의미

○ 시설보호 특성

- 주거 개념을 포함된다는 것, 훈련된 직원이 함께 거주하며 생활
- 엄격한 규율과 절차가 있어 개인의 자유와 선택이 제한되기 때문에 폐쇄적인 특징으로 시설병 등으로 무기력해 질 수 있는 단점

(2) 시설의 사회화

- 시설과 지역사회의 상호작용 과정으로 인간다운 생활보장과 시설의 민주적 운영으로 시설 생활자의 생활수준 향상을 위한 노력과 지역사회복지 욕구에 대응하기 위하여 시설의 제 자원을 지역사회에 제공하고 사회복지에 대한 주민의 교육과 체험을 돕는 제반활동을 의미
- 탈시설화 이념과 같은 맥락이며, 시설생활자의 인권존중과 생활보장이라는 공공성을 기초로 함
- 시설은 제공하는 서비스 및 운영 전반을 공개하고 지역사회 자원의 활용 및 시설의 지역 사회활동에 참여 및 지원

(3) 지역사회보호

- 제2차 세계대전 이후 아동보호에 대해 수용시설보다 규모가 작은 그룹홈에서 보호하는 것이 바람직하다는 원칙 대두
- 장애인과 노인 등 사회적 보호를 필요로 하는 사람들에게 지역사회가 보호서비스를 제공하는 것으로, 시설보호의 문제점을 해결하기 위한 대안으로 제기된 개념
- 가정 또는 그와 유사한 지역사회 내의 환경에서 서비스를 제공하는 사회적 보호의 형태를 지니고 있으며, 지역사회에서 일상적인 삶을 유지토록 함
- 탈시설화, 정상화의 원리와 밀접한 연관

(4) 지역사회보호 특성
- 시설보호와 반대되는 개념, 집, 이웃, 동네 등에서 서비스를 제공하는 사회적 보호 형태
- 전제는 가정 또는 가정과 유사한 환경
- 가정에서의 보호나 가정외부로부터 서비스 제공

(5) 재가보호
- 자신의 가정에서 보호를 받는 개념으로 공식적 조직과 비공식 조직에 대한 보호 포함
- 지역사회보호와 비슷하나 지역사회보호는 포함되지 않음

(6) 지역사회조직
- 지역주민을 조직화하여 지역문제를 해결하는 동적인 과정
- 사회사업 3대 방법(개별지도사업, 집단지도사업, 지역사회조직)에서 나온 개념
- 개인, 이웃, 집단의 사회복지를 향상시키기 위하여 지역사회 수준에서 전개되는 일련의 활동
- 전통적인 전문 사회사업 실천의 한 방법이며 공공과 민간 사회복지기관의 전문 사회복지사에 의해 보다 조직적이고 의도적이며 계획적임
- 추구하는 변화를 반영하여 전문가로 구성된 조직 및 과학적인 지식과 기술을 사용함

(7) 지역사회개발
- 단순히 물리적 개발뿐 아니라, 지역사회 구성원들의 참여를 핵심으로 지역주민들의 삶의 질 향상을 위해 주민들이 공동으로나 협동적으로 노력, 지역사회 문제를 해결하도록 대처 기술을 발달시키도록 지원하는 사업
- 지역사회 주민들 사이의 연대감, 상호신뢰, 공동체 의식 등이 사회적 관계를 향상시킬 수 있다.

(8) 지역사회 실천
지역사회욕구나 문제를 예방하거나 해결하기 위하여 지역자원과 기술을 활용하여 공식, 비공식 전문가를 통해 지역의 변화를 추구하는 사회복지실천방법

上·中·下

01) 지역사회 복지관련 개념에 대한 설명으로 옳지 않은 것은? (16회 기출)

① 지역사회조직(community organization)은 전통적인 전문 사회실천방법 중 하나이다.

② 지역사회개발(community development)은 지역사회 문제를 해결하기 위해 전문가에 의한 주도적 개임을 강조한다.

③ 지역사회보호(community care)는 가정 또는 그와 유사한 지역사회 내의 환경에서 서비스를 제공하는 사회적 돌봄의 형태이다.

④ 지역사회복지실천 (community practice)은 지역사회를 대상으로 하는 사회복지실천을 포괄적으로 일컫는 개념이다.

⑤ 재가보고(domiciliary care)는 대상자의 가정에서 서비스를 받는 것을 의미한다.

해설

지역사회 복지관련 개념
지역 주민들의 삶의 질 향상을 위해 주민들이 스스로에 대한 확신을 가지고 대처 기술을 획득하도록 지원하는 활동 〈 정답 ② 〉

上·中·下

02) 지역사회복지실천의 원칙으로 옳지 않은 것은? (17회 기출)

① 지역주민 간의 협력 관계 구축

② 지역사회 구성원 중심의 목표 형성과 평가

③ 지역사회의 특성과 문제의 일반화

④ 사회 문제의 구조적 요인을 반영한 개입 방안 마련

⑤ 지역사회 변화에 초점을 둔 단계적 개입

해설

지역사회복지실천의 원칙
• 지역 사회 실천의 가지 핵심원칙: 클라이언트 및 지역 주민간의 협력적 관계 구축, 지역사회 구성원 중심의 목표설정, 사회문제의 구조적 요인을 반영한 개입전략, 전략적 성공을 위한 전술적 승리의 활용, 지역사회 수준에서의 지속가능성을 위해 지역사회 변화에 초점을 둔 단계적 개입 실시 〈 정답 ③ 〉

지역사회복지의 개념과 실천
다음 문장에서 틀린 것을 모두 고르시오.

◆ **지역사회복지의 개념**

① 지역사회복지는 전문 또는 비전문 인력이 지역사회 수준에서 개입한다.

② 지역사회복지는 지역성과 기능성을 포함하는 지역사회 내에서 이루어진다.

③ 지역사회복지는 지역사회 내에 존재하는 각종 제도에 영향을 준다.

④ 지역사회복지는 공공과 민간의 협력이 강조되고 있는 추세이다.

⑤ 지역사회조직은 전통적인 전문 사회복지실천 방법 중 하나이다.

⑥ 지역사회복지는 개인 및 가족 등 미시적 수준의 사회체계와 대립적인 위치에 있다.

⑦ 지역사회복지실천은 공식적인 전문가에 의해서만 이루어진다.

⑧ 지역사회 자체는 지역사회복지의 실천수단이 될 수 없다.

⑨ 지역사회보호는 시설보호의 강점을 유지하기 위해서 등장한 개념이다.

⑩ 지역사회개발은 지역사회 문제를 해결하기 위해 전문가에 의한 주도적 개입을 강조한다.

◆ **지역사회복지실천**

① 정상화는 1950년대 덴마크를 비롯한 북유럽에서 시작된 이념이다.

② 주민참여는 주민과 지방자치단체와의 동등한 파트너십을 형성하는 방법이다.

③ 지역성은 지역사회복지가 주민의 생활권역을 기초로 전개됨을 의미한다.

④ 1차적인 클라이언트는 지역사회이어야 한다.

⑤ 지역사회복지실천 활동은 지역 주민과 그들의 욕구에 관심을 가져야 한다.

⑥ 사회복지기관의 효과적인 운영을 위해 집중과 분산이 병행되어야 한다.

⑦ 지역사회복지실천 과정에서 지역사회 특성과 문제를 일반화한다.

⑧ 지역사회의 역량을 향상시키기 우해 하위 집단의 집합적인 동질성을 강조한다.

⑨ 탈시설화는 무시설주의를 지향하는 것이다.

⑩ 네트워크를 통하여 지역 구성원의 개인정보를 누구나 공유할 수 있다.

⑪ 주민참여 이념은 주민자치, 주민복지로 설명되며 지역 유일주의를 지향한다.

⑫ 사회통합은 세대간, 지역 간 차이에서 발생하는 경제적 우위를 추구하기 위하여 노력한다.

〈 정답 〉
• 지역사회복지의 개념 - ⑥⑦⑧⑨⑩
• 지역사회복지실천 - ⑦⑧⑨⑩⑪⑫

제3장 지역사회복지의 역사

제1절 영국 지역사회복지 역사

1. 근대 지역사회복지의 시작(1800년대 후반~1950년대 초)
• 1800년대 말: 자선조직협회와 인보관 운동의 등장으로 지역사회보호 개념이 일반화
• 지역사회보호사업은 1920년대에 정신장애인들의 치료와 서비스를 위해 시작되었으며, 약물요법의 발전과 지역사회 내에서의 치료와 서비스가 강조

2. 지역사회보호의 태동기(1950년대~1960대 후반)
• 재가복지 개념보다 지역사회보호 개념이 일반화되어 사용됨
• 구빈법 체계에 따라 요보호계층을 지방정부의 책임 하에 시설에 수용하여 보호하던 것이 시설의 폐쇄성에 따라 인권문제가 제기되었고, 지방정부의 재정적 부담이 문제가 되면서 시설이 아닌 지역사회가 새로운 보호의 장으로 대두
• 1957년: 정신위생법 제정으로 지역사회보호가 법률로써 규정되고 재가 복지서비스중심의 지역사회보호라는 단어를 사용함
• 1959년: 정신보건법이 생기고 나서 1960년대 이후 정신병원의 폐쇄가 시작됨에 따라 시설보호에서 소규모 주거보호로 이동함

3. 지역사회보호 형성기(1960년대 후반~1980년대 후반)

(1) 시봄 보고서(Seebohm Report, 1968)
• 지역사회보호로의 실질적인 전환이 일어난 계기(1960년대 후반 사회복지 서비스부분의 정책적 근거)
• 지역사회는 사회서비스의 수혜자이면서 동시에 서비스의 제공자, 각종 비공식보호 서비스와 시민참여를 통한 지역사회보호를 실시(주택, 가정원조, 경찰, 교회, 자원봉사, 조직, 친

구, 이웃에 의한 서비스 포함)
- 사회 서비스 제공에 초점을 둔 행정적인 조직에 초점을 두고 클라이언트의 욕구에 대응할 수 있는 여러 부서에 분리되어 있는 <u>서비스의 통합의 중요성을 강조</u>
- 지역 사회복지에 관심을 두고 공공과 민간의 다양한 조직에 의한 공식 서비스(formal service)와 가족, 이웃 등에 의한 비공식 서비스(informal service) 및 지역사회주민의 참여를 강조
- 보수당의 마거릿 대처 정권 등장: 공공재정지출로 지역사회보장에 강한 비판 제기

(2) 하버트보고서(Harbert Report, 1971)
- '<u>지역사회에 기초한 사회적 보호</u>(Community-Based Social Care)' 라는 제명으로 출판
- 공공과 민간 서비스 외의 비공식 서비스의 중요성을 강조
- 친구와 친척에 의하여 제공되는 비공식보호를 강조하여 지원하므로 클라이언트의 욕구를 효율적으로 충족

(3) 바클레이 보고서(Barclay Report, 1982)
- 지역사회보호가 지역주민들의 인간관계에서 비롯된 지역주민에 의해 비공식 돌봄망으로 제공됨을 인식
- 상호간 유대를 강조하면서 비공식적 보호망의 중요성을 강조
- 비공식 보호서비스와 공식 보호서비스 간의 <u>파트너십 개발을 강조</u>(시봄보고서와 달리 CT에게 비공식서비스 제공)

(4) 지역사회보호 발전기(1980년대 후반~현재): 복지의 축소
- <u>그리피스 보고서</u>(Griffiths Report 1988)
  - 1980년대 복지재정의 압박으로 공공재정에 대한 재검토 지역사회복지 1차적 책임은 <u>지방정부</u>, 지역사회보호와 서비스분야에 대한 복지국가 개혁에 대한 내용이 마련
  - <u>신보수주의 경향</u>에서 케어의 혼합경제 혹은 복지다원주의 논리를 따름
  - 이후 1990년 국민보건서비스 및 지역사회보호법으로 제정·공포됨
- 지역사회보호의 일차적 책임은 각 지방정부
- 비공식적 보호망의 중요성을 강조, 공식적 사회서비스와 비공식적 서비스와의 긴밀한 유대관계 강조 (영국의 지역사회복지에 영향을 미친 보고서)

- 지역 사회 보호를 위한 권한과 재정을 국가에서 지방 정부로 이양할 것을 제안
- 서비스의 적절성 확보를 위한 케어매니지먼트를 강조
- 지방정부의 사회서비스국은 서비스의 공급자이기보다는 서비스의 계획 · 구매 · 조정자로서 그 역할이 변화됨

(5) 베버리지 보고서(Beveridge Report)
- 사회문제를 5대악(무지, 불결, 질병, 나태, 결핍)으로 파악
- 사회보험 성공을 전제로 완전고용, 포괄적 보건서비스 및 가족 수당 강조

제2절 미국 지역사회복지 역사

1. 지역사회복지 태동기(1865년~1914년): 자선조직협회와 인보관 운동
- 산업화 영향으로 농촌 인구 유입, 도시 슬럼화, 흑인 생존권 투쟁 등 사회문제 발생
- 사회문제를 개선하려는 지역단위의 노력이 필요한 상황, 자선조직 협회설립(1877 거틴목사 - 버팔로)
- 빈민구조와 관련된 단체들의 업무 조정이 목적
- 사례분석, 사례회의를 통한 원조 제공
- 사회, 경제적 문제에 대하여 넓은 연구를 통해 조치 건의
- 사회진화론 영향: 가치 있는 자와 가치 없는 자 구분
- 자원봉사로 시작하여 유급사무원으로 역할, 가치 있는자를 도움
- 개인 치료가 아닌 사회환경에 의한 사회문제 개선
- 빈민을 이웃으로 생각, 각 계층의 통합에 노력
- 인보관의 3R운동: 거주(Residence), 조사(Research), 개혁(Reform)

2. 지역사회복지 형성기(1920~1950년대)

(1) 지역공동모금 제도
20세기 초 제 1차 세계 대전 이후 도시 빈민 발생으로 사회복지기관이 재정난과 모금활동의

투명성 의혹 등에 따라 자선가 중심의 지역공동모금제도 및 지역복지협의회를 설립하여 자선보증기구를 통해 사회복지기관에 기준을 설정하고 활동 평가에 따라 일정 요건을 충족한 기관에만 지원하는 지역공동모금제 시행

(2) 사회복지기관협의회

- 지역사회의 문제와 욕구를 충족시키기 위해 지역공동 모금제 이후 사회복지 기관들의 업무 조정을 위해 지역복지협의회 등장
- 처음에는 공동모금에 의해 지원받는 사회복지기관의 연합체 성격을 가지고 있지만 점차 지역사회 서비스의 부족한 점을 보완하기 위하여 전문가들에게 관심을 갖기 시작(협의회 형태)

(3) 공공 복지사업의 마련

- 갑작스러운 대공황 등으로 인해 복지수요가 급증
- 기존의 민간 복지서비스로는 이를 담당하기 부족하여 연방정부의 개입이 확산됨에 따라 지역사회의 사업들도 정부기관으로 이양되거나 연방정부 단위의 사업으로 확대됨
- 지역사회복지에 대한 정부와 민간 간 상호협력의 필요성을 인식하게 됨
- 사회보장법과 최저임금법 제정

3. 지역사회복지의 정착기(1960년대 이후)

(1) 사회개혁을 위한 연방정부사업 실시

- 1960년대 린든 존슨의 빈곤과의 전쟁이 인종문제와 결합하면서 사회적 쟁점으로 부각되었고, 이에 대한 연방 정부의 책임이 더욱 확대
- 1965년 헤드스타트 프로그램(Head start program)이 도입
- 구호 중심의 전통적 원조에서 보건, 정신건강, 교육, 주택으로 변화됨
    - 시민권 운동
    - 지역사회행동프로그램(CAP: Community Action Program)
    - 구호 중심의 전통적 원조에서 보건, 정신 건강, 교육, 주택으로 변화

(2) 1970년대 이후 사회복지에 대한 정부지원 축소 – 복지국가의 도전

- 신보수주의 이념의 확산으로 지역사회복지의 실천 모델에 변화를 가져옴
- 심한 인플레이션과 석유파동 등으로 각종 복지프로그램들이 축소되는 양상을 보이게 되었으며, 사회복지에 대한 정부지원이 대폭 축소
- 레이건 대통령은 연방 정부의 재정을 축소하기 위해 민간 참여를 강조
- 연방 정부의 자산 조사를 통한 소득 지원을 받게 됨

(3) 복지개혁(1990년~현재)

- 공공부조의 자격 제한 – 5년 한시 부조
- 사회복지기관 행정과 계획, 조직, 발전, 평가개발에 초점
- 지역사회복지실천모델 접근 방식 다양화, 목표의 세분화

제3절 한국 지역사회복지의 역사

1. 일제강점기 이전

(1) 전통 민간의 지역복지

- 계: 주로 경제적인 도움을 주고받거나 친목 도모를 위한 민간의 자발적 협력 조직(친목, 농사)
- 두레: 농민들이 농번기에 농사일에 관련된 공동 작업을 실시한 부락이나 마을 단위로 만든 조직(공동노동, 상호부조)
- 품앗이 :같은 마을 농민들끼리 힘든 일을 서로 거들어 주면서 품을 지고 갚고 하는 것 오늘날 공동육아와 유사한 형태(노동력 교환)
- 향약: 조선 시대에 지역민의 순화, 덕화, 교화, 목적으로 만든 향촌의 자치 규약
- 공굴: 중병자나 불구자, 과부, 초상당한 사람의 농사를 같은 마을 사람들이 공동으로 지어주는 것
- 향도: 상여를 메는 사람이란 뜻에서 유래된 것으로, 마을에 흉사가 있을 때 무보수로 봉사
- 사창: 조선시대 삼창(의창, 사창, 상평창)중 하나, 의창(흉년을 위해 곡식저장 창고와 비슷한 성격, 민간에서 흉년 대비, 빈민 구제 위해 지역 주민에게 곡식 징수해 둔 창고
- 부조: 마을에서 누군가가 집을 지을 때 일할 도구와 점심을 들고 가서 도와주는 것

(2) 국가 주도 지역복지

- 오가통제도: 다섯 가구를 강제적으로 1통으로 묶어 연대해서 서로 도울 수 있게 함 어려울 때 상호 도움이 되고 질서문란, 가족 불화 등 신고 의무도 있음
- 의창: 흉년대비 양곡을 저장 보관하는 제도
- 상평창: 상시평준, 곡식 대여 후 추수기 상환, 물가조절기능
- 구황청: 재해시 곡식을 풀어 백성 구제, 국가기관, 진휼청으로 변경
- 구휼청: 흉년시 구휼업무 담당, 이재민과 빈민구제 국가기관
- 기로소: 70세 이상 노인 입소시켜 구제 활동, 담당
- 활인서: 서울 장안의 환자 구휼 기관
- 혜민국: 서민 대상 질병 치료 케어하는 기관
- 기로직: 60세 이상 선비에게 부여하는 과거제도
- 자휼전칙: 유기, 부랑아 등 요보호아동 구제, 입양할 수 있는 법령, 민간의 책임보다 국가 책임 강조
  - 영국 엘리자베스 구빈법과 비슷한 법령

2. 일제강점기 지역사회복지

- 일본이 한국농업을 식민지적 구조로 변경하기 위해 산미증산 계획, 토지조사 사업 등을 실시함으로써 전통적인 자생 복지활동은 위축 및 해체
- 기독교 유학생들 중심으로 협동조합설립 하였으나 자금부족, 경험부족, 식민지 통치의 한계 등으로 해산
- 조선구호령 실시(1944년): 해방 후 1961년 생활보호법 제정으로 폐지되었지만, 근대적 공공부조 제도의 기본이 된 법
- 조선사회사업협회(1929년)
  - 현대적 의미의 협의회와 유사한 기능을 가진 조직으로 사회사업 상호 연락, 조사연구, 강습, 강연회, 지식교환 등의 활동

3. 광복 이후 지역사회복지

- 한국전쟁을 거치면서 외국의 원조기관들이 전쟁고아들을 위한 활동으로 시설보호와 빈민

구호 활동에 주력하면서 지역사회복지의 초보적인 틀 마련
- 외국민간원조단체 한국연합회(KAVA: Korean Association of Voluntary Agencies)
  - 우리나라에 보건, 교육, 생활보호, 재해구호 또는 지역 사회개발 등의 사회복지사업을 진행한 비영리적 사회사업기관으로 그 사업자원이 외국에서 마련되고 외국인에 의해 운영된 기관

(1) 외국민간원조기관 활동

○ KAVA의 사업내용
- 전쟁 난민 및 고아를 주 대상으로 돕기 위하여 시설보호 사업으로 시작
- 보건, 교육, 지역개발사업 및 전문 사회복지사업을 전개
- 사업추진에 있어 정부기관에 유대를 가지고 효과적으로 협조

○ 우리나라 복지사업에 미친 영향
- 우리나라 민간 복지사업의 주축
- 우리나라에 사회사업(복지)라는 새로운 학문이 도입되게 한 시초
- 원조의 중복을 피하고 미국식 전문사회사업의 실천방법과 관련된 이론을 국내에 소개하는 데 중요한 역할

(2) 사회복지공동모금 발전
- 구호활동을 목적으로 모금 행위들이 자발적으로 이루어졌으나, 문제점 규제로 1951년 기부금품모집금지법이 제정
- 사회복지사업법(1970)에서 공동모금회 설립을 규정함에 따라 민간주도의 공동모금 운동(1971)이 전개 되었으나, 관심과 여건 부족으로 확산되지 못함
- 1997년 사회복지공동모금법제정 1999년 사회복지공동모금회법으로 개정
- 1980년 사회복지사업기금법제정, 관주도, 불우이웃돕기 전개

(3) 새마을 운동
- 1970년 국가의 강제적 운동으로 새마을 가꾸기 운동시작
- 1977년 공장에서 1979년 도시새마을 운동으로 확대
- 한국경제발전의 기초 토대 구축, 지역사회 지도자 발굴

- 농촌생활환경개선운동으로 시작, 소득증대운동으로 확대
- 근면, 자조, 협동 정신, 도시민의 의식개혁운동 전개
- 1970년대 새마을 운동 기록물은 유네스코, 세계기록 유산 등재
- 매년 4월 22일은 정부지정 새마을 날

(4) 지역사회복지관
- 1983년 '사회복지사업법' 개정으로 국가지원으로 지역사회복지관 설립
- 1980년 후반 '건축법' 개정으로 영구임대아파트 단지 내 건립법제화
- 지역사회복지관 설립으로 서비스 수용시설이 이용시설로 전환

(5) 사회복지 전담요원제도실시(1987년)
- 1987년부터 읍,면,동에 사회복지전담요원 배치
- 1992년 사회복지사업법개정, 2000년부터 사회복지 전담공무원
- 별정직 7급으로 시작 현재는 일반직 9급으로 임용

(6) 재가복지서비스
- 노인에게 결연, 상담, 가정봉사원 파견사업실시
- 장애인에게 가정방문, 진단치료, 교육 프로그램 실시
- 1978년 한국사회복지협의회에서 부설로 사회봉사센터 설립, 1992년 재가복지봉사센터 설치 운영

(7) 지역사회복지서비스의 평가
- 1997년 사회복지 사업법개정, 사회복지관 평가실시, 사회복지시설 신고제
- 1999년 사회복지관 제외, 시설 평가 실시 2000년 사회복지관 평가로 사회복지관의 운영 및 프로그램의 효과 향상
- 2003년 1기 시, 군, 구 지역사회복지계획 수립

4. 우리나라의 지역사회복지의 최근 과정
- 1990년 이후 지역사회복지는 전문성과 지역 중심성 강화로 질적 변화

- 자원봉사 활동 확대, 법률 제정으로 민간활동과 정부조직도 강화
- 1992년 재가복지봉사센터 설립
- 1995년 보건복지사무소 시범사업 실시
- 2000년 '국민기초생활보장법' 시행, 지역사회중심의 자활지원사업 전개
- 2004년 사회복지사무소 시범사업 실시
- 2006년 주민생활지원서비스실시
- 2007년 '사회적 기업 육성법' 제정
- 2010년 사회복지통합관리망 출범
- 2012년 희망복지지원단 운영 '협동조합기본법' 제정
- 2015년 8월부터 시, 군, 구에서 지역사회보장협의체 운영 지역사회보장계획 수립, 지방분권화를 통해 지역사회 욕구에 맞는 복지 서비스 제공 위해 노력

上·中·下

01) 영국 지역사회복지의 발달에 영향을 미친 주요 사건을 순서대로 나열한 것은?

ㄱ. 토인비 홀(Toynbee Hall) 설립

ㄴ. 정신보건법(Mental Health Act) 제정

ㄷ. 그리피스(Griffiths) 보고서

ㄹ. 하버트(Harbert) 보고서

ㅁ. 시봄(Seebohm) 보고서

---

① ㄱ – ㄴ – ㄷ – ㅁ – ㄹ

② ㄱ – ㄴ – ㅁ – ㄹ – ㄷ

③ ㄱ – ㅁ – ㄹ – ㄴ – ㄷ

④ ㄴ – ㄹ – ㅁ – ㄹ – ㄷ

⑤ ㄴ – ㄷ – ㅁ – ㄹ – ㄱ

해설

영국 지역사회복지의 발달

ㄱ. 토인비 홀(Toynbee Hall) 설립: 1884년

ㄴ. 정신보건법(Mental Health Act) 제정: 1959년

ㄷ. 그리피스(Griffiths) 보고서: 1988년

ㄹ. 하버트(Harbert) 보고서: 1971년

ㅁ. 시봄(Seebohm) 보고서: 1968년

〈 정답 ② 〉

02) 한국 지역사회복지 역사에 관한 설명으로 옳은 것을 모두 고른 것은?　　(18회 기출)

ㄱ. 1970년대: 재가복지 서비스 도입

ㄴ. 1990년대: 사회복지공동모금제도 실시

ㄷ. 2000년대: 지역사회복지계획 수립의 법제화

① ㄱ　　　　　　　　② ㄱ, ㄴ　　　　　　　　③ ㄱ, ㄷ

④ ㄴ, ㄷ　　　　　　　⑤ ㄱ, ㄴ, ㄷ

해설

ㄱ: 우리나라 재가복지서비스는 1980년대 민간부분에서의 가정봉사원 파견 사업 및 일부 장애인복지관의 지역사회 중심 재활사업을 그 효시로 보고 있다. 이후 1992년 사회복지관, 노인복지관, 장애인복지관 및 지역사회복지협의회 부설로 재가복지봉사센터가 생겨 방문을 통한 서비스 제공사업이 본격화된 바 있다.

〈정답 ④〉

지역사회복지의 역사
다음 문장에서 틀린 것을 모두 고르시오.

◆ 외국의 지역사회복지의 역사
① 미국은 1980년대 레이거노믹스로 중앙정부의 지역사회복지 예산을 축소하였다.
② 사회진화주의 급진주의, 실용주의, 자유주의는 1800년대 후반부터 1900년대 초반의 미국 지역사회복지 발달에 영향을 미쳤다.
③ 영국은 1990년대 지역사회보호법을 제정하였다.
④ 1970년대 인종차별 금지와 반전운동은 지역사회조직사업을 촉진했다.
⑤ 일본은 1900년대 지역복지계획을 법제화 하였다
⑥ 대공황 이전에는 공공이 지역사회복지실천의 주요 전달체계를 담당했다.
⑦ 빈곤과의 전쟁은 사회복지의 지방정부 역할과 책임을 강조했다.
⑧ 1990년대 복지개혁은 풀뿌리 지역사회조직활동을 강조했다.
⑨ 오바마 행정부는 연방정부 중심의 지역사회복지 프로그램 평가에 주안점을 두었다.
⑩ 그리피스 보고서는 지방정부의 서비스 공급자 역할을 강조했다.
⑪ 하버트 보고서는 사회서비스 부서 창설을 제안하였다.

◆ 한국의 지역사회복지의 역사
① 두레는 촌락 단위의 농민상호협동체이다.
② 향약은 지역민의 순화, 덕화, 교화를 목적으로 한 자치적 협동조직이다.
③ 계는 조합적 성격을 지는 자연발생적 조직이다.
④ 품앗이는 농민의 노동력을 서로 차용 또는 교환하는 것이다.
⑤ 새마을운동은 지역사회개발사업과 관련이 있다.
⑥ 새마을운동은 농촌생활환경개선운동으로 시작되었으나 소득증대운동으로 확대되었다.
⑦ 새마을운동은 도시민의 의식개선운동으로도 전개되었다.
⑧ 1990년대 16개 광역 시, 도에 사회복지공동모금회가 설립되었다.

⑨ 1980년대 민주화운동으로 전개된 지역사회 생활권 보장을 위한 활동은 사회행동모델에서 비롯되었다.

⑩ 2000년대 도입된 지역사회서비스투자사업의 사회서비스이용권 비용자금, 정산은 사회보장정보원이 담당한다.

⑪ 읍 · 면 · 동 중심으로 공동 사회복지전달체계가 개편되면서 복지, 보건, 고용 연계 등 통합 서비스가 강화되었다.

⑫ 오가통은 지역이 자율적으로 주도한 인보제도이다.

⑬ 1950년대 외국 공공원조단체 한국연합회가 조직되었다.

⑭ 1960년대 최초로 사회복지관이 건립되었다.

⑮ 1970년대 재가복지봉사센터가 설치되어 운영되었다.

⑯ 1970년대 사회복지관 국고보조금 지침이 마련되었다.

⑰ 읍 · 면 · 동 복지허브화로 지역사회복지 네트워크가 약화되었다.

⑱ 2000년 이후 영구임대 아파트 단지 내 사회복지관 건립이 의무화되었다.

⑲ 공공 사회복지전달체계가 읍 · 면 · 동 중심으로 개편됨에 따라 사회보장정보시스템(행복e음)이 개시되었다.

〈 정답 〉
• 외국의 지역사회복지의 역사 – ⑥⑦⑧⑨⑩⑪
• 한국의 지역사회복지의 역사 – ⑫⑬⑭⑮⑯⑰⑱⑲

제4장 지역사회복지의 이론

제1절 갈등이론과 구조기능론

1. 갈등이론

(1) 특성
- 사회발전의 과정은 사회 내에서 권력을 가진 계층과 그 힘을 가지지 못한 계층 간의 갈등을 해결해 나가는 과정
- 갈등이란 경제적 갈등, 이익집단 갈등, 문화적 가치나 신념의 가치로 인한 갈등, 세대 간의 갈등, 지역 간의 갈등 등 다양하게 존재
- 갈등이론은 구조 기능론이나 사회체계이론과 달리 사회가 분열되었으나, 지역사회 변동은 갈등관계를 통해서 일어나며, 사회가 일시적인 안정을 이루는 경우도 있지만, 한 집단이 다른 집단을 성공적으로 지배함에 따라 나타나는 일시적인 안정일 뿐이라고 봄
- 대표학자: 알린스키(Alinsky)

(2) 지역사회실천에의 적용
- 문제나 욕구 해결은 권력, 경제자원, 권위 등의 재분배를 요구해야 하는데 이것이 사회행동으로 표현됨
- 갈등 속에서 민주적인 지역사회로 탈바꿈함
- 경제력(힘), 자원동원이나 의사결정권한을 약한 자에 이양하는 방법은 – 조직적 결성과 대항을 통해 달성됨
- 갈등은 연대와 권력 형성의 도구가 될 수 있다는 면에서 사회행동모델에 유용
- 지역사회의 긴장이 고조될 우려도 있으며 전체의 발전이 정체될 수 있음
- 갈등이 사회변화를 이끄는 원동력이 될 수 있다는 낙관적 입장

(3) 갈등을 해결하기 위한 방법
- 회피 – 논쟁과 시간낭비를 줄임

- 타협 – 합의점 모색, 교환이나 거래를 통해 이루어짐
- 조정과 재판 – 공식적인 판단을 요구하는 방법, 위원회나 판사의 결정

2. 구조기능론(기능주의이론)

(1) 특성
- 지역사회의 기능은 생산 · 분배 · 소비 · 사회화 · 사회통제 · 사회통합 · 상부상조로 구분
- 사회는 여러 부분으로 구성되어 있으며 각 구조들은 합의된 가치와 규범에 따라 움직이고 변화되며 균형과 안전을 지향하며 움직인다는 관점
- 지역사회를 하나의 체계, 상호 의존적인 부분들로 구성된 체계, 균형상태 유지
- 사회체계론과 같은 맥락으로 이해, 균형과 안정지향적, 통합적인 기능
- 대표학자: 콩트(comte), 뒤르켐(Durkheim), 파슨(parsons) 등

(2) 지역사회실천에의 적용
- 지역사회조직: 기능수행 활성화, 하위체계들의 영향력과 관계 및 구조 이해에 도움
- 하위체계를 독립적으로 인정, 평가. 지역주민들 연대감 형성. 통합, 역기능 요소 제거 노력

(3) 한계와 문제점
- 지역사회의 유지와 균형에 관심을 가지고 있지만, 지역사회의 변화나 지역사회에서의 자원과 권력을 둘러싼 하위체계 간의 갈등을 설명하는 데에는 한계
- 기능이론과 갈등이론의 비교

구분	기능이론	갈등이론
관계	상호의존, 통합	경쟁, 대립
사회형태	안정지향	변화지향
주요결정방법	합의를 통한 결정	이데올로기에 의한 주입
지위배분	개인의 성취	지배계급에 유리
변화	점진과 누진적	급진과 비약

제2절 생태학이론과 사회체계이론

1. 생태학이론

(1) 특성
- 적자생존법칙에 따라 생물과 환경간을 연구. 지역사회도 인간집합체로 경쟁, 분산, 분리 등 역동적 과정
- 환경 속의 개인은 사회복지사가 클라이언트의 사회적 기능관련 문제를 설명하고 분석하기 위한 관점으로 개인과 환경에 대한 이중초점을 갖는 사회복지실천의 핵심개념
- 사람을 자연스런 환경과 생활 속에서 이해해야 함. 환경에 대한 인간의 적응을 다룸
- 인간은 환경에 적응하면서 환경을 변화시키려고 끊임없이 노력하는 존재로 묘사

(2) 지역사회실천에의 적용
- 지역사회를 생태계로 인식 – 모든 것들이 서로 연관, 영향을 주고받고 있음(거시적 관점)
- 지역사회와 지역사회 간의 상호작용에도 초점
- 경쟁, 중심화, 분산: 지역사회 변화과정을 역동적으로 파악
- 자원의 집중도, 인구의 분포, 저소득층의 밀집과 배제의 상황, 지역의 성장, 역동성 파악
- 지역사회의 변환과정을 역동적인 진화과정으로 설명

(3) 한계와 문제점
- 환경에 대한 '적응'으로 기본적으로 체계의 안정성을 지향
- 문제적 환경에 대한 저항이나 변화를 적극적으로 추구하지 않고 대안 제시에는 한계점

2. 사회체계이론(리콜라스 루만)

(1) 특성
- 지역사회를 하나의 사회체계로 보고 체계들 간의 상호의존적이며 상호작용을 하는 부분들로 구성되는 전체 또는 부분들 간에 관계를 맺고 있는 일련의 과정을 강조(가족, 조직, 지역사회, 문화 등이 포함)

- 전체는 부분들의 집합 이상으로 부분들 간의 상호작용과 상호의존적 관계를 통해서 체계의 한 부분의 변화는 전체로서의 체계와 체계 내의 모든 부분에 영향
- 체계이론에서 말하는 하위체계란 독립적으로 존재하면서도 유기적으로 상호작용을 하는 부분

(2) 지역사회실천에의 적용
- 지역사회 문제, 대상 집단의 욕구를 해결: 거시적 맥락으로 문제를 둘러싼 다양한 체계를 이해
- 각 체계와의 상호작용 과정에서 통합적 시각으로 문제점 파악

(3) 한계와 문제점
- 지역 사회를 유기적으로 잘 짜여 있는 시스템으로 보나, 현실의 지역사회는 이론을 적용하기에 어려움
- 구조 기능주의와 같이 지역사회의 균형과 유지에 초점을 두고 지역사회의 변화 및 갈등을 설명하는 데에는 한계

제3절 자원동원이론과 교환이론

1. 자원동원이론

(1) 특성
- 사회운동조직의 역할과 한계를 규명하는 이론
- 자원의 확보와 활용에 의해 성공이 달라지며, 성공하기 위해서는 많은 자원을 확보
- 자원의 정도와 범위에 따라 활동의 역할과 한계가 규정된다는 이론
- 사회운동의 성패가 조직원의 충원, 자금조달, 적절한 조직구조를 개발하는 능력에 달려있음
- 조직원들의 집합적 정체성 형성을 돕고, 조직원들의 헌신을 이끌어낼 수 있는 환경을 조성
- 자원이란 돈, 정보, 사람, 연대감, 운동의 목적과 정당성

(2) 지역사회실천에의 적용
- 지역사회현장의 사회적 약자의 권익 옹호 활동, 대변자의 역할시 사회운동을 조직화하여 행동화

- 지역사회 내에서 자원이 어디에 있는지, 누구와 함께 정체성을 공유하고, 어떻게 알릴 것 인지 확인
- 핵심과제는 조직원 확보와 철학과 이념 전달, 정체성 확보, 충성심 있는 후원자 개발임

2. 교환이론

(1) 특성
- 인간은 합리적 동물로 최대의 이익을 추구하는 경향을 전제
- 사람들 사이에 이루어지는 교환과정을 인간 상호작용의 근본 형태로 파악
- 인간은 무엇을 주는 대신 다른 보상을 얻으려고 하거나 얻을 수 있다고 생각할 때 상호작용이 일어남
- 교환 행위 반복시 개인이나 집단 간의 사회적 관계는 더욱 강화

(2) 호만스(Homans)의 교환이론
- 교환과정에서 보상과 비용을 검토하여 최소의 비용으로 최대의 보상 길을 선택
- 보상이나 이익
  - 관계에서 도출되는 긍정적인 결과
  - 심리적 안정, 사회적 지위, 만족감, 인정이나 동정, 경제적, 물질적 이득
  - 보상의 획득에는 언제나 비용이 따름
  - 비용이 보상보다 커지게 되면 관계는 유지되지 않음

(3) 블라우(Blau)의 교환이론
- 경제적 관점의 교환이론에 권력분석을 추가, 권한에서 권력이 형성된다고 보며, 미시적인 수준에서 출발해서 사회구조와 조직까지 연결함
- 인간의 사회적 행동이 사회적 유대(평등의 관계) 또는 차별적 지위구조(불평등의 관계)를 만들어 내는지에 관심
- 성원들이 불충분한 보상을 받고 있다고 느끼거나 권력이 성원들이 인정한 것 이상으로 행사될 때 갈등과 불만이 폭발해서 조직은 불균형 상태에 빠짐으로써 구조적 변화를 일으킴
- 사회생활을 균형과 불균형의 변증법적 과정으로 봄

(4) 하드캐슬(Hardcastle)의 권력균형전략

○ A와 B사이 불균형 수정 전략

○ 경쟁

• A가 필요로 하는 자원을 B가 독점하는 경우 A는 B에 종속됨
• 이때 B는 권력을 행사하게 되므로 A는 다른 자원을 찾음

○ 재평가

• B의 자원에 대한 관심이 높았지만, A의 가치관이나 목표를 변화시킴으로 관심이 낮아 줄어들어 재평가하게 됨

○ 호혜성

• A와 B가 교환을 통해 서로에게 혜택을 누리게 되는 전략

○ 연합

• A는 혼자서는 부족한 힘을 키우기 위해 B에 종속된 C, D등 다른 조직들과 연합하여 B의 권력에 대항

○ 강제(강압)

• 물리적인 힘으로 자원을 장악하는 전략(A는 B에게 원하는 행동을 하도록 힘으로 위협)
• A가 물리적인 강제력을 동원하여 빼앗는 방법 때문에 윤리적인 문제가 발생, 사회복지사가 쉽게 선택해서는 안 되는 전략

3. 지역사회복지실천에의 적용

• 지역사회복지의 실천 현장도 교환의 장
• 상담, 지역중심 서비스, 기부금, 재정지원, 정보, 정치적 권력, 의미, 힘 → 교환자원
• 교환자원이 부족하거나 고갈 상태에 빠지거나, 가치저하 현상을 보이면 지역사회 문제가 발생

제4절 상호조직이론과 인간행동이론

1. 상호조직이론

(1) 특성
- 조직 상호간의 지지, 조정, 협력이 지역사회의 원동력(조직)
- 생존, 번영을 위해 더 큰 조직(집단)의 연결망, 교환의 장 안에 위치해 있어야 한다는 것을 기본전제(과업환경에 대한 이해를 강조)
- 서비스의 중복 방지, 자원의 분산을 최소화할 수 있다는 것

(2) 지역사회실천에의 적용
- 한정된 자원을 확보하는 경쟁은 지역사회의 발전을 저해하는 요인
- 조직들은 각각의 영역을 구축, 상호협력과 조정을 통해 지역사회의 욕구를 해결
- 사회복지사는 조직과 조직을 연결: 조정자, 중개자

2. 인간행동이론

(1) 특성
- 지역사회라는 체계나 구조 및 그 안에서 이루어지는 관계에 대한 이해보다는 지역사회 변화의 핵심, 주체로서 인간의 행동에 주목
- 지역사회에서 어떻게 행동하고 인간의 욕구는 무엇이며, 어떻게 해결하는지, 어떤 가치가 인간의 행동을 이끌어내는지 등에 관심
- 인간의 행동에 대한 동기를 밝혀냄으로써 지역사회 발전의 역량을 강화
- 상호행동, 집단의 동질성, 가치, 욕구, 등의 개념을 강조
- 인간의 행동은 가변적, 지역의 구조적 측면과 상황으로 분리하여 볼 수 없다는 점이 한계라는 지적

(2) 지역사회실천에의 적용
- 지역사회 변화의 원동력: 지역주민

- 지역주민의 개별적인 욕구, 지역주민들 사이에 내재되어 있는 집단의 동질감, 공동의 가치 등을 파악함으로써 지역사회에 대한 이해를 높임

제5절 엘리트이론(Elitism)과 다원주의이론

1. 엘리트이론(Elitism)

(1) 특성
- 소수의 기업인, 관료, 정치가들(엘리트집단)이 자신의 이익을 위해 국가 정책이나 지역사회를 지배한다고 봄
- 지역사회 내 주요 의사결정권한이 소수에 집중되어 있어 빠르고 신속한 결정을 할 수 있음
- 입법가, 정부관료 등 공식적인 정책결정자들이 정책을 결정 하는 것 같지만 실제로는 보이지 않는 지배 엘리트들이 그들의 선호와 가치에 따라 결정함

(2) 지역사회복지실천에의 적용
- 엘리트집단이 지역사회복지 시스템 활동 방향, 내용을 결정
- 많은 자원을 동원하는 역량이 있으므로, 큰 규모의 지역사회 관련 사업을 추진할 수도 있음

(3) 한계와 문제점
- 소수의 집단이나 사람을 인정하지 않고 신경을 쓰지 않는다. 엘리트집단들은 권력을 독점하여 행사
- 지역주민의 기본 욕구를 의사결정에 충분히 반영하기가 어려움

2. 다원주의(Pluralism)

(1) 특성
- 권력을 다수에게 분산시키고 여러 각각의 이익집단들은 서로의 의견을 조율하여 결정
- 다원화된 현대사회에서 개개인은 목표를 중심으로 여러 집단과 조직을 구성하여 이익을

표출하고, 정책과정에 영향을 끼칠 수 있음
- 사회복지정책은 개개인과 집단의 이익대결과 갈등을 정부가 공정하고 종합적인 입장에서 조정한 결과로서의 균형을 의미

(2) 지역사회복지실천에의 적용
- 전문성 등에 기반을 둔 다양한 사람들이 참여함, 다원화 경향
- 지역복지에 대한 영향력을 행사 할 수 있는 집단들이 다원화될 수 있고 시민들이 실제로 큰 권력, 정책결정 과정에 영향력을 행사
- 지역사회문제: 시민집단이 갖는 이해관계와 영향력 등의 정확한 이해는 지역사회의 현실을 더 정확히 이해하고, 지역사회복지 실천과정을 효과적이고 효율적인 발전에 기여한다고 봄

제6절 사회구성론(사회구성주의 이론)과 권련의존이론

1. 사회구성론(사회구성주의 이론)

(1) 특성
- 소수의 의견도 존중해주고 수용해야 한다는 이론
- 지식의 객관성을 강조하는 전통적인 실증주의를 비판
- 사회현실에 관한 기존 지식이 지배집단의 이익을 대변하는 경향에 대해 비판적
- 개인이 처한 사회나 문화 속 맥락에 따라 현실의 문제나 상황을 구성 또는 재구성할 수 있다는 관점
- 포스트모더니즘과 상징적 상호작용의 영향을 받음

(2) 지역사회복지실천에의 적용
- 정치적, 문화적, 개인적 역사에 대하여 통찰(전문적 개입에 미치는 영향에 대해 민감성)
- 지역사회 구성원, 클라이언트와 처음 만나는 순간 그들의 사회적 의미 구성에 참여(현실문제에 대해 공동구성)
- '지금 여기' 현실을 중요시, 지역사회 구성원과 클라이언트는 공유하는 언어, 몸짓 등 상징을 사용

(3) 사회구성론의 관점에서 사회복지사가 고려해야 할 사항

- 역사, 문화, 사회적 맥락과 구조에 관심
- 권력기관, 제도의 억압적인 영향에 대하여 이해하고 대항할 수 있는 지식과 이론을 개발
- 사회, 경제, 정치적 구조에 대한 이해와 클라이언트의 문화적 가치나 규범에 대한 이해
- 다양한 문화에 대한 지속적, 집중적 대화과정이 필요함
- 소수자에 대한 억압구조를 해석할 수 있는 연구를 지속적으로 수행, 지식의 축적, 이론적 발달 필요

2. 권력의존이론

(1) 특성

- 자원의 크기에 따라 자원이 없는 사람은 자원이 많은 사람에게 의존할 수밖에 없다는 이론
  예) 중앙정부와 지방자치단체 사이에 서로 다른 자원의 크기에 의해 지방자치단체는 중앙 정부에 의존적일 수 있다는 관점
- 권력의존이론은 지역주민이나 집단 또는 조직의 힘의 소유여부가 지역사회의 발전에 중대한 영향을 미친다는 것을 강조
- 지역사회내 조직들이 어떻게 힘을 얻고 분산시키는지 이해하는데 사용가능

제7절 사회연결망 이론과 사회학습이론

1. 사회연결망 이론

(1) 특성

- 체계주의 관점에서 볼 때 교환에 개입: 사람, 집단, 조직들로 구성된 하나의 사회적 체계
- 다른 조직 및 사람과 도움 주고받기 위해 형성된 관계 구조: 사회적 교환체계 기능
- 구체적인 정보, 물질적 지원 등 포함: 소속감, 돌봄 등의 지지를 제공, 사회적 지지체계로서 기능
- 다양한 욕구를 지닌 지역주민에게 통합된 서비스를 제공 해 줄 수 있도록 하나의 통합된

연합구조

(2) 지역사회복지실천에의 적용

- 지역주민들이 문제를 인식, 문제에 대해 소통하는 장, 문제해결을 위해 참여하는 장
- 사회복지조직 및 유관기관 간에 서비스의 조정, 협력, 공유 등의 기능

2. 사회학습이론

(1) 특성

○ **인간행동이론 영향을 받은 이론: 지역주민에게 영향을 주는 지역사회 및 환경에 대한 학습을 통해 주민들의 역량을 강화(지역사회의 발전을 이끌어낼 수 있다고 봄)**
- 인간은 자극, 인식을 바탕으로 행동과 결과를 이끌어 냄
- 지역주민들은 문제를 인식함으로써 행동하게 되고 그 행동이 지역사회의 발전으로 이어짐
- 집합적 확산 목적: 성취하기 위한 집단의 능력에 대한 집단 구성원들이 공통으로 가지고 있는 인식(상호 영향을 주는 관계)

(2) 지역사회복지실천에의 적용

- 사회복지사는 스스로 문제를 인식, 행동: 지역사회복지실천에 이바지
- 사회복지사가 강한 개인적 확산을 토대로 지역주민들의 집합적 확신을 높게 된다면 결과의 성공을 높일 수 있음(사회행동모델의 이론적 기초)

上·中·下

01) 다음에서 설명하는 지역사회복지 실천이론은? (12회 기출)

> • 사회운동을 발전시키기 위하여 회원들을 적극적으로 참여하도록 독려한다.
>
> • 조직의 발전을 위해서 구성원 모집, 자금 확충, 직원 고용에 힘쓴다.
>
> • 외부체계와의 종속관계를 약화시키기 위하여 회원의 수를 늘린다.

① 상호조직이론   ② 자원동원이론   ③ 생태체계이론

④ 사회연결망이론   ⑤ 사회체계이론

해설

다양한 지역사회복지 실천이론에 대한 이해

자원동원은 인적, 물적자원을 외부에서 내부로 연결시켜 사용하는 이론이다.

〈 정답 ② 〉

上·中·下

02) 다음 사례에 해당하는 지역사회복지 실천이론이 올바르게 짝지어진 것은? (18회 기출)

> A사회복지관은 지역의 B단체로부터 많은 후원금을 지원받았고 단체 회원들의 자원 봉사 참여가 많았다. 그러나 최근에는 B단체의 후원금과 자원봉사자가 감소하여 교육을 통해 주민들의 역량을 강화시켜 복지관 사업에 함께 참여하도록 하고 있다. 또한, 다양한 후원기관을 발굴하고자 노력 중이다.

① 사회학습이론, 권력의존이론   ② 권력의존이론, 사회구성이론

③ 사회구성이론, 다원주의이론   ④ 다원주의이론, 엘리트이론

⑤ 엘리트이론, 사회학습이론

사회학습이론

- 인간행동이론 영향을 받은 이론으로 지역주민에게 영향을 주는 지역사회 및 환경에 대한 학습을 통해 주민들의 역량을 강화(지역사회의 발전을 이끌어낼 수 있다고 봄)
- 인간은 자극, 인식을 바탕으로 행동과 결과를 이끌어 냄
- 지역주민들은 문제를 인식함으로써 행동하게 되고 그 행동이 지역사회의 발전으로 이어짐
- 집합적 확산 목적: 성취하기 위한 집단의 능력에 대한 집단 구성원들이 공통으로 가지고 있는 인식(상호 영향을 주는 관계)

권력의존이론

- 자원의 크기에 따라 자원이 없는 사람은 자원이 많은 사람에게 의존할 수밖에 없다는 이론
- 권력의존이론은 지역주민이나 집단 또는 조직의 힘의 소유여부가 지역사회의 발전에 중대한 영향을 미친다는 것을 강조

〈정답 ①〉

지역사회복지의 이론

다음 문장에서 틀린 것을 모두 고르시오.

◆ **기능주의이론과 갈등주의 이론**

① 기능주의에서는 조화, 적응, 안정, 균형을 중시한다.

② 갈등주의이론은 갈등을 둘러싼 연대와 권력형성이 도구가 될 수 있다는 측면에서 사회행동모델에 유용하다.

③ 갈등주의이론에서는 지역사회의 불평등 관계를 바꾸고자 한다.

④ 갈등주의이론은 알린스키(Saul D Alinsky)의 지역사회조직 활동에 영향을 미쳤다.

⑤ 기능주의에서는 사회가 항상 불안하다고 전제한다.

⑥ 기능주의에서는 소수 엘리트에 의한 주도적 가치판단을 중시한다.

⑦ 갈등주의이론은 교환 가능한 자원을 매개로 사회적 행동을 추구하고자 한다.

⑧ 갈등주의이론은 호만스와 블라우에 의해 형성된 이론이다.

⑨ 갈등주의이론은 인간과 환경과 교류하며 적응과 진화를 한다는 견해이다.

◆ **사회체계이론과 생태이론**

① 사회체계이론은 보수적 이론으로 비판받지만 지역사회의 구조와 기능을 설명할 수 있다.

② 사회체계이론은 지역사회를 하나의 체계로 간주하고 지역사회와 환경과의 관계를 설명한다.

③ 생태이론은 지역사회의 변화과정을 역동적으로 설명하기 위해 경쟁, 중심화, 분산, 분리 등의 다양한 개념들을 사용한다.

④ 생태체계이론은 원도심 지역의 공동화 현상을 설명하는 데 유용하다.

◆ **자연동원이론과 교환이론**

① 자원동원이론은 사회운동을 발전시키기 위해 회원들을 적극적으로 참여하도록 독려한다.

② 자원동원이론은 조직의 발전을 위해서 구성원 모집, 자금 확충, 직원고용에 힘쓴다.

③ 자원동원이론은 외부체계와의 종속관계를 약화시키기 위하여 회원의 수를 늘린다.

④ 자원동원이론은 힘의존이론(Power dependency theory)에 영향을 받았다.

⑤ 교환이론에서 하드캐슬(Hardcastle)은 권력균형전략을 제시하였다.

⑥ 자원동원이론은 지역사회의 신뢰, 네트워크, 호혜성을 강조한다.

⑦ 자원동원이론은 의사결정 시 각 조직 간의 자원불균형을 고려하지 않는다.

⑧ 자원동원이론에서 말하는 자원에는 연대성이 포함되지 않는다.

⑨ 사회교환이론은 비영리조직의 마케팅이나 네트워킹 활동을 설명하지 못한다.

〈 정답 〉
• 기능주의이론과 갈등주의 이론 – ⑤⑥⑦⑧⑨
• 사회체계이론과 생태이론 – 틀린 것 없음
• 자연동원이론과 교환이론 – ⑥⑦⑧⑨

제5장 지역사회복지 실천모델의 이해

제1절 지역사회복지 실천의 목표

1. 지역사회복지실천모델의 목표(던햄; Dunham)

(1) 과업중심목표
- 지역사회의 욕구를 충족하고 욕구와 자원 간의 조정과 균형을 도모(성과에 초점)
- 지역사회의 특정 문제를 해결하려는 뜻으로 구체적인 과업을 완수하는 것에 역점을 둠

(2) 과정중심목표
- 지역주민들의 참여, 자조, 협동 능력을 향상시켜 그들의 문제에 보다 효과적으로 대처하는 역량을 대처할 수 있게 함
- 지역사회주민 스스로 문제를 해결하는데 역량을 강화
- 지역사회에 있는 여러 집단 간의 협동적인 관계를 수립토록 함
- 토착적인 지도력을 증대시키려 노력
- 지역사회주민들로 하여금 문제를 스스로 해결하도록 필요한 역량 기반 향상에 집중

(3) 관계중심목표
- 지역사회와 집단들 간의 관계와 의사결정권의 분배에 있어서 변화를 추구하려고 함
- 지역사회 구성요소 간의 사회관계에 있어 변화를 시도하도록 중점을 둠

제2절 지역사회복지실천모델의 유형

1. 로스의 모델(지역복지활동원칙)
- 지역사회개발모델을 강조하고 있기 때문에 동질성이 강하고 전통성을 지닌 농촌지역이나 도시의 영세지역 개발을 위해 더 적절함

- 활동을 전개하는 주체로 어떤 종류의 구조나 사회조직체를 강조하면서 '추진회'가 필요하다고 강조함
- 추진회는 문제 해결을 위해 지역주민들에 의해 설립된 조직체로, 주민들의 욕구가 표현되고 목표가 설정되고 사업이 추진
- 추진회의 원칙
  - 지역사회의 불만으로부터 추진회가 결성
  - 불만은 지역주민들에게 인식
  - 특정 문제에 관한 계획을 세우고 실천에 옮길 수 있도록 집약
  - 공식 또는 비공식적 지도자들을 참여시켜야 하며, 지도자들은 능력과 안정성을 가지고 지역사회로부터 신임을 얻어야 한다. 또한, 효과적인 지도자를 개발
  - 지역사회주민들로부터 지지를 받을 수 있는 목표를 세우고 운영방법을 활용해야 함
  - 공동체가 형성될수록 성공가능성이 높음
  - 지역사회에 존재하는 현재적, 잠재적 회의를 활용

2. 로스만(Rothman)의 3가지 모델
지역복지 활동을 지역사회개발, 사회계획, 사회행동으로 구분하였다. 이 모델은 전형적인 지역사회복지 실천모델로 인식됨

(1) 지역사회개발모델(Community Development Model): 주민과 전문가 함께
- 지역사회복지의 실천 모델에서 지역사회의 문제해결 과정에 협동적 관계의 확립을 중시하는 과정중심목표를 강조하는 모델
- 지역사회의 변화를 위해서는 지역사회를 구성하는 지역주민, 단체 등 그들의 참여가 중요하다는 전제

○ 특징
- 지역사회의 변화를 위한 주민참여 강조
- 과업지향적 소집단 활용
- 자조정신, 자발적 협동, 민주적 절차, 교육, 토착 지도자 개발 등을 강조
- 지역사회 내 다양한 집단의 상호이해 및 상호조화가 가능하다고 보며, 이를 중요시

- 과정중심 목표에 초점
- 전술: 합의, 대화, 집단토의
- 사회복지사의 역할: 촉매자, 조정자, 교육자 등
- 변화의 매개체: 과업지향적 소집단 활용

○ **한계와 문제점**
- 모든 구성원들의 합의와 참여를 도출해내기 어려움
- 전문가, 권력가들은 합의나 협상의 과정에서 권력구조의 한계로 인해 거부나 방해를 받을 수 있음

(2) 사회계획모델(Social Planning Model) - 하향식, 전문가
- 지역사회 문제의 구체적 효율적 해결과 예방을 최우선 목표로 하는 과업중심목표를 강조하는 모델

○ **특징**
- 사회문제 해결에 초점을 둠
- 전문가에 의한 조사 · 분석, 대안모색, 합리적 · 체계적 계획 수립 및 실행
- 지역사회 내 집단 사이에 발생하는 갈등에 관심을 두지 않음
- 과업중심 목표에 초점
- 전술: 문제분석, 사정, 목표설정, 실행, 평가(상황에 따라 합의, 갈등 활용)
- 사회복지사의 역할: 계획가, 전문가, 분석가
- 변화의 매개체: 관료조직, 공식조직 중시

○ **한계와 문제점**
- 정치적 영향력을 고려하는 데 한계
- 전문가들이 합리적이고 자원을 확보하지 못할 시 한계

(3) 사회행동모델(Social Action Model) - 상향식, 지역주민
- 지역사회에는 권력과 자원의 불평등한 관계가 존재한다는 갈등이론적인 입장을 기반
- 지역주민들이 사회정의나 민주주의에 입각해 행동, 이때는 과정이 무시

○ 특징

• 지역사회에 존재하는 권력관계와 불평등에 초점

• 공정한 자원 분배를 요구

• 사회정의와 민주주의에 입각하여 기존 구조의 변화를 모색

• 피지배집단 내지는 억압받는 집단의 조직화를 강조

• 권력집단과 피지배집단은 서로 이해관계가 상충되어 화합할 수 없다고 전제

• 과정중심 목표와 과업중심 목표 모두 강조하고 있지만 과업목표가 더 중시

• 전술: 갈등 및 대결, 항의, 시위 등 다수의 대중 규합

• 사회복지사의 역할: 옹호자, 행동가, 중재자, 조직가

• 변화매개체: 대중조직, 정치과정

○ 한계와 문제점

• 위험한 상황이 발생할 수 있기 때문에 관련기관들이 실제로 참여하기를 주저

  예) 불법성 논란, 윤리적 차원 문제 발생 등

• 과업과 과정을 모두 중시하지만 과정목표가 무시되기도 함

지역사회 모형의 목표에 대한 차이점

지역사회개발 모형	지역사회의 활동능력 향상과 통합, 자조(과정)
지역사회계획 모형	지역사회문제 해결 (과업)
지역사회행동 모형	권력관계의 자원의 변화 기본적 제도 변화(과정과 과업)

(4) 로스만의 혼합모델

○ 지역개발/사회행동

과정에서는 개발모델의 특성을 나타내면서 목적에서는 사회행동모델을 따름

○ 사회행동/사회계획

이슈에 대한 실증적 연구를 바탕 문제해결방법을 계획과 동시에 대중에게 해당 이슈의 중요성을 알리면서 대중의 참여를 꾀함(소비자운동, 환경운동 등)

○ 사회계획/지역개발

새로운 계획 과정에 주민의 참여 강조

예) 지역사회보장계획: 사회계혁/지역개발 모델의 실천

3. 웨일과 갬블(Weil & Gamble)의 모델

목표, 변화표적 체계, 일차적인 구성원, 관심영역, 사회복지사의 역할 등을 중심으로 지역사회복지 실천모델을 8가지 유형으로 분류, 로스만의 3가지를 세분화

(1) 근린 지역사회조직모델

- 지리적 의미의 지역사회 내에서 지역사회개발을 통한 지역주민의 삶의 질 향상을 목표로 함
  - 사회적, 경제적 환경의 변화를 스스로 이끌어 낼 수 있도록 지역사회 구성원들의 능력을 개발하고 구체적인 과업들을 달성
- 사회복지사의 역할: 조직가, 교사, 코치, 촉진자

(2) 기능적 지역사회조직모델

- 기능적인 지역사회조직은 지리적인 의미의 지역사회조직보다 기능에 초점을 두고 있음
- 지역사회조직은 동일한 정체성이나 관심사, 이해관계를 기초로 한 기능적 지역사회의 조직을 의미(학교폭력추방을 위한 학부모모임, 지적장애 아동의 사회재활을 위한 모임, 교육계, 종교계) 특정 이슈집단에 대한 옹호
- 사회복지사의 역할: 조직자, 옹호자, 촉진자, 정보전달자, 집필
- 변화표적체계: 일반대중, 정부기관

(3) 지역사회의 사회 · 경제개발 모델

- 지역사회의 전반적인 개발을 위해서 사회적 개발과 경제적 개발이 동시에 진행되어야 함을 강조
- 지역주민의 소득, 사회적 자원개발, 교육, 리더십 기술 향상
- 사회복지사의 역할: 교사, 계획가, 관리자, 협상가, 추진자

(4) 사회계획모델

- 합리적 의사 결정을 통해 문제의 우선순위를 정하고 자원을 분배하며 객관성, 합리성에 기반을 두고 지역사회문제를 해결하는데 초점을 둔 모델로 전문가의 지식과 기술, 객관적 조사와 자료 분석 등을 기초로 하여 합리적으로 지역사회문제를 해결(사회복지서비스와 사회정책의 개발, 확장, 조정), 지역사회 욕구통합, 휴먼 서비스 연계망 구축
- 구성원: 선거로 선출된 공무원, 지역사회 공공기관, 사회복지 영역 기관
- 사회복지사의 역할: 조사자, 프로포절 작성자, 관리자, 의사소통자, 연구가

(5) 프로그램 개발과 지역사회 연계모델

- 지역사회에서 필요한 서비스를 향상시키거나 지역사회와 연계된 새롭게 프로그램을 개발하고 진행하는 것을 중요한 목표로 간주, 특정 인구집단을 위한 서비스 개발
- 지역사회서비스의 효과 증진 위하여 기관의 프로그램의 방향 전환이나 확대를 목표로 함
- 사회복지사의 역할: 대변인, 계획가, 관리자, 프로포절 제안자, 중재자, 촉진자, 감독자, 평가자

(6) 정치 · 사회 행동모델

지역 사회에서 불평등을 극복하거나 지역사회의 욕구를 무시하는 의사 결정자에 대항하고 불공정한 조건을 변화시키려는 기술을 개발함으로써 사람들에게 권한을 부여하는 것을 주요 내용으로 함. 정치권력의 확립. 제도적 변화
- 일차적인 구성원: 특정 정치적 권한이 있는 시민, 특정 사안이 있는 시민
- 변화를 위한 표적체계: 잠재적 참여자와 선거로 선출된 공직자, 행정관료
- 사회복지사의 역할: 옹호자, 교육자, 조직가, 연구자

(7) 연대활동(연합) 모델

- 지역 사회를 기반으로 존재하는 각 기관들이 함께 힘을 모아 지역사회가 가진 문제에 대해 변화시키는 모델, 사회적 욕구나 관심에 관련된 특정 현안 문제
- 다양한 조직들이 가지고 있는 독립성을 유지하면서도 새로운 조직을 구성하거나 연대를 구축하는 것
- 일차적인 구성원: 지역 사회의 특정 문제에 관계가 있는 조직체와 시민

- 사회복지사의 역할: 중재자, 협상가, 대변인, 조직가

(8) 사회운동모델
- 지역사회의 특정 집단이나 복지 관련 현안 문제 등과 관련하여 지역 사회 구성원과 다양한 형태의 지역 사회 조직체에 새로운 패러다임을 제공함으로써 사회 정의를 실현하고자 하는 것
- 일차적인 구성원: 새로운 비전과 이미지를 창출할 수 있는 조직의 지도자(일반대중, 정치제도)
- 사회복지사의 역할: 옹호자, 촉진자

4. 테일러와 로버츠(Taylor & Roberts)의 모델
로스만의 기본 3가지 모델을 중심으로 프로그램 개발과 조정 모델, 지역사회연계모델을 새로 추가하여 5가지 모델을 제시, 특히 후원자와 클라이언트의 의사결정 권한이 있는가에 따른 구분

(1) 프로그램 개발 및 조정 모델
- 자선조직협회와 인보관 운동에 근거
- 공공기관, 지리적 지역사회를 대상으로 서비스를 제공하는 민간기관, 기능적 지역사회, 기관협의회 등에서 수행되는 실천에 초점
- 공공기관을 중심으로 프로그램을 개발하고 조정해나가는 모델
- 지역 사회 변화를 효과적, 효율적으로 유도하기 위한 프로그램을 개발하고 조정해 나가는 모델로 후원자가 100%의 영향력 행사

(2) 계획모델
- 합리적인 기획모델에 기초한 조사전략 및 기술을 강조
- 기획에 있어 사람들과의 상호교류적인 노력을 강조하고 좀 더 옹호적이며 진보적인 정치적 접근을 포함
- 조직과정의 관리, 영향력의 발휘, 대인관계 등의 과정지향적인 기술을 강조하며, 설계 및 실행과 같은 과업지향적인 기술적 측면의 필요성을 주장

- 로스만의 사회계획모델이 지나치게 합리적이고 과학적인 접근을 지향한다는 점을 지적하며 의사결정을 있어 상호교류와 인간 지향적 특성를 추가하고자 한 모델
- 후원자가 7/8의 결정 권한

(3) 지역사회연계모델

- 지역사회실천은 사회복지기관의 일차적인 책임인 직접 서비스 전달에 대한 이차적 기능으로 보고 있음. 로스만의 모델에는 포함되어 있지 않음
- 사회복지기관의 행정가: 지역사회관계, 지지활동, 환경개선, 조직 간의 관계 등과 같은 역할을 수행하는 데 반해, 일선 사회복지사는 클라이언트의 옹호, 욕구사정, 프로그램 개발 등의 역할을 수행
- 후원자와 클라이언트가 각각 1/2의 결정 권한

(4) 지역사회개발모델

- 조력, 리더십 개발, 자조, 상호부조, 지역성에 바탕을 둔 지역사회 연구 및 문제 해결을 강조
- 시민참여와 교육과정을 매우 중요시하고 있으며, 전문가는 조직가의 역할보다는 주로 조력자의 역할
- 시민참여에 기반을 둔 자조적 활동, 시민역량개발, 자체적 리더십 개발 등을 통해 지역사회개발을 추구하며, 지역사회 실천가에는 조력가의 역할을 강조
- 클라이언트가 7/8의 결정 권한

(5) 정치적 역량강화모델

- 갈등이론과 다원주의 사회에서의 다양한 이익집단의 경쟁원리에 기초
- 의도된 시민참여에 의한 정치적 권력 강화에 초점
- 사회체계 및 사회제도에서 시민들의 참여를 보장하고 극대화
- 전문가들은 교육자, 자원 개발가, 운동가로서의 역할을 하게 되며, 이러한 경향은 합법적으로 위임된 조직이나 자생조직으로 진전될 수 있음
- 정치적 역량강화 모델: 로스만의 사회행동과 밀접한 관련이 있으며 배제된 집단의 사회 참여를 확대시키는 것이 주요 전략인 사회복지실천 모델
- 클라이언트가 100%의 영향력 행사

후원자와 클라이언트의 의사 결정 비교

모형	권한
프로그램 개발 및 조정모델	후원자가 100%
계획 모델	후원자가 영향력이 약 8분의 7
지역 사회 연계 모델	후원자와 클라이언트의 영향력이 50%
지역사회 개발모델	클라이언트의 영향력이 8분의 7
정치적 행동 및 역량 강화모델	클라이언트가 100%

5. 포플(popple)의 모델

영국의 지역사회복지실천을 보호(care)와 행동(action)의 연속선상을 기준으로 하여 8가지로 구분

(1) 지역사회보호

• 목적: 노인, 장애인, 아동 등 지역주민의 복지를 위한 사회관계망, 자발적 서비스를 증진
• 자조 개념 개발에 집중
• 사회복지사의 역할: 조직가, 자원봉사자

(2) 지역사회조직

• 타 복지기관 간의 상호협력을 통하여 서비스의 효과성과 효율성을 증진
• 사회복지사의 역할: 조직가, 촉매자, 관리자

(3) 지역사회개발

• 지역사회 구성원의 삶의 질을 향상시키기 위해 기술과 신뢰를 습득하도록 원조
• 교육을 통해 자조개념을 증진, 지역사회의 독자성을 반영
• 사회복지사의 역할: 조력가, 촉진가

(4) 사회, 지역계획

• 사회적 상황, 사회정책과 사회복지 기관의 서비스를 분석, 주요목표 및 우선순위를 설정, 서비스 프로그램의 기획과 적절한 자원의 동원, 프로그램의 집행 및 평가 등에 중점을 둠

- 사회복지사의 역할: 조력가, 촉진가

(5) 지역사회교육

- 교육과 지역사회 간의 관계를 보다 밀접, 동등한 방향으로 모색
- 비판적 사고와 담론을 통해서 억압적 조건, 상황을 변화시키는 행동 양식을 고양하는데 중점을 둠
- 사회복지사의 역할: 교육가, 촉진가

(6) 지역사회행동

- 갈등, 직접적 행동을 하고 힘이 없는 집단에 집단원의 효과성을 증가
- 특정 이슈에 대한 권력자와 협상을 위하여 직접적인 행동을 선호
- 사회복지사: 행동가

(7) 여권주의적 지역사회사업

- 지역사회실천에 대한 페미니즘을 적용하는 모델
- 성불평등의 해소를 위한 집합적 활동을 통해 여성의 복지를 향상시키는 데 초점
- 사회복지사의 역할: 행동가, 조력자, 촉진자

(8) 인종차별철폐 지역사회사업

- 인종차별에 저항하거나 처벌받는 인종의 권리를 보호(상호원조와 조직화에 초점을 둔 모델)
- 목적: 교육, 주택, 건강, 고용 등의 영역에서 차별을 시정하기 위해 노력(캠페인, 자조집단 형성, 직접 행동 등 다양한 방식을 전개)
- 사회복지사의 역할: 행동가, 자원봉사자

제3절 사회행동의 전략과 전술

1. 사회행동의 전략

(1) 사회행동의 정의

생활에 영향을 미치는 중요한 결정에 대해 주민들의 통제력을 향상시키기 위한 집단적인 노력, 막강한 힘을 지닌 집단에 대해 지역주민들이 단합된 힘을 통하여 유리한 결정을 내리도록 하는 정치적 행동

(2) 사회행동의 합법성/정당성 확보 전략

- 사회행동에서 장기적 측면의 승리를 위해 중요한 것은 합법성을 확보하는 것
- 사회적 합법성을 확보하는 데 있어서 적합한 전술을 선택해야 하며, 과격한 폭력행사를 행사하지 않도록 주의
- 사회행동은 조직내부와 조직 외부 양쪽에서 합법성 정당성을 확보할 수 있는 전략을 선택
- 조직내부의 합법성/정당성 확보는 조직구성원의 가치를 적절히 반영할 때 이루어질 수 있음

(3) 기타 조직과의 협력 전략

○ 협조
- 간단히 말해서 일시적인 협력관계를 의미
- 필요에 의해 모이고 각자의 책임 부담은 적음
- 자체의 기본적인 목표나 계획을 바꾸지는 않지만, 필요에 따라 협력을 하는 것

○ 연합
- 이슈와 전략을 통해 공통의 합의점을 찾아 합동으로 선택하는 조직적인 협력관계
- 이 관계 속에서 참여하는 조직들은 책임의 부담은 협조보다는 많고 결속력 또한 높아 이익이 없어도 빠질 수 없음
- 조직들은 각각 대표자를 선정하여 운영위원회 같은 조직을 구성하고 회의를 소집하여 공동의 관심사에 대해 협의

○ 동맹
- 회원조직들의 회원을 훈련하고, 캠페인을 준비하는 등 전문가를 조성하는 활동
- 조직들이 영구적이고 전문적인 대규모의 조직관계망, 가장 고도의 조직적인 협력관계, 전문적인 활동을 필요로 하는 경우에 바람직한 협력관계

2. 정치적 압력

(1) 정치적 압력의 개념 - 항의는 서로 상이한 기술
- 항의: 거의 모든 대상을 목표로 할 수 있음
- 정치적 압력: 대상이 정부에 국한됨
- 목적: 새로운 법을 통과시키도록 한다거나 새로운 프로그램을 개발하게 한다거나, 지역사회주민조직에게 이로운 정책을 강구하고 시행하도록 하는 것

(2) 정책형성 과정
- 1단계: 이슈를 논의대상으로 삼는 단계
- 2단계: 해결대안을 내놓는 단계
- 3단계: 법안의 통과를 추진하는 단계
- 4단계: 법, 규정 등을 실천을 하도록 영향력을 행사하는 단계, 관료들에게 압력

3. 법적 행동

(1) 법적 행동의 개념
- 공정치 못한 법과 규칙에 대해 주의 환기, 개선 요구
- 정치적 압력보다 강력한 전술, 개임 규칙 준수하며 상대의 불규칙 비난
- 기업과 정부 포함 다양한 상대

(2) 법적 행동의 장점
- 합법화적으로 조직 활동을 할 수 있음
- 상대방의 갑작스런 조치에 대해 시간을 얻어낼 수 있음
- 법적 전술을 통해 정보를 얻어낼 수 있음
- 법적 행동은 위협만으로도 이슈에 대한 논의를 끌어낼 수 있음

(3) 법적 행동의 문제점
- 시간과 돈이 많이 듦

- 법적 행동의 승리가 없더라도 잠정적일 수도 있음
- 시일이 많이 걸림. 법원에서 바로 판결하지 않기 때문에 지속적으로 참여해야 함
- 전문가에게 의존하지 않으면 안 되기 때문에 주민조직 스스로가 성취감을 상실할 수 있다는 문제점
- 실질적인 승리를 가져다주지 못할 경우도 있다. 법원에서 판결이 나왔어도 상대방이 판결을 제대로 이행하지 않을 수도 있음

4. 사회적 대결(직접행동)

(1) 개념
사회적 대결상황에서 사회행동조직들은 정부나 기업이 그들의 문제제기를 듣고 문제해결을 위해 노력할 것을 요구하는 것

　　예) 시위: 표적에 대해 직접적인 타격을 가하는 동시에 사회행동조직의 내부적 결속력을 높일 수 있는 수단

(2) 사회적 대결의 문제점
- 조직의 세력을 유지시키지 못할 위험
- 폭력의 위험
- 비윤리적이거나 불법적일 수 있음
- 실천을 보장하지 못할 수도 있음

(3) 사회적 대결의 유형
○ 시위전술
- 많은 사람들을 동원하여 힘을 과시해 목적을 달성하는 것이 주요 목적
- 도로 행진, 집회, 피케팅, 농성, 촛불시위 등을 진행

○ 교육홍보 전술
- 상대방에게 문제제시와 해결책을 제시한다.
- 상대방, 면담 또는 공청회, 대중매체의 광고

○ 불평 전술
- 상대방의 잘못된 점을 아무도 모르게 상대방에게 알리는 방법
- 상대방에 비공개로 불평 전달 , 청원 등

○ 경제 전술
- 불만을 표출하기 위해 상대방의 경제적 여건에 타격을 주는 방법
- 불매운동, 파업 등

(4) 알린스키의 항의 전술 지침
- 전술의 주요전제는 상대에게 계속 압력을 가할 수 있는 행동개발임
- 조롱거리는 인간의 막강한 무기
- 너무 오래 끄는 전술을 사용하지 마라
- 가능하면 적이 경험하지 않은 바를 시도
- 위협이란 일반적으로 그 자체보다도 더욱 무서운 힘이 있음
- 상대방의 부정적인 것을 강력히 밀고 나가면 상대방을 굴복 시킬 수 있을 것
- 성공적인 공격의 대가는 건설적인 대안
- 좋은 전술은 조직원들이 즐기는 것이어야 함
- 계속 압력을 가하라

5. 언론의 활용과 협상 전술

(1) 홍보 활동의 중요성
- 홍보활동을 통해 조직의 영향력을 증대
- 홍보는 주민 조직의 실천 의지를 나타냄
- 홍보활동을 통해 주민 조직의 참여를 늘릴 수 있음
- 홍보를 통해서 간접적이거나 직접접인 압력을 가할 수 있음

(2) 홍보 활동의 종류
- 간단한 홍보 활동

- 여론과 언론
- 언론 캠페인
- 기자회견과 보도자료

(3) 협상

○ 협상과 타협
- 홍보 활동만으로는 상대방을 완전히 굴복시키기 어렵기 때문에 계속적인 협상과 타협이 필요
- 협상의 방법은 상대방과의 대화를 통하여 요구 사항들의 합의가 이루어짐

○ 협상을 전개하는 전략
- 행동의 성공을 위해서 상대방과의 협상은 필수적
- 성공적인 협상을 위한 준비로서 갈등범위를 결정해야 함

○ 프루이트(Pruitt)가 제시한 협상 기술
- 시한을 염두에 두어야 함
- 요구하는 입장을 확고히 해야 함
- 언제, 어떻게 양보해야 할지를 배워야 함
- 상대방의 제안에 신중하게 대응해야 함
- 협상이 계속 진행되도록 함
- 중개자 개입 여부를 고려해야 함

上·中·下

01) 다음 예시문의 (   )에 들어갈 내용을 옳게 나열한 것은?   (17회 기출)

> 지역사회복지실천의 효과성을 높이기 위해 로스만(J. Rothman)의 모델을 순차적으로
> 적용해 볼 수 있다. 즉, (ㄱ)모델로 지역사회 내의 자원배분과 권력의 이양을 성취한
> 후, 고도의 복잡한 지역사회를 조사·분석하고 해결 방안을 모색하기 위해 (ㄴ)모델을
> 적용할 수 있다.

① ㄱ: 사회행동, ㄴ: 사회계획
② ㄱ: 지역사회개발, ㄴ: 계획
③ ㄱ: 사회행동, ㄴ: 근린지역의 지역사회조직
④ ㄱ: 근린지역의 지역사회조직, ㄴ: 계획
⑤ ㄱ: 연합, ㄴ: 사회계획

해설

로스만은 지역사회개발, 사회계획, 사회행동의 각 모델이 실천 장면에서 혼재되어 있어서 각 모델을 적절
하게 혼합하여 활용할 필요가 있을 때는 각 모델이 지닌 결함과 약점을 보완하는 것에 관심을 갖고 혼합
적 활용을 고려해야 한다고 하였다. 즉, 사회행동모델을 바탕으로 권력과 자원을 배분한 후 문제해결을
위해 사회계획모델을 적용해 나가는 방법이다.

〈 정답 ① 〉

02) 지역사회복지실천모델에 관한 설명으로 옳지 않은 것은?   (18회 기출)

① 로스만(J. Rothman)의 사회행동모델은 불이익을 받거나 권리가 박탈당한 사람의 이익을 옹호 한다.

② 로스만(J. Rothman)의 지역사회개발모델은 지역사회나 문제의 아노미 또는 쇠퇴된 상황을 전제한다.

③ 로스만(J. Rothman)의 사회계획모델은 주택이나 정신건강 등의 이슈를 명확히 하고 권력구조에 대항한다.

④ 웨일과 갬블(M. Weil & D. Gamble)의 기능적 지역사회조직모델은 발달장애아동의 부모모임과 같이 공통 이슈를 지닌 집단의 이해관계를 기반으로 한다.

⑤ 웨일과 갬블(M. Weil & D. Gamble)의 연합모델의 표적체계는 선출직 공무원이나 재단 및 정부당국이 될 수 있다.

해설

사회계획모델은 주택이나 정신건강 등의 이슈를 명확히 하고 문제를 해결하기 위한 기술적 과정을 강조하는 모델이다. 사회계획모델은 권력구조에 대항하지는 않는다. 권력 구조에 대항하는 모델은 사회행동모델이다.

〈 정답 ③ 〉

지역사회복지 실천모델
다음 문장에서 틀린 것을 모두 고르시오.

◆ **지역사회복지 실천모델의 목표**

① 추진회는 지역사회의 조건을 대한 불만으로부터 결성된다.

② 추진회는 지역사회의 현재적, 잠재적 호의를 활용한다.

③ 추진회는 지역 주민으로부터 지지를 받을 수 있는 목표와 운영방법을 갖춰야 한다.

④ 추진회 활동에는 정서적 내용을 지닌 활동들이 포함되어야 한다.

⑤ 추진회에서 공식적 지도자는 발굴 및 참여시키고, 비공식적 지도자는 가급적 발굴 및 참여는 제한시킨다.

⑥ 로스만의 지역사회개발모델은 과업중심의 목표를 강조한다.

⑦ 로스만의 사회계획모델은 과정중심의 목표를 강조한다.

⑧ 로스만의 사회계획모델은 제도의 변화를 목표로 한다.

◆ **학자별 지역사회복지 실천모델**

① 로스만의 지역사회개발모델의 변화전략은 문제해결에 다수의 사람의 참여하는 것이다.

② 로스만의 지역사회개발모델은 변화전술로 합의를 사용한다.

③ 로스만의 사회계획모델은 지역사회 문제를 해결하고자 문제규명, 욕구사정을 수행한다.

④ 로스만의 지역사회개발모델은 지리적 측면에서의 지역사회 전체를 대상 집단으로 본다.

⑤ 테일러와 로버츠는 로스만의 기본 3가지 모델을 분화하여 지역사회복지 실천모델을 5가지 유형으로 구분하였다.

⑥ 테일러와 로버츠의 정치적 권력강화모델은 로스만의 사회행동모델과 유사하다.

⑦ 웨일과 갬블의 근린지역사회 조직모델은 지역사회개발모델에서 그 원형을 찾을 수 있다.

⑧ 웨일과 갬블의 연합모델에서 사회복지사의 역할은 중재자, 협상가, 대변인이다.

⑨ 사회운동모델은 특정 대상집단 또는 이슈 관련 사회정의 활동을 강조한다.

⑩ 로스만의 지역사회개발모델은 변화의 매개체로 과업지향적인 소집단을 활용한다.

⑪ 테일러와 로버츠의 정치적 권력 강화모델은 갈등이론과 다양한 이익집단의 경쟁원리에 기초한다.

⑫ 웨일과 갬블이 제안한 프로그램 개발과 지역사회연계 모델에서 사회복지사의 역할은 계획, 관리자, 프로포절, 제안자이다.

⑬ 테일러와 로버츠는 후원자의 의사결정 영향 정도를 구체적으로 구분하였다.

⑭ 로스만의 사회계획모델에서는 클라이언트가 전문가의 등지로 여겨진다.

⑮ 로스만의 사회행동모델에서는 권력의 소재를 전문가의 후원자나 고용기관으로 본다.

⑯ 웨일과 갬블의 프로그램 개발과 지역사회연결모델의 목적은 특정 대상집단이나 이슈에 대한 사회정의를 실현하는 것이다.

⑰ 웨일과 갬블의 정치, 사회행동모델은 선거권자와 공무원 등을 표적체계로 하고 특정 대상자를 위한 서비스개발을 목적으로 한다.

⑱ 정치, 사회운동모델의 일차적 구성원은 선출된 공무원, 사회복지기관 등이다.

⑲ 로스만의 지역사회개발모델의 변화전략은 표적대상에 대한 조치를 취할 수 있도록 주민을 동원한다는 것이다.

◆ 사회행동의 전략과 전술

① 협조(cooperation)는 특정 이슈에 관해 유사 조직들의 일시적 연결방식이다.

② 입법로비활동은 사회행동모델에서 사용할 수 있는 전술 유형이다.

③ 동맹(alliance)은 조직의 자율성을 중시하면서 힘을 증대시키는 방식이다.

④ 연합(coaliton)은 전문가를 둔 영속적 조직구조를 갖고 있다.

⑤ 연합관계에서 언제든지 어느 한쪽에 의해 중단 가능하다.

⑥ 동맹, 협조, 연합은 정책결정과 관련하여 개별조직의 승인이 있어야 한다.

⑦ 조직 간의 협력체계 정도는 협조 → 동맹 → 연합 순으로 갈수록 강화된다.

⑧ 보건교육활동은 사회행동모델에서 사용할 수 있는 전술 유형이다.

〈 정답 〉
· 지역사회복지 실천모델의 목표 – ⑤⑥⑦⑧
· 학자별 지역사회복지 실천모델 – ⑭⑮⑯⑰⑱⑲
· 사회행동의 전략과 전술 – ③④⑤⑥⑦⑧

제6장 지역사회복지실천의 과정과 기술

제1절 지역사회복지실천의 과정

1. 문제확인 단계

(1) 지역사회 진단하기
- 지역사회에 내재되어 있는 문제들을 확인하기 위해 문제를 둘러싼 지역사회의 고유한 상황을 파악함
- 지역의 상황을 파악하는 초기 단계이므로 다양한 가치판단에 따라 상황 파악이 달라질 수 있다는 점을 감안하고, 개방적인 태도를 가져야 하며 관련자들과 대화를 실시
- 문제의 원인, 과거의 노력, 장애요인 등을 파악
- 문제를 바라보는 지역주민들의 시각, 합의의 여부, 기득권층과 약자층, 이익집단과 손해집단 등 정치적인 지형을 파악

(2) 표적집단 확인하기
- 문제해결을 위해서는 표적집단에 대한 충분한 이해가 선행
- 표적 집단은 실천의 대상이 되는 동시에 변화가 필요하다고 간주되는 집단

(3) 우선순위 선정하기
- 지역사회의 상황과 표적 집단의 범위, 기관의 가치, 이념 등을 고려하여 선정
- 지역사회 내에 여러 문제들 중 무엇을 우선으로 삼을 것인지를 판단해야 하며, 확인된 문제의 공식화

2. 지역사회 사정 단계

(1) 고려해야 할 사항

- 지역사회의 발전 과정
- 지역사회의 정치, 사회구조
- 지역사회의 경제적인 상황
- 지역사회의 사회문화

(2) 사정의 유형

○ 포괄적 사정
- 철저한 방법론에 기초
- 1차 자료의 생성을 주요 목적

○ 문제중심 사정
- 우선적으로 해결해야 할 중요한 영역에 초점을 맞춘 유형

○ 하위체계 사정
- 특정 하위체계를 중심으로 특정 부분이나 일면을 조사하여 사정이 이루어지는 유형

○ 자원사정
- 권력, 전문기술, 재정, 서비스 등 인적, 무적 자원 영역을 검토

○ 협력 사정
- 지역사회 참여자들이 파트너(조사계획, 참여관찰, 분석과 실행 국면) 등에 관계되어 지역 사회에 의해 수행되는 사정을 의미

3. 욕구사정을 위한 자료수집 단계

(1) 질적 접근방법

○ 비공식 인터뷰
- 자연스러운 만남을 통한 의견교환에 의해 조사대상자의 특정 입장에 상관없이 정보를 수집할 수 있음

- 대상자에게 편안한 분위기를 제공함으로써 자유롭게 정보를 수집
- 루빈과 바비 – 지역현장을 관찰하는 동안 면접자와 피면접자 간의 우연적 상호작용으로 정의

○ **공식 인터뷰**
- 주요정보제공자들과 사전에 약속을 잡고 대면이나 전화 면접을 통해 이루어짐
- 개방형 질문이 좋음
- 사전에 미리 물어볼 질문들을 준비

○ **민속학적(참여관찰)**
- 조사자가 그 지역에서 지역주민과 같이 생활하면서 현지관찰을 통해 지역주민의 삶, 행동, 문화, 가치, 의식 등을 연구자가 수집하는 방법
- 사회적 약자 계층의 문화적 규범과 실천행위를 규명하는데 활용
- 도시빈민문화, 갱문화, 저소득층 주민들의 경제적 생활, 시설보호노인들의 삶의 이해 등에 활용

○ **지역사회포럼(지역사회 공개토론회)**
- 지역사회에 거주하거나 활동하는 사람들은 그들이 생활경험이나 관찰 또는 정보를 통하여 지역의 사회적 요구나 문제 등을 잘 알고 있다는 전제하에 조사자가 지역사회의 모든 사람들이 참여할 수 있는 공개적 모임을 주선하여, 이 모임에서 논의되는 지역사회의 욕구나 문제들을 파악하는 방법
- 주민들이 특정시간모임에 초대되어 그 지역 문제에 대해 자신의 입장을 표현할 수 있는 방법.

○ **명목집단기법**
- 소수로 구성된 집단의 공동 문제나 질문에 대해 우선 각자 나름대로 제안이나 해결책을 제시하고 나중 에 그들이 제안을 공유한 후 집단 구성원 간 토론을 통하여 우선순위를 결정하는 방법
- 의견을 무기명으로 적어 제출하며, 유사한 의견들을 정리하여 발표한 후 논의가 진행
- 각 참가자들이 발표된 의견에 우선순위를 매기면 진행자가 취합하여 평균점수를 계산한

뒤 최종 우선순위를 결정
- 빠른 시간 내에 다양한 배경을 가진 집단의 이익을 정리하여 욕구조사 우선순위를 결정, 문제에 대한 이해와 목표확인 행동계획, 개발 등에 활용되며 참여자의 의사가 고루 반영될 수 있음

○ **초점집단기법**
- 어떤 문제에 관련된 소수의 사람들(8~12명 정도)을 한 곳에 모아 여러 명이 동시에 질의와 응답에 참여하여 보다 깊이 있고 집중적인 토론에 유용한 지역사회 사정방법
- 대상자들은 주요 정보제공자, 관련 서비스 제공단체 대표, 수혜자(서비스 소비자), 잠정적 수혜자, 지역사회주민 등
- 욕구의 배경이나 결정과정 등의 문제들에 대한 답변들을 살펴보는데 목적

○ **델파이 기법**
- 전문적인 지식을 가지고 있는 전문가들을 선정하여 주요 관심사에 대한 설문지를 우편이나 이메일을 통해 몇 차례 우편조사를 사용해 일정한 정도의 합의점에 도달해 때까지 반복적으로 시행함으로써 초기에 상당한 이견을 보인 쟁점에 대한 최대한의 합의를 얻는 방법
- 전문가 중심의 중요 정보제공자들을 활용하는 방법
- 토론의 비효율성을 줄이고 소수자의 영향력을 없애고 자유로운 반대의사표출 환경으로 효과적인 집단의사 결정기법

(2) 양적 접근방법
○ **서베이**
- 욕구를 조사하는 방법 중 가장 많이 하는 방법
- 표준화된 정보 수집을 위해 구조화되거나 반구조화된 질문지를 통해 설문조사를 진행하여 응답
- 정해진 항목들에 대해서는 답변을 받으므로 다양한 의견을 취합하기 어려움
- 누구를 대상으로 할 것인지, 즉 대상자의 표집이 관건
- 다양한 인구집단 간 의견의 비교 분석

○ 사회지표분석 및 2차 자료의 이용

• 통계청이나 보건복지 관련 기관이나 정부에서 이미 발표한 수치화된 자료나 내용을 활용
하여 욕구를 조사하는 방법

• 타 지역과의 비교가 가능

• 서비스 이용자 실태조사 자료, 직접 조사하지 않은 2차 자료를 활용하여 욕구를 파악

• 욕구사정을 위한 자료수집

○ 질적조사와 양적조사 비교

	질적 조사방법	양적 조사방법
특징	문제와 상황에 관한 깊이 있는 정보의 개발에 중점을 둠	사회적 상황과 문제에 대한 수적인 지표를 개발하는데 중점을 둠
방법	비공식 및 공식적 인터뷰 민속학적 방법 지역사회포럼 명목집단기법 초점집단기법 델파이기법	구조화된 서베이 프로그램 모니터링 사회지표 분석 지역사회 집단 접근

4. 계획 및 실행단계

(1) 제1단계(준비/계획단계)

• 문제를 발견하고 분석하는 과정

• 사회복지실천 과정 중 '가치판단' 이 가장 많이 요구되는 단계

• 문제를 파생하고 존속시키는 사회의 가치관과 제도를 조사

• 통계자료, 실태조사보고서 등을 분석, 설정된 목표에 따라 계획, 방법 구체화

(2) 제2단계(실행단계)

• 계획을 실행

• 문제해결을 위한 자원의 활용가능성은 어느 정도인지 파악

• 필요한 인력과 자격 및 재원과 같은 자원을 누가 통제하고 있는지 파악

• 프로그램의 수행에 어느 정도의 저항이 존재하는지 파악

5. 평가단계

- 지역사회의 변화를 위해 활용된 개입의 과정과 결과를 평가
- 일반적으로 설정된 목표가 어느 정도 달성되었는가를 알아보기 위한 과정

(1) 양적 평가와 질적 평가

- 양적평가(=프로그램의 결과 평가): 수량화된 자료나 증거를 활용하여 분석하는 방법
- 질적 평가(=프로그램의 과정 평가): 관찰 인터뷰 등 수량화되지 않은 다양한 형태로 자료를 수집하여 평가함

(2) 형성평가와 총괄평가

- 형성평가(=과정평가): 진행과정의 문제점을 발견하여 수정ㆍ보완하는 데 도움이 되는 정보를 제공하기 위한 평가
- 총괄평가(=결과평가): 달성하고자 했던 목표를 얼마나 잘 성취했는가의 여부를 평가하는데 목적이 있음

제2절 사회복지사의 역할

1. 지역사회개발 모델

(1) 안내자

- 일차적인 역할은 문제해결에 따른 목표를 설정하고, 이를 해결하는 방안을 강구하도록 도와주는 것
- 도움을 청하지 않은 지역사회에 접근하는데 있어서뿐만 아니라, 문제해결과정에서 여러 가지 면에 주도권을 발휘
- 객관적인 입장
- 사회복지사는 안내자로서의 자기 역할을 수용하고 주민들의 요구가 있더라도 주민들이 결정해야 하거나 조직을 이끌어야 하는 주민들의 역할을 대신해서는 안 됨

(2) 조력가

- 불만을 집약하는 일을 하며 촉매자의 역할
- 조직화를 격려하는 일
- 좋은 인간관계를 조성하는 일
- 공동목표를 강조하는 일

(3) 전문가

- 사회진단, 조사기술, 정보, 평가 등의 능력을 갖추어야 함
- 지역 사회의 조직, 부정적 세력, 종교 집단 등의 특성을 파악하여 지역 사회의 문제를 분석하고 진단함
- 사회복지사의 역할은 자기가 권위 있게 말할 수 있는 분야에 필요한 자료를 제공하고 직접적인 충고를 하는 것임

(4) 사회치료자

- 지역사회에서 치료자의 역할을 수행해야 할 때가 있음
- 적절한 진단을 통한 지역사회 문제의 성격과 특성을 주민들에게 알려 이해를 도움
- 지역사회의 문제 해결을 위한 협력적인 작업을 방해하는 요인을 제거하도록 도움
- 금기적 사고나 전통적 태도가 지역사회의 불화 또는 긴장을 일으킬 때 이를 변화시키기 위해 노력

2. 사회계획모델

(1) 모리스와 빈스톡(Morris & Binstock)의 계획가

- 계획가의 역할: 사회문제 완화와 사회서비스 개선을 위한 공공기관의 정책 개정을 고치기 위해 노력
  - 목적 성취를 위한 자신의 영향력과 변화시도
  - 목적 성취를 위해 정책기관과의 저항관계 분석
  - 목표, 대상기관, 자원의 인과관계 조절이 핵심적 과업
  - 기관 내의 지배세력에 영향력을 미치는 경로 검토
  - 자원은 돈과 신용, 개인적 열정, 전문성, 인기, 사회적 · 정치적 기반, 정보의 통제, 적법성 등

(2) 샌더스(sanders)의 전문가

- 분석가의 역할: 사회복지사의 전문적인 활동은 사실발견과 분석에서 출발
  - 사회변화를 위한 프로그램 과정 분석에 초점을 둔다.
  - 사회문제와 영향을 미치는 요인들을 관한 조사
  - 계획수립의 과정 분석하고 유도된 변화에 대한 결과를 평가한다.
  - 계획에 영향을 미치는 다양한 요인들을 조사
- 계획가의 역할: 어떤 종류의 사업을 계획하든 사회복지사는 인간적인 측면에 관심
  - 계획수립에 있어 기술적인 것뿐만 아니라 철학적인 면도 고려
  - 재정적이거나 물리적인 것보다는 인간적인 면을 중시
  - 모든 사업계획은 목표를 설정
  - 행정에 있어서는 중앙집권적 결정에 의존할 것인지, 분권적 결정에 의존할 것인지를 판단
- 행정가로서의 역할: 사업 계획 단계보다는 프로그램 규칙, 자원 관리 등 사업 실행과정에서 더 큰 역할을 한다.
  - 계획 수행을 위한 프로그램이나 기관의 운영에 관심을 둠
  - 계획에서 설정한 목표의 효율적이고 효과적으로 목표를 달성하기 위하여 모든 인적 물적 자원을 관리하는 역할
  - 계획이 추진되는 것 자체보다는 계획을 수행하기 위해 마련된 프로그램이나 기관의 운영에 주로 관심
  - 프로그램을 운영하는 여러 가지 행정적인 문제가 발생하므로 규칙과 절차를 적용함에 있어서 능동적으로 대처하는 융통성을 발휘

3. 사회행동모델

(1) 그로서(Grosser)의 역할 유형
지역사회의 자원분배 매커니즘을 변경하여 지역사회의 불우계층의 이익을 증대시키는 것이 사회복지사의 주된 역할임

○ 조력가의 역할

- 지역 주민의 욕구를 분석을 토대로 스스로 목표를 설정하여 추진하기 위해 조직화를 용이하게 하고 격려하는 역할
- 좋은 인간관계를 조성(간접적 개입, 중립적 입장)

○ **중개자의 역할**
- 자원의 소재를 제공하여 주민들이 스스로 필요로 하는 자원에 접근할 수 있게 해주는 것
- 기능주의적 입장으로서의 한계, 집단적 중개의 차원으로 확대

○ **옹호자(대변자)의 역할**
- 필요한 정보를 끌어내고, 주민들 입장의 정당성을 주장, 기관의 입장에 도전할 목적으로 지도력과 자원을 제공

○ **행동가의 역할**
- 지역사회 내 불이익을 당하는 주민들을 위해 진정한 사회복지사의 역할로 강조됨
- 갈등적 상황에서 중립적이거나 수동적인 자세를 거부하며 직접 행동
- 적극성이 강한 순서: 조력가 < 중개자 < 옹호자 < 행동가

제3절 지역사회복지실천의 기술

1. 옹호(대변)기술
- 지역사회복지실천 과정에서 지역주민, 특히 억압된 집단 입장의 정당성을 주장하고 지도력과 자원을 제공해야 한다는 점에서 매우 중요
- 클라이언트의 이익 혹은 권리를 위해 싸우거나, 대변하거나, 방어하는 활동

(1) 특징
- 클라이언트의 권리와 이익을 지키고 대변하는 활동
- 지역사회나 지역주민을 대신하여 일을 진행
- 지역사회나 지역주민의 입장을 지지하고 일련의 행동을 제안하는 것
- 다양한 수준의 클라이언트로 하여금 문제해결에 적극적으로 참여할 수 있도록 돕고 그들

의 이익을 대변하는 기술

(2) 옹호의 유형(하드캐슬)

○ 자기옹호

- 클라이언트 개인 및 집단이 스스로 자신을 옹호하는 활동
- 때로는 자조집단 및 지지집단을 구성해서 활동
- 사회복지사의 활동 · 행정적 · 기술적 지원 · 격려 · 정보 제공

○ 개인옹호

클라이언트가 스스로 자신을 옹호할 수 없을 때 사회복지사가 개인이나 가족을 대신하여 진행하는 옹호 활동
- 개인 및 가족의 욕구 파악 및 사정기술

○ 집단옹호

- 유사한 문제를 경험하는 클라이언트들로 구성된 집단의 공동 문제를 해결하기 위한 옹호 활동
- 집단사회복지실천기술 적용, 의사소통

○ 지역사회 옹호

- 소외된 혹은 같은 문제를 경험하는 지역주민들을 위한 옹호활동
- 공통의 문제를 경험하는 지역주민들을 위한 옹호활동
- 조직화하는 기술, 일일캠프 개최, 건강 달리기 모임

○ 정책/정치 옹호

- 사회정의와 복지를 증진시키기 위해 입법영역, 행정영역, 사법영역에서 다양한 형태로 전개되는 옹호활동
- 특정 법안의 통과를 제안하거나 저지하기 위한 로비 활동, 사법 과정에서 증인으로 나서는 클라이언트를 보호하고 정보를 제공하는 기술

○ 체계변화적 옹호

- 근본적인 제도상의 변화를 위해 구성원들과 함께 사회체제 전체에 영향을 끼치는 옹호 활동
- 조직화기술, 캠페인 기술, 미디어 활용기술, 홍보, 양성평등을 위한 여성운동, 장애인 이동권 보장을 위한 옹호 활동 등

(3) 옹호의 전술(기술)
- 설득: 표적체계로 하여금 우리의 목적을 반영하는 쪽으로 의사결정을 변경하거나 방향을 틀도록 노력하는 활동
- 증언청취: 클라이언트들이 의사결정자의 행위에 관한 의견을 듣고 싶다고 행정기관에 신청
- 표적을 난처하게 하기: 직접적인 도전이나 공격이 어려울 때 활용하는 전술(시위하기, 해당기관의 잘못을 밝히는 전단지를 배포하고 언론을 통해 알리는 활동을 통해 표적을 난처)
- 정치적 압력: 공공조직 또는 선출직 공무원을 통하여 해당기관이나 행정관료에게 정치적 권력을 이용하여 변화를 끌어내는 방법
- 탄원서 서명: 유동인구가 많은 지역에서 탄원서에 서명을 받아 해당 문제를 지지하거나 공감하는 사람이 많다는 것을 알리는 방법

2. 조직화 기술
클라이언트(체계)의 문제를 해결하기 위해 필요로 하는 인력이나 서비스를 규합하고 나아가 조직의 목표를 성취하도록 합당하게 운영해 나가는 과정(최옥채, 1999)

(1) 특징
- 지역 사회의 문제를 해결하기 위해 지역 주민들의 대표를 뽑아 모임을 구성하는 기술
- 지역주민을 지역 사회의 활동에 참여토록 유도
- 지역주민의 욕구를 파악하여 동기를 부여
- 지역사회의 당면문제를 해결하기 위해 전체 주민을 대표하는 일정 수의 주민을 선정하여 모임을 구성, 이 모임이 지역사회의 욕구나 문제를 해결해 나가도록 돕는 기술임

3. 네트워크(연계)기술

- 서비스의 중복을 방지하거나 자원을 효율적으로 사용할 수 있게 하기 위해 모임을 만듦
- 사회복지사는 연계기술을 활용함으로써 자신의 능력과 세력을 강화, 확장
- 연계를 통해 구성원들은 사회복지사의 개입에 있어서 매우 중요한 자원
- 지역사회와 지역주민들에게 정보를 제공하는 기술(지역주민의 상담, 다양한 행사 등)

○ 특징

- 클라이언트의 욕구중심에 초점
- 여러 사회복지 관련기관과 시설의 중복된 서비스를 한층 효율적으로 통합, 제공
- 다수의 시민을 사회복지실천에 참여시킴으로써 시민의 연대의식을 강화

○ 구성원칙

- 자발성
- 평등성
- 분권성
- 유연성

4. 자원개발/동원기술

- 지역 사회 문제를 해결하는 데 자원이 부족하여 외부의 도움이 필요할 경우, 자원을 발굴하고 동원하는 기술로 인적, 물적 자원 모두를 포함
- 지역사회 문제의 성격이나 개입방법과는 상관없이 모든 지역사회복지 실천활동에서 반드시 포함되어야 하는 기술

○ 특징

- 자원을 발굴하고 동원하는 기술
- 기존의 집단이나 조직체를 활용하는 기술
- DM발송, 이벤트, 인터넷, 대중매체 활용, 공익연계마케팅(CRM) 등 다양한 홍보 · 마케팅 전략을 구사

5. 임파워먼트(역량강화)기술

• 1990년대 이후 사회복지실천에 강조되고 있는 개념

• 능력을 가지는 것 또는 능력을 향상

○ 특징

    – 자신의 권한과 능력을 발견, 획득해가는 과정과 결과로 파악

    – 삶의 질이나 능력을 향상시키는 데 있어서 억압요소나 방해요소를 제거한 과정

    – 자신의 문제를 객관적으로 인식, 자신과 환경의 변화를 통하여 스스로 문제를 해결해
       나가는 것, 사회복지사와 관계에서도 주체적인 역할이 강조

○ 임파워먼트를 위한 방법

• 의식제고 – 비판의식

• 자기 목소리 내기 – 공개적으로 자신의 목소리 내기

• 공공의제로 만들기 – 쟁점이 공공의제가 되게

• 사회자본 창출하기 – 지역주민 역량강화 지원

上·中·下

01) 지역사회복지실천에서 연계기술(networking)에 관한 설명으로 옳지 않은 것은? (17회 기출)

① 사회복지관의 서비스 제공과정에서 효율성 증대

② 사회복지사의 연계망 강화 및 확장

③ 이용자 중심의 통합적 서비스 제공

④ 서비스 계획의 공동 수립과 서비스제공에서 팀 접근 수행

⑤ 지역사회 복지의제 개발과 주민 의식화

해설

연계기술이란 제반자원의 공유와 상호교류를 위해 또는 클라이언트를 원조하기 위해 사회복지사의 역량 강화를 위해 합당한 능력을 갖춘 둘 이상의 개인이나 기관, 또는 조직의 특성을 파악하여 이들을 엮어 놓은 기술이다. ① ② ③ ④

⑤ 지역사회 복지의제 개발과 주민 의식화는 임파워먼트 기술에 관한 설명이다. 임파워먼트기술은 대화, 강점확인, 자원 동원 기술 등을 포함한다.   〈 정답 ⑤ 〉

上·中·下

02) 다음에 제시된 지역사회 욕구사정 방법은?   **(17회 기출)**

- 지역사회문제에 대한 전문지식을 갖고 있는 주요 정보제공자 구성
- 응답 내용이 합의에 이르기까지 여러 번에 걸쳐 설문 과정 반복
- 설문구성은 개방형으로 시작해서 이후에는 유사한 응답내용을 폐쇄형으로 구성하여 질문

① 델파이기법   ② 초점집단기법   ③ 공청회   ④ 지역포럼기법   ⑤ 사회지표분석

해설

지역사회의 사정방법

델파이(delphi) 기법은 특정 주제나 문제에 대해 일단의 전문가를 대상으로 익명 처리된 설문조사를 수차례 반복함으로써 일종의 집단 협의 방식으로 합의에 이르는 조사 방법으로서, 어떤 문제에 대하여 전문가들 사이의 합의점을 찾는 방법이다.   〈 정답 ① 〉

지역사회복지실천

다음 문장에서 틀린 것을 모두 고르시오.

◆ **지역사회복지 실천과정**

① 평가 단계에서 총괄평가는 모든 실천과정이 종료된 이후에 실시한다.

② 실행 단계에서는 참여자의 적응을 촉진한다.

③ 실행 단계에서는 참여자 간 저항과 갈등을 관리한다.

④ 욕구사정의 초점은 서비스 및 접근가능성의 정도이다.

⑤ 델파이 기법에서 질문은 개방형으로 시작해서 이후에는 유사한 응답내용을 폐쇄형으로 구성한다.

⑥ 지역사회복지 실천과정에서 문제를 어떻게 개념화하느냐에 따라 해결방안을 실천전략이 달라진다.

⑦ 명목집단 기법은 욕구의 배경이나 결정과정보다 욕구의 내용결정에 초점을 둔다.

⑧ 지역사회복지 실천과정에서 과거 지역사회복지실천의 장벽은 무시해야 한다.

⑨ 문제발견 및 분석 단계는 계획을 행동으로 변환시키는 실행 단계이후에 진행한다.

⑩ 자원계획 및 동원 단계에서는 문제의 우선순위를 결정한다.

⑪ 문제확인 단계에서는 실천모델을 결정해야 한다.

⑫ 델파이 기법은 명목집단 기법을 대신하여 지역사회포럼 맥락 내에서 사용된다.

⑬ 민속학적(chnographic) 방법은 일반적으로 표준화된 면담도구를 사용한다.

⑭ 평가 단계에서는 결과평가만 실시한다.

⑮ 욕구사정은 지역사회복지실천을 위한 성과평가의 의미를 갖는다.

⑯ 지역사회 문제분석 단계에서는 인과관계에 근거한 개입가설을 개발한다.

⑰ 총괄평가는 프로그램 수행과정 중에 실시되어 프로그램의 문제점을 관찰·수정하는 데 유용하다.

◆ 지역사회복지 실천가의 역할

① 평가에 대비해 업무를 조정하고 준비를 위한 계획표를 작성하는 것은 행정가의 역할이다.

② 조력자는 조직화를 격려한다.

③ 촉진자는 네트워킹 기술을 활용한다.

④ 옹호자는 조례 제정 입법 활동을 수행한다.

⑤ 자원연결자는 가능한 급여와 서비스를 클라이언트에게 알려준다.

⑥ 안내자는 공동목표를 강조한다.

⑦ 전문가는 지역사회의 불만을 집약한다.

⑧ 계획가는 실천가로서 자신의 역할을 수용한다.

⑨ 행동가는 프로그램의 운영 규칙을 적용한다.

⑩ 옹호자는 연계 기술을 활용한다.

◆ 지역사회복지 실천기술

① 네트워킹 기술은 다양한 지역사회 주체들의 자발성을 촉진한다.

② 연계는 참여조직들에 대한 업무의 배분과 조정에 초점을 둔다.

③ 연계는 상호 신뢰나 호혜성에 기반하여 유지된다.

④ 자원 개발 및 동원은 기존 집단, 개인의 직접적인 참여, 네트워크 등을 활용한다.

⑤ 자원동원의 원천이나 특성에 따라 서로 다른 방법들을 사용한다.

⑥ 조직화는 지역사회가 처한 상황과 해결방향에 따라 목표를 세우고 합당한 주민을 선정하여 모임을 만들고 지역사회 욕구나 문제를 해결해 나가도록 돕는 기술이다.

⑦ 조직화 과정에서 주민의 자발적 참여를 유도한다.

⑧ 자원개발과정에서 기관의 신뢰성 형성, 유지 노력을 한다.

⑨ 청원은 지방자치단체가 별도의 조치를 해줄 것을 요청하기 위해 다수인의 서명지를 전달하는 활동이 다.

⑩ 서비스 계획의 공동 수립과 서비스 제공에서 팀 접근을 수행하기 위해 연계기술을 활용한다.

⑪ 네트워킹은 사회복지사의 연계망을 강화하고 확장시켜준다.

⑫ 연계를 통해 서비스 중복을 막고 새로운 인프라 구축을 위한 시간과 비용을 절감할 수 있다.

⑬ 조직화 과정에서 지역사회의 외적 능력에 중점을 두어야 한다.

⑭ 조직화 과정에서 주민통제 기술을 활용한다.

⑮ 지역사회 자원 개발은 자연발생적 상황에 따라 대처한다.

⑯ 조직화 과정에서 취약계층의 권리를 대변한다.

⑰ 조직화 과정에서 주민갈등을 중재한다.

〈 정답 〉

• 지역사회복지 실천과정 – ⑧⑨⑩⑪⑫⑬⑭⑮⑯⑰

• 지역사회복지 실천가의 역할 – ⑥⑦⑧⑨⑩

• 지역사회복지 실천기술 – ⑬⑭⑮⑯⑰

제7장 지방분권화와 지역사회복지

제1절 지방분권화

1. 지방분권화의 개념과 의의

(1) 개념
지방 정부가 중앙 정부의 권한을 부여받아 지방 정부의 자율성을 강화하고 지역 간 균형 있는 발전을 도모하는 것

(2) 의의
- 지방정부의 자율성강화
- 지역의 특성에 맞는 정책 수립
- 사회복지서비스 공급 측면에서 지방자치단체의 역할과 책임 강화
- 지역 간 균형 있는 발전을 도모, 지역주민의 참여 기회 확대

2. 지방자치체 · 지방분권화가 지역사회복지에 미치는 영향

(1) 긍정적 영향
- 지방정부의 자율성 강화 지역상황에 기초한 접근성
- 지역주민의 복지의식을 고취하여 균형발전 도모
- 지방의 발언권 강화로 사회복지비 배분의 불균형이 점차 시정
- 사회복지서비스의 기획과 집행에서 지방정부의 역량이 강화
- 주민의 욕구에 반응하는 맞춤서비스를 제공

(2) 부정적 영향
- 사회복지에 관한 중앙정부의 책임 감축으로 중앙정부지출의 감소

- 지방재정의 악화로 사회복지서비스의 공급이 축소될 가능성
- 지역 간 사회복지 수준의 격차가 확대될 우려
- 지역 간 복지서비스의 격차가 발생하고, 보편적 복지서비스의 발전에 한계로 작용

(3) 과제
- 재정분권 차원: 복지재정의 불평등과 복지수준의 격차를 줄일 수 있는 정책이 필요
- 행정분권 차원: 사무 배부 및 기능조정, 재정확보를 위한 중앙정부로부터의 지원과 노력이 필요
- 정치분권 차원: 지역복지의 네트워크화
- 지역주민의 삶의 질 향상을 위해서 적극적인 주민참여와 민간부문의 역량강화가 필요

(4) 지방분권화에 따라 변화된 지역사회복지 여건
- 사회복지전달체계의 개선노력 증대
- 지방정부의 복지행정 역량강화
- 지역이기주의는 증대되는 추세

3. 사회복지전담공무원
- 사회복지사업법 제14조 규정에 따름
- 사회복지업무를 담당하는 지방자치단체의 사회복지직 공무원으로 주로 읍·면·동에 배치되어 근무하고 있음
- 2002년부터 시·도 및 시·군·구 사회복지관련 부서에서도 근무하고 있음
- 2000년 1월부터 사회복지전담공무원의 직렬은 별정직에서 일반직 사회복지직으로 전환
- 명칭도 사회복지전담공무원으로 불림
- 사회복지사는 2급 이상의 사회복지사 자격증을 가진 사람만 응시할 수 있음
- 공무원임용시험을 통해 시·군·구청장이 임용

(1) 사회복지전담공무원의 연혁
- 1987년 저소득층 취약계층에서 5대 직할시 읍, 면, 동에 별정직 7급 전문적인 복지서비스를 제공하기 위하여 사회복지전문요원이라는 이름으로 최초 배치
- 1992년 사회복지사업법의 개정을 통해 사회복지 전문 요원의 법적 근거 마련

• 1999년 사회복지전문요원의 일반직 전환 지침을 마련하여 2000년부터 일반직 9급 사회복지 전담 공무원을 임용하기 시작

(2) 사회복지전담공무원의 직무내용

• 생계, 의료, 교육 등 국민기초생활보장 급여지급 업무
• 저소득가구 자활, 직업훈련, 융자 등 자립지원
• 장애인, 노인 등에 대한 각종 지원시책 안내 및 제공
• 요보호아동 지원(가정위탁 등)
• 모 · 부자가정 지원
• 복지대상자 사례관리

제2절 지역복지 환경의 변화

1. 환경변화의 특징

• 지역사회복지계획의 시행과 함께 사회복지서비스공급 중심축을 지방으로 이전시키는 흐름이 본격화되고 있음
• 중앙정부의 국고보조 사업으로 운영되던 사회복지사업중 상당부분이 지방으로 이양
• 행정자치부 주관의 주민생활지원시비스 강화를 위한 행정체계 개편이 진행
• 지역사회복지협의체의 경우처럼 민관의 공동협력이 강조
• 중앙정부의 책임을 강화하거나 중앙정부와 지방정부의 의무에 관한 명확한 규정이 없어서 각 주체들의 역할이 모호하며, 중앙정부의 책임을 지방에 전가할 수 있는 우려

2. 로스가 말하는 지역사회복지가 발전해야 할 필요성

• 사회복지의 목적달성을 위해서는 지역사회 안에서 목적을 추구
• 대상자 욕구 충족의 측면에서 지역사회와 우호적인 관계를 유지
• 문제발생의 사후대책보다 예방대책의 합리적인 적용이 필요
• 제도 및 정책에 대한 참여의 수준에서 지역사회 주민의 참여가 필요
• 국가와 지역 간의 역할을 적절히 설정하여 수행하는 것이 바람직함

제3절 재가복지

1. 우리나라의 재가복지: 보건복지부 지침
- 지역사회 내에서 일정한 시설과 전문 인력을 갖추고 필요한 재가복지서비스를 제공하는 것
- 여러 가지로 도움이 필요한 노인, 장애인, 아동들을 시설에 수용하지 않고 집에 거주하게 하면서 지역사회의 가정봉사원을 가정으로 파견하거나 또는 재가복지센터로 통원을 하게 하여 일상생활을 위한 서비스와 자립할 수 있는 프로그램을 제공하는 것이라고 정의
- 재가복지의 등장 배경
  - 가족의 구조와 기능 변화
  - 취업여성의 증가
  - 예방, 재활, 사회통합에 목적을 둔 서비스의 필요성
  - 정상화의 이념에 입각한 사회복지의 변화경향
  - 가정 내에서의 대상자 보호의 어려움 증가
  - 보호 대상의 확대 요구

2. 재가복지의 종류

(1) 재가복지의 3대 핵심사업 중 단기보호서비스
- 안정과 휴양의 장소 제공, 보호 감독의 서비스를 받을 수 있음
- 장애에 따른 사회적 고립을 예방할 수 있음
- 가벼운 질병이나 장애에 대한 의료 재활 서비스

(2) 재기복지의 사업
- 주간보호사업: 가정에서 통원하면서 서비스를 제공
- 가정봉사원 파견사업: 혼자서 일상생활을 하기 곤란한 노인을 위해 각종 생활편의를 위한 서비스를 제공하는 프로그램.
- 지역사회보호: 보호를 필요로 하는 사람에게 가정이나 지역사회를 기반으로 제공하는 서비스

제4절 지역사회보장계획

- 지역 주민의 욕구, 자원 등 복지환경을 고려, 지역 사회의 다양한 주체들의 참여를 통해 사회보장사업의 우선순위 등을 결정하는 지역 단위의 사회보장 계획 수립
- 지역사회복지서비스를 종합적, 계획적으로 추진하기 위한 방법으로서 주민의 복지욕구와 지역 특성 등 지역의 복지문제를 파악하여 과제를 설정하고 주민참여를 토대로 공공과 민간의 협력을 통하여 그 해결을 도모하기 위한 중·장기적 계획

1. 지역사회보장계획 필요성

- 지역사회복지의 제도화
- 서비스의 지속적·안정적 공급
- 서비스 공급주체의 다원화
- 사회자원조달과 적정배분

2. 지역사회보장계획 목표

- 지역 차원의 통합적 시행계획 수립
- 지역주민의 참여 유도
- 수요자 중심의 지역복지실천
- 지역의 사회복지 공급 주체로서 공공과 민간 간 협력

3. 지역사회보장계획 시행에 따른 변화

- 지역의 실정에 적합한 복지정책의 실현이 가능해짐
- 사회보장에 관한 중앙정부의 방향과 지방자치단체의 방향이 연계
- 지역사회 내 공공과 민간의 연계를 모색하는 기틀이 마련
- 수요자(이용자) 중심의 실천이 강화
- 보다 지속적이고 장기적인 복지정책이 구현이 가능

4. 지역사회보장계획 계획 수립기간 및 제출시기

(1) 수립절차
- 시·군·구 계획은 시행연도 전년도 9월 30일까지 시·도 계획은 시행연도 전년도 11월 30일까지 수립하여 시·도 또는 보건복지부 장관에게 제출
- 연차별 시행계획의 경우 시·군·구는 전년도 11월 30일까지 시·도지사에게 시·도는 시행연도 1월 31일까지 보건복지부 장관에게 제출

(2) 수립의 원칙
- 지역성: 지역 고유의 특성이 반영
- 과학성: 주민의 욕구조사 등 객관적인 분석을 통해 과학적 기초자료를 마련
- 연속성: 지역사회보장계획은 4년 단위의 중·장기 계획
- 자율성: 주민의 욕구조사 등 객관적인 분석을 통해 과학적 기초자료를 마련
- 참여성: 지역사회의 여러 기관, 단체의 참여를 유도하는 게 중요함

5. 지역사회보장협의체
- 지역 사회 내 복지문제를 해결하기 위한 민주적 의사소통 구조를 확립
- 수요자 중심의 통합적 사회보장 급여 제공 기반을 마련
- 지역 사회 내 복지자원 발굴 서비스 제공기관 간 연계, 협력으로 지역 복지자원의 효율적 활용 체계를 조성

○ 역할
- 시·군·구의 지역사회보장계획 수립·시행 및 평가에 관한 사항
- 시·군·구의 지역사회보장조사 및 지역사회보장지표에 관한 사항
- 시·군·구의 사회보장급여 제공에 관한 사항
- 시·군·구의 사회보장 추진에 관한 사항
- 읍·면·동 단위 지역사회보장협의체의 구성 및 운영에 관한 사항
- 그밖에 위원장이 필요하다고 인정하는 사항

○ 설치

- 시장, 군수, 구청장은 지역의 사회보장을 증진, 사회보장과 관련된 서비스를 제공하는 관계 기관, 법인, 단체, 시설과 연계, 협력을 강화하기 위하여 시·군·구에 지역사회보장협의체를 둠

○ **지역사회보장협의체의 위원은 시장, 군수, 구청장이 임명 또는 위촉**

- 사회보장에 관한 학식과 경험이 풍부한 사람
- 사회보장에 관한 업무를 담당하는 공무원
- 읍·면·동 단위 지역사회보장협의체의 위원장
- 지역의 사회보장 활동을 수행하거나 서비스를 제공하는 기관, 법인, 단체, 시설의 대표자

○ **특별자치시의 시장·군수·구청장은 읍·면·동 단위로 읍·면·동의 사회보장 관련 업무의 원활한 수행을 위하여 읍·면·동 단위 지역사회보장협의체를 둠**

(2) 시·도 사회보장위원회(구 사회복지위원회)

○ **역할: 다음의 사항에 대해 심의·자문함**

- 시·도의 지역사회보장계획 수립·시행 및 평가에 관한 사항
- 시·도의 지역사회보장조사 및 지역사회보장지표에 관한 사항
- 시·도의 사회보장급여제공에 관한 사항
- 시·도의 사회보장 추진과 관련한 중요 사항
- 그밖에 위원장이 필요하다고 인정되는 사항

6. 지역사회보장계획의 내용

(1) 시·군·구 계획에 포함되어야 하는 사항

- 지역사회보장 수요의 측정, 목표 및 추진전략
- 지역사회보장의 목표를 점검할 수 있는 지표(지역사회보장지표)의 설정 및 목표
- 지역사회보장의 분야별 추진전략, 중점 추진사업 및 연계협력 방안
- 지역사회보장 전달체계의 조직과 운영

- 사회보장급여의 사각지대 발굴 및 지원방안
- 지역사회보장에 필요한 재원의 규모와 조달 방안
- 지역사회보장에 관련한 통계 수집 및 관리 방안
- 그밖에 대통령령으로 정하는 사항

(2) 시·도 계획에 포함되어야 하는 사항

- 시·군·구의 사회보장이 균형적이고 효과적으로 추진될 수 있도록 지원하기 위한 목표 및 전략
- 지역사회보장지표의 설정 및 목표
- 시·군·구에서 사회보장급여가 효과적으로 이용 및 제공될 수 있는 기반 구축방안
- 시·군·구 사회보장급여 담당 인력의 양성 및 전문성 제고 방안
- 지역사회보장에 관한 통계자료의 수집 및 관리방안
- 그 밖에 지역사회보장 추진에 필요한 사항

제5절 사회복지협의회

- 사회복지를 목적으로 하는 각종 활동을 조장하고 이를 위한 국민의 참여를 촉진하여 우리 나라 사회복지의 향상과 발전에 기여하는 민간단체나 개인의 연합체
- 지역사회의 복지욕구를 효과적으로 달성하기 위한 상호협력 및 조정하는 단체
- 중앙협의회, 시·도 협의회 및 시·군·구협의회는 사회복지사업법에 따른 사회복지법인 으로 함

1. 사회복지협의회 업무(사회복지사업법 제33조)

- 사회복지에 관한 조사·연구 및 정책건의
- 자료수집 및 간행물 발간 및 교육훈련
- 자원봉사활동의 진흥
- 사회복지 관련기관·단체 간의 연계·협력·조정
- 사회복지 소외계층 발굴 및 민간 사회복지 자원관의 연계·협력
- 사회복지사업에 종사하는 자의 교육훈련과 복지증진
- 학술도입과 국제사회복지단체와의 교류

- 보건복지장관이 위탁하는 사회복지에 관한 업무
- 그밖에 중앙협의회 또는 시 · 도 협의회 및 시 · 군 · 구협의회의 목적달성에 필요하여 정관
  으로 정하는 사항

2. 사회복지협의회 기능

(1) 지역사회의 복지증진과 관련된 사실 발견
- 지역사회가 당면한 근본문제에 대한 연구나 장기적인 조사 실시
- 다른 연구기관들과의 공동연구 수행

(2) 사회복지기관들의 조정과 협력
- 사회복지기관들 간의 회합과 회의를 개최
- 기관 간의 문제를 해결하기 위한 연구위원회 구성

(3) 지역사회복지의 센터 역할
- 사회복지에 관한 중요회의 주최, 사회복지정책 수립
- 공동의 복지활동을 위한 계속적인 도구의 역할

(4) 사회복지기관 간의 서비스 조정 활동
- 사회복지에 관해 필요한 정보 교류와 위탁 서비스
- 자원봉사자 관리, 사회서비스교환

(5) 사회복지기관의 업무의 질적 수준을 높임
- 집단적인 방법으로 공공조사
- 업무기준에 관한 연구 · 출판 · 배포 및 공동토의
- 회의나 회합을 통한 경험을 교환하여 질적인 수준을 높이는 데 기여

(6) 정보제공, 교육 및 홍보-사회복지기관 명부 및 간행물의 발간

(7) 사회행동

- 공공의 이슈에 대한 입장을 밝힘
- 취약 계층의 복지에 관한 입법 대안을 제시하여 독자적인 활동을 하거나 기관·단체들과 공동의 활동 전개

3. 사회복지협의회 기본원칙

- 주민욕구기본의 원칙
- 주민활동주체의 원칙
- 민간성의 원칙
- 공사협동의 원칙
- 전문성의 원칙

4. 사회복지협의회 유형

(1) 의의

- 조직은 주민주체의 원칙에 기초한 시·군·구 지역을 기본단위로 하면서 시·도 및 전국에서 조직
- 중앙사회복지협의회로서는 한국사회복지협의회
- 광역단체 사회복지협의회(광역시, 도)가 16개 지역에 조직되어 있으며, 기초단체 사회복지협의회로서 시·군·구 단위의 사회복지협의회(이화 지역사회복지협의회)가 전국의 대부분의 지역에 조직

(2) 한국사회복지협의회

- 1952년 사단법인 한국사회복지협의회로 설립
- 1961년 한국사회복지사업연합회로 개칭하였으며, 1970년 사회복지법인 한국사회복지협의회로 개칭
- 1983년 사회복지사업법 개정으로 법정단체
- 사회복지에 관한 조사·연구와 각종 복지사업에 대한 국민의 참여를 촉진시킴으로써 우리

나라의 사회복지 증진과 발전에 기여

(3) 광역단체 사회복지협의회(광역시 · 도)

• 1984년 일부 조직되면서 현재 16개 지역에 조직

• 한국사회복지협의회의 정관에 의거하여 조직되어 활동하다가 1998년 사회복지사업법의 개정과 함께 사회복지법인으로 인정됨에 따라 한국사회복지협의회의 지원 없이 지방사회복지협의회로 독립되어 운영하는 체제로 변화됨으로써 그 기능이 강화

• 광역시 · 도 단위에 설립되어 지역사회와 밀접한 사회복지 문제 해결에는 접근하기 어려운 한계

(4) 지역사회복지협의회(시 · 군 · 구)

• 광역단체 사회복지협의회가 시 · 군 · 구 단위 사회복지 기관 및 시설과의 협의 · 조정 역할에 한계가 있자 지역주민들의 자생적 필요성에 의해 1995년 원주시 사회복지협의회가 가장 먼저 조직

• 사회복지사업법(2003. 7. 30개정)에 따라 사회복지법인으로 법적인 근거를 마련함

• 기능 및 역할
  – 지역사회복지협의회의 기능을 살펴보면 지역사회복지활동 기능, 연락, 조정, 협의 기능, 지원, 유지기능 등
  – 사회복지협의체와 사회복지협의회의 기능 비교

사회복지협의체	사회복지협의회
– 사회복지 부문의 주요사항 심의 – 서비스 부문 간 연계 강화 – 지역사회복지 자원 개발 – 지역사회복지협의체 운영 대한 논의 – 지역복지계획과 관련된 논의, 협의 – 협의된 사항의 시행에 대한 모니터링	– 지역사회의 복지증진과 관련된 사실 발견 – 사회복지관들은 조정과 협력 – 지역사회복지의 센터 역할 – 사회복지기관 간의 서비스 조정활동 – 사회복지기관의 업무의 질적 수준을 높임 – 지역사회복지를 위한 공동의 계획수립 · 실천 – 정보제공, 교육 및 홍보 – 자원동원 및 제정안정 도모 – 사회행동

제6절 지역사회복지협의체

시·군·구 지역사회복지계획을 수립할 때 지역사회복지협의체의 심의를 거침

1. 지역사회복지협의체 구성

- 2005년 7월 31일 시행
- 지역복지증진을 위한 민간의 참여기반 마련하고 지역사회복지 관련 주체들의 참여 전제
- 지역 내 복지문제를 해결하기 위한 민주적 의사소통구조 확립
- 제한된 복지자원의 효율적 이용을 통한 복지서비스의 극대화
- 지역복지에 관한 정보공유를 위한 제도화 및 체계화
- 민관 협력체제로서 협의체에 실무 협의체를 둘 수 있어 실무자의 참여를 포함함으로써 다층적인 구성이 가능
- 지역사회복지 협의체 기본적인 원칙은 지역의 복지관련 단체들의 자발성에 기초한 자율적인 협의체
- 지역사회복지협의체의 구성은 지역사회복지협의체에 실무협의체를 둘 수 있는데, 위원장 1인을 포함한 10인 이상 30인 이하의 위원으로 구성

2. 지역복지협의체의 기능과 역할

- 서비스 제공기관 간 연계 및 협력을 통해 자원제공의 중복과 누락 방지
- 주민들이 필요로 하는 서비스를 One-stop으로 제공하고 다양한 복지기관 및 시설연결
- 수용자 중심의 통합적 복지서비스 제공 기반마련
- 지역복지계획 수립 및 서비스의 연계와 조정
- 자원동원과 욕구조사 및 자발성에 기초한 자율적인 협의체를 지향
- 지역사회복지협의체 가운데 실무 협의체의 역할은 사회복지서비스의 질 향상을 위한 다양한 사업안을 협의하여 상정하는 것

3. 지역사회복지협의체 구조

- 대표협의체, 실무협의체, 실무분과로 구성
- 대표협의체는 공공기관, 민간기관, 이용자대표로 구성

- 실무분과는 실무협의체 내에 별도로 구성하는 것을 원칙
- 실무분과는 대상별, 지역별, 기능별 등 다양한 형태로 구성
- 대표협의체와 실무협의체위원의 임기는 2년임

4. 지역사회복지협의체 운영원칙

- 지역특성을 반영하는 탄력성이 필요
- 지방자치단체의 참여를 보장하되 민간의 주도와 공공의 지원 구조를 지향
- 실무자의 참여와 활동을 강화하고, 협의체 참여자들의 의견 수렴이 전제
- 기존 민간기관에서 실시하는 사업과 중복되지 않아야 함
- 자원이 부족한 지역은 자원개발 중심사업을 시행
- 자원이 풍부한 지역은 지역주민 욕구 충족 중심 사업을 시행

5. 대표협의체의 역할

- 지역사회복지계획과 관련된 다양한 논의, 협의 결정
- 지역사회복지협의체의 운영에 관한 논의
- 지역의 복지문제 전반에 대한 논의 및 협의
- 협의된 사항 시행에 대한 모니터링

上·**中**·下

01) 사회복지협의회에 관한 설명으로 옳은 것은?　　　　　　　**(17회 기출)**

① 읍·면·동 중심의 공공부문 전달체계와 지역사회보고체계를 구축하고 운영한다.

② 관계법령에 따라 10명 이상 40명 이하의 규모로 위원회를 구성해야 한다.

③ 시·군·구 단위에 의무적으로 설치하여야 한다.

④ 사회복지시설 및 기관 중심의 지역사회복지 증진을 위한 법정단체이다.

⑤ 사회보장급여의 이용·제공 및 수급권자 발굴에 관한 법률에 근거하여 설립된다.

해설

사회복지협의회

사회복지협의회는 한국사회복지협의회, 광역단체 사회복지협의회, 지역사회복지협의회로 조직되어 있다. 사회복지사업법에 법적 근거는 마련되어 있지만 설립이 의무인 것은 아니다.

〈 정답 ④ 〉

上·**中**·下

02) 사회복지협의회에 관한 설명으로 옳지 않은 것은?　　　　　　**(18회 기출)**

① 민간 사회복지 증진을 위한 법적 단체

② 사회복지 소외계층 발굴 및 민간사회복지자원과의 연계·협력

③ 시·도와 시·군·구에서 모두 의무 설치

④ 1970년 사회복지법인 한국사회복지협의회로 명칭 변경

⑤ 사회복지에 관한 조사·연구 및 정책 건의

해설

사회복지협의회

사회복지협의회는 사회복지사업법에 그 설립근거 마련되어 한국사회복지협의회, 광역단체 사회복지협의회 지역사회복지 협의회로 조직되어 있기는 하지만 그렇다고 해서 의무적으로 설치해야 하는 것은 아니다.

〈 정답 ③ 〉

지방분권화와 지역사회복지
다음 문장에서 틀린 것을 모두 고르시오.

◆ 지방분권화의 영향
① 지방자치단계 간의 경쟁이 심화되어 지역 이기주의가 나타날 수 있다.
② 지방자치단체장이 의지에 따라 복지서비스가 지역 간 불균형이 나타날 수 있다.
③ 지방정부가 사회개발정책에 우선을 두는 경우 지방정부의 복지예산이 감소될 수 있다.
④ 복지의 분권화를 통해 효율적인 복지집행체계의 구축이 용이해질 수 있다.
⑤ 지방자치제로 지역의 특성에 맞고 그 지역 주민의 복지수요에 부응하도록 독자적인 계획
　수립과 차별화된 정책 수립이 가능해졌다.
⑥ 재정자립도의 격차는 지방자치제와 지역사회복지사업의 문제점을 발생시켜 지역 간 복지
　불평등을 초래할 수 있다.
⑦ 지방자치제로 주민욕구 맞춤형 복지 프로그램을 제공하게 되었다.
⑧ 최근 복지재정 분권화로 인해 지역 간 사회복지 불균형이 심화되고 있다.
⑨ 최근 중앙정부 중심의 지역사회복지 서비스 전달 체계가 구축되고 있다.
⑩ 지방정부의 권력 강화로 복지예산이 확대되어 민간의 참여가 약화되었다.

◆ 지역사회보장계획
① 지역사회보장계획 수립으로 지역 여건과 현황에 맞는 복지정책이 실행이 가능해졌다.
② 지역사회보장계획 수립으로 지속적이고 장기적인 복지정책을 구현할 수 있게 되었다.
③ 지역사회보장계획 수립으로 민관협력을 통한 복지자원의 효율적 운영이 가능하다.
④ 시 · 도지사는 사회보장위원회의 심의를 거쳐 지역사회보장계획을 수립하여야 한다.
⑤ 시장 · 군수 · 구청장은 지역 주민 등 이해관계인의 의견을 들은 후 지역사회보장협의체의
　심의를 거쳐야 한다.
⑥ 최근 지역사회복지계획이 「사회보장급여의 이용 · 제공 및 수급권자 발굴에 관한 법률」에
　의거하여 지역사회보장계획으로 변경되었다.

⑦ 시·도지사 및 시장, 군수, 구청장은 4년마다 지역사회보장계획을 수립하여야 한다.

⑧ 지역사회보장계획은 지역사회보장서비스의 수급조정과 안정적 공급을 도모한다.

⑨ 시·군·구 지역사회보장계획은 시행연도는 전년도 9월 30일까지 시·도지사에게 제출되어야 한다.

⑩ 시·군·구 지역사회보장계획은 사회보장급여의 사각지대 발굴 및 지원 방안을 포함하여 수립한다.

⑪ 지역사회보장계획은 주택, 고용, 문화를 제외한 보건과 의료영역에 초점을 둔다.

⑫ 시·군·구 지역사회보장계획은 시·군·구 의회 심의와 지역사회보장협의체의 보고를 거쳐야 한다.

⑬ 시·군·구 지역사회보장계획은 기초지방자체단체 간 사회보장의 균형 발전을 위한 방안을 포함하여 수립한다.

⑭ 지역사회보장계획 수립으로 공급자 중심의 지역사회복지실천이 강화되었다.

◆ 사회복지협의와 지역사회보장협의체

① 사회복지협의회는 민간 사회복지의 증진을 위한 법정단체이다.

② 시·도 사회복지협의회는 사회복지에 관한 자료수집 및 간행물 발간 사업을 수행한다.

③ 지역사회보장협의체에서 지역사회보장계획을 심의한다.

④ 지역사회보장협의체는 지역사회 공동체 기능회복과 사회자본 확대를 지향한다.

⑤ 지역사회보장협의체는 사회보장 관련 서비스 제공기관의 연계·협력을 강화할 목적으로 운영된다.

⑥ 지역사회보장협의체의 실무분과는 지역사회보장계획의 연차별 시행계획을 모니터링한다.

⑦ 읍·면·동 지역사회보장협의체는 지역 특화사업을 추진한다.

⑧ 지역사회보장협의체는 지역사회복지 자원을 개발하고 발굴하는 기능을 갖고 있다.

⑨ 사회복지협의회는 시·군·구 기초자치단체에 의무적으로 설립하여야 한다.

⑩ 한국사회복지협의회는 복지수요 사정에 따라 지역사회보장계획을 수립한다.

⑪ 한국사회복지협의회는 보건, 복지 전달체계의 효율적 관리를 담당한다.

⑫ 시·도 사회복지협의회는 지역사회보장계획 수립 및 실행에 관한 사업을 수행한다.

⑬ 지역사회보장협의체의 민간사회복지기관에 대한 감사 및 평가를 실시한다.

⑭ 지역사회보장협의체의 실무협의체는 시·군·구의 사회보장급여의 제공에 관한 사항을

심의 · 자문한다.

⑮ 지역사회보장협의체의 실무협의체는 지역사회보장계획을 의회에 보고한다.

⑯ 지역사회보장협의체의 대표협의체는 통합사례관리를 지원한다.

〈 정답 〉
· 지방분권화의 영향 – ⑨⑩
· 지역사회보장계획 – ⑪⑫⑬⑭
· 사회복지협의와 지역사회보장협의체 – ⑨⑩⑪⑫⑬⑭⑮⑯

제8장 지역사회복지 추진체계

제1절 사회복지관

1. 사회복지관 역할
지역사회 내에서 일정한 시설과 전문 인력을 갖추어 지역사회의 인적 · 물적 자원을 동원하여 지역사회복지를 중심으로 주민들의 욕구와 문제에 서비스를 맞추어 조정하고 통합하여 효과적으로 서비스체계를 수립하는 사회복지시설

2. 사회복지관 기능
- 보호서비스의 제공
- 자립능력 배양을 위한 교육훈련 제공
- 재가 복지서비스의 제공
- 지역사회 문제의 예방 및 치료

3. 사회복지관 운영 원칙
- 지역성의 원칙
- 전문성의 원칙
- 자율성의 원칙
- 책임성의 원칙
- 중립성의 원칙
- 통합성의 원칙

4. 사회복지관 역사

(1) 태동기

- 우리나라 최초의 사회복지운동은 1906년 원산에서 미국의 감리교 여선교사인 메리 놀즈에 의해 시작
- 여성계몽, 빈곤문제 해결이 주도, 사회복지관 설립·운용이 외국의 종교단체에 의해 민간 주도

(2) 형성기

- 대학부설 사회복지관이 출현
- 개인 및 민간단체들에 의해 사회복지관이 설립
- 국가보조금의 법적 근거는 마련되지 않음

(3) 확대기

- 공식적인 국가지원이 이뤄지고, 재벌기업 및 민간단체에 의한 사회복지관이 활성화
- 사회복지관이 운영·건립되고, 국고보조사업의 지침이 마련되면서 전문사회복지 인력이 배치
- 1906년 원사 인보관운동에서 사회복지관 사업 태동
- 1921년 서울에 최초로 태화 여자관 설립
- 1926년 원산에 보혜여자관 설립
- 1930년 서울에 인보관 설치
- 1976년 한국사회복지연합회 설립(22개 사회복지관)
- 1983년 사회복지사업법 개정으로 사회복지관 운영 국고보조
- 1988년 사회복지관 운영·국고보조사업지침 수립
- 1989년 주택건설촉진법 등에 의해 저소득층 영구임대아파트 건립 시 일정규모의 사회복지관 건립을 의무화
- 1989년 사회복지법인 한국사회복지관협회 설립
- 2012년 사회복지사업법 개정으로 사회복지관의 설치 등에 관한 규정 신설

5. 사회복지관 설치 · 운영

(1) 설치

○ 설치의 우선순위

시·도지사 및 시장·군수·구청장이 사회복지관을 설치하고자 할 때에는 <u>저소득층 밀접지역에 우선 설치</u>하되, 일부 지역에 편중되지 않도록 함

○ 설치·운영 주체

• 사회복지관은 지방자치단체, 사회복지법인 및 기타 비영리법인이 설치·운영
• 지방자치단체는 사회복지관을 설치한 후 사업의 전문성을 향상시키기 위해 운영능력이 있는 사회복지법인 등에 위탁하여 운영
• 지방자치단체는 공공단체의 시설물을 위탁받아 사회복지관을 설치·운영하거나 사회복지법인 등에 위탁하여 운영할 수 있다.
• 사회복지관을 설치, 운영하고자 하는 자는 시설의 소재지를 관할하는 시장, 군수, 구청장에게 시설 설치 신고를 하여야 함

(2) 사업의 대상

○ 사회복지관 사업의 대상은 사회복지서비스 욕구를 가지고 있는 모든 지역주민으로 함

○ 우선적 사업대상 주민

• 국민기초생활보장 수급자, 차상위 계층
• 장애인, 노인, 한부모가정, 다문화 가정
• 직업 및 취업 알선이 필요한 주민
• 보호와 교육이 필요한 유아·아동 및 청소년
• 그밖에 사회복지관이 사회복지서비스를 우선 제공할 필요가 있다고 인정되는 주민

제2절 공동모금회

• 지역사회조직사업 중에 시민이 광범위하게 참여
• 시민과 사회복지관간의 협동적인 조직
• 전 국민을 대상으로 모금하고 전국사회복지단체에 적절히 배분
• 우리나라에서는 '사회복지공동모금회' 라 하고 약칭으로 '공동모금회' 라 부름

1. 공동모금 기능

- 지역사회 전반에 걸쳐서 공동모금에 가입된 단체를 위하여 모금을 하고 그 모금한 금액을 체계적으로 예산절차에 따라 배분을 실시
- 지역사회의 사회복지, 보건, 레크리에이션 등 서비스에 협동적인 계획, 조정 및 관리를 추진

2. 공동모금 특성

- 봉사활동으로의 민간운동
- 효율성과 일원화 – 노력, 시간, 경비 절약
- 지역사회 중심
- 전국적인 협조 – 중앙회 차원
- 공동모금회는 민간복지 발전에 필요한 재원을 자율적으로 마련하고 이를 복지사업에 배분하는 민간복지 운동으로서, 지역사회를 중심기반으로 함

3. 공동모금회 사회적 기능

- 합리적 기부금 모금을 통한 사회복지자금의 조성
- 국민의 상부상조정신 고양
- 사회복지에 관한 이해의 보급과 여론의 형성
- 민주적 사회인으로서의 권리와 책무의 수행

4. 공동모금의 장·단점

(1) 장점

- 공동모금은 개별모금에 비해 효율적인 모금과 합리적이고 형평성 있는 배분이 가능
- 개별 사회복지기관은 모금활동에 투여하는 경비를 절약
- 적절한 예산과 결산은 사회복지사업계획의 효율
- 광범위한 교육선전활동은 사회복지에 대한 지식과 관심을 널리 보급함

(2) 단점

- 금전에만 치우쳐 사회복지라는 정신과 동기를 상실하기 쉬움
- 사회복지에 대한 간섭의 가능성이 있음

5. 공동모금회 일반적인 배분절차

공고 → 사업계획서 접수 → 배분분과실행위원회 심의 → 운영위원회 승인 → 선정결과 통보 후 지원금 지급 → 사업결과보고서 제출 → 평가

6. 사회복지공동모금회법

- 사회복지사업의 지원을 위해 국민의 자발적 참여로 공동모금된 재원을 효율적으로 관리 운영함으로써 사회복지의 증진에 이바지함을 목적
- 1997년 처음 제정되어 1998년 시행
- 1999년 법의 개정결과 그 명칭이 사회복지공동모금회법으로 바뀜
- 16개 시·도지회를 두고 있음
- 기획, 홍보, 모금, 배분업무에 관한 사항을 심의하기 위하여 기획분과 실행위원회, 홍보분과실행위원회, 모급문과실행위원회 및 배분분과실행위원회를 두고 있음

7. 사회복지공동모금 방법

(1) 모금방법

- 개별형: 일반인을 대상으로 하는 모금으로 가장 일반적인 모금
- 기업형: 공장이나 회사 등 사업체를 대상으로 하는 모금, 단기간에 큰 금액을 모금할 수 있는 장점
- 단체형: 재단, 협회 등을 대상으로 하는 모금, 짧은 시간에 큰 금액을 모금할 수 있는 장점
- 특별 사업형: 프로그램이나 일시적인 행사(마라톤, 걷기 대회)를 통해 모금하는 방법

(2) 모금 기간

- 집중 모금형: 1년 중 기간을 정해 놓고 모금을 하는 유형(ARS 후원, 방송)
- 연중 모금형: 기간을 정하지 않고 1년 내내 모금을 하는 유형(인터넷 모금, 직장모금, 계좌 이체)

8. 사회복지공동모금 의의
- 지역주민의 참여기회를 제공함으로써 자원봉사 정신을 함양
- 제도적 틀 내에서 민간자원을 동원하는 방법
- 공공재원과 민간재원이 통합되어 운영
- 사회복지프로그램의 전문화 제고를 가능하게 함
- 사회복지기관 업무의 질적 수준을 향상

제3절 자원봉사활동

1. 자원봉사 개념(행정안전부)
타인을 위하여 자신이 가지고 있는 것을 내어 주는 행위를 말함

2. 자원봉사 필요성
- 공공 부분 한계의 극복을 위해 자원봉사가 필요
- 정부의 기능으로 해결할 수 없는 문제들이 많이 일어남
- 기관의 인력 부족 현상이 나타나기 때문에 자원봉사가 필요

3. 자원봉사활동 특성 및 원칙
- 자아실현성: 타인을 위한 봉사 활동(자신의 잠재 능력을 발휘하고 인격을 성장)
- 자발성 및 자주성: 자신이 원해서 하는 활동(자유 의지에 따라 이루어짐)
- 무보수성: 자원봉사는 대가를 바라고 하는 것이 아니라 순순한 마음으로 하는 것
- 이타성: 타인의 생명을 존중하며 이웃과 더불어 사는 가치관에 바탕을 둠

- 사회성: 사회에 영향을 주고 사회적 책임을 다함
- 공동체성: 종교, 정치, 경제, 사상 등 모든 것을 초월하여 사람을 대상으로 이루어진다는 공공성을 바탕을 둠
- 복지성: 자아실현뿐 아니라 욕구를 지닌 사람들의 복지향상과 관련됨
- 지속성: 자원봉사는 개별적, 산발적으로 이루어지는 것이 아니라 팀을 이루어 조직적, 체계적으로 이루어짐

4. 자원봉사 활동의 관리과정

모집 → 사전교육 → 배치 → 지도감독 및 평가 → 인정 및 보상과 사후관리

제4절 자활사업

국민기초생활보장법에 따른 국민기초생활 수급자, 차상위자 등 일을 할 수 있는 근로빈곤층의 자립자활을 지원하기 위하여 근로역량 및 일자리제공 등을 통한 다양한 자활지원프로그램을 제공하는 2000년 1월부터 시행한 보건복지부 주관 사업임

1. 자활사업 대상자

국민기초생활보장법에 따라 수급권자를 자활사업에 참여하기 위한 사전조치로서 근로능력의 유·무를 판정하여 근로능력이 있는 수급자에 대하여 조건부과 및 유예를 결정하고, 확인조사 등 자활사업 대상자의 선정과 관리에 필요한 조치를 안내

- 일반수급자: 조건부수급자가 아닌 수급자
- 조건부 수급자: 근로 능력 있는 수급자 중 자활사업 참여를 조건으로 생계급여를 지급받는 수급자(조건으로 제시된 자활사업에 참여하지 않으면 생계급여 중지)
- 자활급여특례자: 수급자가 자활근로, 자활공동체, 자활취업촉진사업 등 자활사업에 참가하여 발생한 소득으로 소득인정액이 선정기준을 초과한 자
- 특례수급자의 가구원: 의료급여특례, 교육급여특례가구의 근로능력 있는 가구원 중 자활사업 참여를 희망하는 자
- 차상위계층: 소득 인정액이 최저생계비의 120% 미만인 자

- 2007년부터 소득 인정액이 최저생계비의 120% 미만인 자로서 미성년 자녀를 양육하고 있는 국적 미취득의 여성 결혼이민자도 자활사업 대상자에 포함
- 근로능력이 있는 시설수급자: 기초생활보장 시설수급자, 일반시설생활자

2. 시설수급자의 자활사업 참여(본인 희망시)

(1) 대상
- 시설보호중인 기초생활보장 수급자: 일반수급자의 참여절차 준용
- 타법에 의한 시설보호자: 차상위 계층의 참여절차 준용

(2) 의뢰절차
- 복지부 자활사업: 시설장 → 시·군·구 → 자활사업실시기관
- 노동부 자활사업: 시설장 → 시·군·구 → 고용지원센터
  - 시설 소재지 관할 시 군 구청장은 추진 중인 '자활사업안내' 정보를 시설장에게 제공하여야 함
  - 자활사업추진체계

구 분	기능 역할	비 고
보건복지부	• 국민기초생활보장제도 총괄 • 종합자활지원계획 수립(매년 12월) • 자활프로그램 개발 및 추진 • 지역자활센터 지정 및 관리	자활정책 사업 총괄관리
시 군 구	• 지역자활지원계획 수립(매년1,2월) • 자활기금의 설치 및 운영 • 급여 실시여부 및 내용결정, 지급 • 자활기관협의체 운영 • 가구별자활지원계획 수립 및 관리 • 생계급여중지여부 결정	자활사업 총괄시행
읍 면 동	• 조건부수급자 확인조사	조건부수급자 관리
노동부	• 종합취업지원계획 수립(매년 12월) • 취업지원프로그램 개발 및 추진	취업대상자 총괄관리
고용지원센터	• 개인별 취업지원계획수립 및 관리 • 취업알선 등 취업지원프로그램 시행 • 취업대상자의 조건이행여부 확인	취업지원시행

上·中·下

01) 지역사회 복지기관에 관한 설명으로 옳지 않은 것은? (16회 기출)

① 지역자활센터에서는 조건부수급자만을 대상으로 자활의욕 고취를 위한 사업을 추진한다.

② 사회복지관은 경제적 지원, 일상생활 지원 등의 지역사회보호 사업을 수해한다.

③ 자원봉사센터는 자원봉사를 필요로 하는 기간과 단체에 자원봉사자를 공급한다.

④ 자활기업은 저소득층의 탈빈곤을 위한 자활사업을 운영한다.

⑤ 사회복지공동모금회는 취약한 사회복지현장의 역량강화를 위해 준제를 정하여 사업을 배분하기도 한다.

해설

자활사업 대상자는 조건부수급자, 자활급여특례자, 일반수급자, 특례수급가구의 가구원, 차상위자, 근로능력이 있는 시설수급자등이다.

〈 정답 ① 〉

上·中·下

02) 다음에서 사회복지관이 사회복지서비스를 우선 제공하여야 할 대상을 모두 고른 것은?
(18회 기출)

A씨는 국민기초생활보장법에 따른 수급자로서, 75세인 어머니와 보호가 필요한 유아 자녀, 교육이 필요한 청소년 자녀, 취업을 희망하는 배우자와 함께 살고 있다.

① A씨

② A씨, 배우자

③ 어머니, 배우자

④ 배우자, 자녀

⑤ A씨, 어머니, 배우자, 자녀

사업복지관 우선 사업의 대상

• 사회복지관 사업의 대상은 사회복지서비스 욕구를 가지고 있는 모든 지역주민으로 한다.

• 자원의 제약으로 다음 주민을 우선적인 사업대상하고 있다.

    – 국민기초생활보장 수급자, 차상위 계층

    – 장애인, 노인, 한부모가정, 다문화 가정

    – 직업 및 취업 알선이 필요한 주민

    – 보호와 교육이 필요한 유아 · 아동 및 청소년

    – 그밖에 사회복지관이 사회복지서비스를 우선 제공할 필요가 있다고 인정되는 사람 등이다.

〈 정답 ⑤ 〉

지역사회복지 추진체계
다음 문장에서 틀린 것을 모두 고르시오.

◆ 사회복지관

① 사회복지관은 지역사회의 특성과 지역 주민의 욕구와 문제에 신속히 대응해야 한다.

② 사회복지사업법령상 사회복지관은 3년마다 평가를 받아야 한다.

③ 사회복지관은 효율적인 서비스 제공을 위해 자율성의 원칙에 따라 운영되어야 한다.

④ 사회복지관은 지역사회보장사업을 수행한다.

⑤ 사회복지관은 사회적 취약계층에 한하여 사업을 수행해야 한다.

⑥ 사회복지관은 일반적인 실천을 실행하는 곳으로 일반 지역 주민에게 서비스를 우선 제공
하여야 한다.

⑦ 사회복지관은 종합적인 사회복지서비스를 제공하는 기능보다 조직화 기능에 더 초점을
맞추어야 한 다.

⑧ 사회복지관 운영은 사회보장기본법에 근거한다.

◆ 사회복지공동모금회

① 사회복지공동모금회는 지역사회의 재원을 동원하고 배분하는 전문기관이다.

② 시민걷기대회를 개최하고 언론사 홍보를 통해 사회복지공동모금의 필요성과 중요성을 홍
보하면서 재원을 확보하는 방식은 특별사업형이다.

③ 기업의 사회공헌센터를 통한 기여 형태는 현금, 물품, 인력 등으로 다양하다.

④ 사회복지공동모금회는 노블레스 오블리주 실천을 위한 아너 소사이어디(honor society)
를 운영하고 있다.

⑤ 사회복지공동모금회의 설립 근거법은 사회복지사업기금법이다.

⑥ 사회복지공동모금회의 조직은 시·도별 지회 형식에서 독립적인 형식으로 변경되었다.

⑦ 사회복지공동모금회의 배분사업은 신청사업과 지정기탁사업의 2가지로 구성된다.

⑧ 사회복지공동모금회의 신청사업은 프로그램 사업과 긴급지원사업으로 나누어 공모형태

로 진행된다.

⑨ 사회복지공동모금회는 민간재원뿐 아니라 공공재원까지 동원하는 것을 목적으로 한다.

⑩ 기업모금이 사회복지공동모금회의 전체 모금에서 차지하는 비중은 상대적으로 적다.

◆ 자원봉사센터

① 지방자치단체는 자원봉사센터의 조직 및 운영 등에 관한 사항은 조례로 정한다.

② 자원봉사센터는 자원봉사를 필요로 하는 기관과 단체들에게 자원봉사자로 공급한다.

③ 자원봉사센터는 지역사회 자원의 조직화의 소통, 조정, 연계를 한다.

④ 자원봉사센터는 자원봉사에 대한 인식을 증진시키고 자원봉사자의 위상을 제고시킨다.

⑤ 자원봉사활동을 효율적으로 추진하기 위해 필요하다고 인정할 때에는 국가기관 및 지방
자치단체가 자원봉사센터를 운영할 수 있다.

⑥ 자원봉사센터는 자원봉사를 필요로 하는 기관과 단체에 자원봉사자를 공급한다.

⑦ 자원봉사센터는 자원봉사활동기본법에 근거하여 자원봉사자를 양성, 배치하는 역할을 수
행한다.

⑧ 자원봉사센터는 자원봉사활동에 드는 비용을 모금한다.

⑨ 한국자원봉사협의회는 보건복지부장관의 인가를 받아 설립한다.

◆ 지역자활센터

① 자활사업은 저소득층의 탈빈곤을 위한 자활사업을 운영한다.

② 자활사업 활성화를 위해 민관협력체계인 자활기관협의체가 운영되고 있다.

③ 지역자활센터는 수급자와 차상위계층의 자활을 촉진한다.

④ 협동조합은 조합원의 권익 향상과 지역사회공헌을 목적으로 한다.

⑤ 마을기업은 지역공동체 이익을 추구하고 지역자원을 활용한다.

⑥ 사회적 기업은 사회적 일자리 창출을 목적으로 한다.

⑦ 마을기업은 지역공동체에 기반하여 활동한다.

⑧ 마을기업은 주민이 지역자원을 활용한 수익사업을 통해 지역공동체를 활성화한다.

⑨ 협동조합은 협동조합기본법에 따라 조합원의 권익옹호와 지역사회에 공헌하는 사업조직
을 말한다.

⑩ 자활기업은 저소득층이 상호 협력하여 공동사업자의 형태로 탈빈곤을 도모한다.

⑪ 사회적 경제는 사회적 목적과 민주적 운영 원리를 가진 호혜적 경제활동조직이다.

⑫ 협동조합은 조합원의 권익 향상과 지역사회공헌을 목적으로 한다.

⑬ 지역자활센터에서는 사례관리가 시행되고 있지 않다.

⑭ 자활사업 참여 대상자는 차상위계층만 해당된다.

⑮ 시·군·구 및 시·도는 수급자의 자활을 체계적으로 지원하기 위해 지역자활지원계획을 3년마다 수립한다.

⑯ 지역자활센터는 위탁운영에는 사회복지법인만 신청할 수 있다.

⑰ 사회적 기업은 사회적 목적을 추구하며, 영업활동을 하는 기업은 아니다.

⑱ 사회적 기업은 이윤창출이 제한된다.

⑲ 협동조합은 조합원 자격자 5인 이상으로 설립한다.

⑳ 사회적 기업은 취약계층에게 일자리 제공하며 사회적육성법에 따라 영리를 추구하지 않는다.

〈정답〉

• 사회복지관 – ⑤⑥⑦⑧

• 사회복지공동모금회 – ⑤⑥⑦⑧⑨⑩

• 자원봉사센터 – ⑧⑨

• 지역자활센터 – ⑬⑭⑮⑯⑰⑱⑲⑳

제9장 지역사회복지운동과 주민참여

제1절 지역사회복지운동 개념

1. 개념
- 지역사회문제를 해결하기 위하여 지역사회의 역량 강화를 통해 지역주민의 욕구충족과 지역공동체 형성이라는 목적을 달성하려는 조직적인 운동
- 복지 권리 의식과 시민 의식을 배양하는 사회권 확립 운동
- 주민의 삶의 질 향상 운동
- 우리나라의 경우 시민사회의 확장으로 1990년대 이후 지역사회복지운동은 새롭게 조명을 받고 있으며, 다양한 활동을 전개하고 있음

2. 지역사회복지운동 필요성
- 사회복지정책 결정에의 영향
- 지역사회조직의 활성화
- 주민의 권리의식 제고
- 국가나 공공단체에 의한 개인의 권리에 대한 침해나 방해에는 강력하게 항의하고, 시민의 실질적인 권리를 확보하기 위해서는 개인 차원은 물론 집단 차원의 노력이 필요하다. 이를 통해 지역주민들에게 권리의식의 확산을 도모할 수 있음

3. 지역사회복지운동의 의의
- 지역주민의 주체성과 역량 강화
- 지역사회의 변화를 주도하는 조직운동
- 주민참여 활성화: 권리의식, 시민의식 배양, 사회권 확립운동
- 지역주민의 삶의 질과 관련된 생활영역: 지역사회복지의 확산과 발전을 위한 생활운동
- 지역사회의 다양한 자원 활용, 관련 조직 간의 유기적인 협력

4. 지역사회복지운동의 특징 및 유형

(1) 특징
- 목적지향적 조직적 활동 – 지역주민의 삶의 질 향상
- 시민운동과 맥을 같이 함 – 사회적 관심의 초점
- 지역 사회 지역주민 전체를 기반하는 활동(노동운동, 민중운동과는 다름)

(2) 유형
- 지역사회 중심의 사회복지운동: 주민운동
- 문제 또는 이슈 중심의 지역사회복지운동

5. 지역사회운동단체의 활동 사례
- 당사자 동원/주민조직화
- 서비스 제공 활동
  - 직접 서비스 제공: 사회적 약자, 직접 서비스를 제공, 각종교육훈련 프로그램을 제공하는 활동, 실직자 생계비 지원, 음식나눔 사업, 푸드뱅크 사업, 의료서비스 지원사업, 아동 방과 후 교육 사업, 정신지체장애인 주간보호 시설
  - 사회복지이벤트 사업: 다양한 단체들로 하여금 지역사회의 사회문제를 다룰 수 있는 기회제공
  - 지역사회 내 다양한 지역운동단체들 간의 관계망을 형성
  - 사회복지교육: 지역주민을 대상으로 한 다양한 사회복지 교육 프로그램 제공
- 옹호활동
  - 지역사회단체, 연대활동, 지방자치단체, 지방의회와의 관계, 조례 제정, 개정운동
  - 지역사회단체와의 연대활동
  - 지방자치단체, 지방의회와의 관계, 조례 제정, 개정운동 , 당사자 동원/주민조직화
  - 우리복지시민운동연합(대학생자원봉사모임, 사회복지학과의 학생모임)
  - 광주사회복지(여성, 청소년, 직장인, 가족모임)
- 기타
  - 지역사회 조사 · 연구, 복지정책 개발

6. 사회복지운동의 주체

- 사회복지 전문가
- 지역사회 활동가
- 사회복지 실무자
- 지역사회의 클라이언트

7. 지역사회복지운동 목표

- 주민참여의 활성화와 주민복지권의 증진
- 지역사회복지기관의 확대

제2절 주민참여

1. 주민참여 개념

- 참여주체는 주민
- 지역주민들이 공식적인 정부의 정책 또는 계획의 작성, 결정, 집행에 참여하여 주민들의 욕구를 정책이나 계획에 반영되도록 하는 적극적인 노력

2. 주민참여의 방법

- 전시회: 주민들과 접촉이 쉬운 곳에서 진행, 홍보, 선전의 목적, 주민들의 의견파악이 용이
- 공청회: 모든 주민 대상으로 공개 초정하여 진행하는 방법
- 설문조사: 의사 결정에 도움을 주는 계획된 자료수집방법
- 대중매체: 정부의 계획, 정책 안의 내용을 홍보하는 것, 주민들의 의견, 욕구를 보도, 정책에 반영하는 계기
- 델파이방법: 다양한 전문가 집단의 지식, 능력을 결합, 반영하기 위해 익명성 보장, 우편을 통해 설문조사
- 명목집단법(NGT: Nominal Group Technique): 아이디어 서면 작성 – 아이디어 제출 – 전체 아이디어 기록, 발표 – 구성원 토의 – 투표 후 결정하는 방법

- 사레트 방법: 지역주민, 관료 , 정치가들이 모여 서로 배우는 비공식적 분위기를 조성, 지역사회가 느끼는 문제점과 관료, 정치가들이 인지하는 문제의 시각을 개진하고, 상호 이해를 통해 일정 시간 내 합의된 제안을 작성하는 방법
- 브레인스토밍: 여러 명이 한 가지 문제를 놓고 아이디어를 무작위로 개진, 그 중에서 최선책을 찾아내는 방법

3. 주민참여의 단계
- 비참여 상태
- 형식적 참여
- 주민권력

4. 주민참여의 효과

(1) 긍정적인 측면
- 지방정부의 의사결정의 효율성을 제고
- 지방행정의 불평등을 완화
- 정책결정의 민주성을 확보
- 지방정부와 공공기관 간의 갈등을 중재

(2) 부정적인 측면
- 행정비용이 증가, 주민들 간에 갈등을 유발
- 참여자들의 대표성 여부 문제
- 계획, 집행에서 시간상의 지연 가능성

5. 아른슈타인의 주민참여 8단계
- 아른슈타인은 참여의 효과라는 측면에서 8단계를 3개의 범주로 나누어 고찰하고 있음
- 1단계 – 비참여: ① 조작, ② 치료

• 2단계 – 형식적 참여: ③ 정보제공, ④ 상담, ⑤ 회유
• 3단계 – 주민권력: ⑥ 협동관계, ⑦ 권한위임, ⑧ 주민통제

① 조작: 공무원이 일방적으로 교육, 설득시키고 주민은 단순히 참석

② 치료: 주민의 욕구불만을 일정한 사업에 분출시켜서 치료

③ 정보제공: 행정이 주민에게 일방적으로 정보를 제공

④ 상담: 공청회나 집회 등의 방법으로 행정에 참여하기를 유도

⑤ 회유: 주민의 참여범위가 확대되지만 최종적인 판단은 행정기관이 함

⑥ 협동관계: 행정기관이 최종결정권을 가지고 있지만 주민들이 필요한 경우 그들의 주장을 협상으로 유도할 수 있음

⑦ 권한위임: 주민들이 특정한 계획에 관해서 우월한 결정권을 행사하고 집행단계에 있어서도 강력한 권한을 행사함

⑧ 주민통제: 주민 스스로 입안하고, 결정에서 집해 그리고 평가단계까지 주민이 통제하는 단계

上·中·下

01) 다음 설명은 아른스테인(S. Arnstein)이 분류한 주민참여단계 중 어디에 해당되는가?

(17회 기출)

- 행정기관과 주민이 서로 간의 관계 확인
- 행정기관이 일방적으로 주민들을 교육, 설득시키고 주민은 단순히 참여하는 수준
- 주민참여에서 권력분배 정도가 가장 낮은 수준

---

① 주민회유(placation)　　　　② 협동관계(partnership)

③ 정보제공(informing)　　　　④ 권한위임(delegated power)

⑤ 조작(manipulation)

해설

지역사회복지 주민참여의 단계별 이해

조작(manipulation)은 행정과 주민이 서로간의 관계를 확인한다는 것에 의의를 찾을 수 있다. 그러나 공무원이 일방적으로 교육·설득시키고 주민은 단순히 참석하는 수준으로, 주민참여에서 권력분배 정도가 가장 낮은 비참여 단계에 해당한다.

〈 정답 ⑤ 〉

上·中·下

02) 지역사회복지운동이 갖는 의의에 관한 설명으로 옳은 것을 모두 고른 것은? (18회 기출)

ㄱ. 복지권리의식과 시민의식을 배양하는 복지권 확립

ㄴ. 지역사회의 다양한 자원활용 및 관련조직 간의 협력을 통한 지역자원동원

ㄷ. 지역사회의 정체성 확인과 역량강화를 통해 지역사회변화를 주도

ㄹ. 사회복지가 추구하는 사회적 가치로서 사회정의 실현

---

① ㄱ　　　② ㄱ, ㄹ　　　③ ㄴ, ㄷ　　　④ ㄱ, ㄴ, ㄷ　　　⑤ ㄱ, ㄴ, ㄷ, ㄹ

지역사회복지운동의 의의와 특징

지역사회복지운동의 의의

① 지역주민의 주체성, 역량을 강화

② 지역사회의 변화를 주도하는 조직운동

③ 주민참여 활성화: 권리의식, 시민의식 배양, 사회권 확립운동

④ 지역주민의 삶의 질과 관련된 생활영역: 지역사회복지의 확산과 발전

⑤ 지역사회의 다양한 자원 활용, 관련 조직 간의 유기적인 협력

지역사회복지운동의 특징

① 의도적인 조직적 활동이다.

② 시민운동과 맥을 같이 한다.

③ 지역주민 전체를 기반으로 한다.

〈 정답 ⑤ 〉

지역사회복지운동 개념
다음 문장에서 틀린 것을 모두 고르시오.

◆ **기타 이론**

① 아른스테인의 주민참여 단계 중 각종 위원회 등을 통해 주민의 참여범위는 확대되지만 최종적인 판단은 행정기관이 수행하는 단계는 주민회유(placation)단계이다.

② 아른스테인의 주민참여 단계 중 주민회유(plaction)는 형식적 참여에 속한다.

③ 다원주의이론은 지역사회복지정책 결정이 이익집단들이 상대적 영향력 정도에 따라 달라진다고 본다.

④ 권한 위임 단계에서는 주민들이 특정 계획이 관해서 우월한 결정권을 행사하고, 집행단계에서도 강력한 권한을 행사한다.

⑤ 조작은 주민참여에서 권련분배 정도가 가장 낮다.

⑥ 지역사회복지운동은 지역사회복지서비스 제공기관의 주도성을 강화하기 위해 필요하다.

〈 정답 〉
• 기타 이론 – ⑥